Hellmut Diwald
Mut zur Geschichte

Hellmut Diwald
Mut zur Geschichte

Gustav Lübbe Verlag

© 1983 by Gustav Lübbe Verlag GmbH,
Bergisch Gladbach
Umschlagentwurf: Manfred Peters, Köln
Gesamtherstellung: Friedrich Pustet, Regensburg
Alle Rechte, auch die der photomechanischen
Wiedergabe, vorbehalten.
Printed in West Germany
ISBN 3–7857–0356–2

Inhalt

Vorwort _____ 6

1. Grundgedanken _____ 9
   Der Löwe am Stein 11 · Geschichtsbewußtsein
   und Selbstbehauptung 16 · Bilanz einer
   Beklemmung. Geschichtsbewußtsein im
   gegenwärtigen Deutschland 31 · Das Prinzip
   Gegenchronologie 44 · Rechts und links.
   Die Politik und ihre antiquarischen Begriffe 50

2. Menschen, Mächte, Motive _____ 61
   Zwei Stangen, die sich kreuzen. Von der Behausung
   des Menschen 63 · Klugheitsmoral und politisches
   Kalkül im 17. Jahrhundert 72 · Ernst Moritz Arndt
   – Das Entstehen des deutschen Nationalbewußt-
   seins 88 · Im Zeichen der Einheit. Das Hambacher
   Fest 1832 109 · König Ludwig II. von Bayern 115 ·
   Teils Zentrum, teils Vakuum. Deutschland im
   Mittelfeld Europas 127 · Literatur und Zeitgeist in
   der Weimarer Republik 150

3. Stellungnahmen _____ 197
   Polyphem in der Politik. Vom Rückzug des
   Blockdenkens aufs Altenteil 199 · Der Mythos vom
   Gleichgewicht 212 · Das Lindenblatt ist unerläßlich.
   Bemerkungen zur deutschen Identität 220 ·
   Mut zur Geschichte – Mut zur Wahrheit 230

Register _____ 252

Vorwort

Cicero hatte festgestellt, daß »ein Brief nicht errötet«. Das sprichwörtlich geduldige Papier beweist augenfällig, um wieviel es leichter ist zu lügen, als der Wahrheit die Ehre zu geben. Geduldig wie das Papier scheint auch die Geschichte zu sein – nicht nur deshalb, weil das meiste, was wir von ihr wissen, auf Papier geschrieben ist. Geschichtskenntnis ergibt sich aus Dokumenten, Akten, Urkunden und Briefen der jeweiligen Zeit. In der Arbeit des Historikers, seiner Quelleninterpretation und Zusammenfassung liegen alle Chancen der Erkenntnis und der Wahrheitsfindung, liegen aber auch sämtliche Möglichkeiten des Irrtums, der unabsichtlichen Entstellung, der bewußten Fälschung und nichtswürdigen Lüge.
Bei Geschichtsfälschungen geht es in der Regel um einen Wertekonflikt. Ein vermeintlich höheres Recht stellt sich gegen untergeordnetes Recht. Das Prinzip ist im Jahre 1816 von dem amerikanischen Kommodore Stephen Decatur in einen Trinkspruch gebracht worden: »Right or wrong – my country!«
Auf diesen Toast können sich die meisten Geschichtsverfälscher neueren Datums berufen. Wenn es früher süß und ehrenvoll gewesen sein sollte, für das Vaterland zu sterben, so dürfte es in gegenwärtigen Zeiten – mit ihrer Skepsis am Vergnügen solchen Ablebens – erst recht nicht verwerflich sein, zur höheren Ehre des Vaterlandes, einer Partei, einer Ideologie oder in volkspädagogischer Absicht zu verdrehen und zu lügen. Steckt nicht in dem Appell an ein übergeordnetes Recht, dem sich auch die historische Wahrheit beugen soll, ein guter Sinn? Andererseits zerstört jenseits einer bestimmten Grenze die Lüge im Dienst auch des höchsten Rechts die Substanz dieses Rechts.
Die Geschichtswissenschaft ist eine kritische Disziplin. Sie ist verpflichtet zu bedingungsloser Objektivität – soweit dies in den Fähigkeiten des Menschen steht. Sie hat sachgerecht zu informieren und den Irrtum genauso aufzudecken wie die Täuschung.
Nach dem Ersten Weltkrieg wurde den besiegten Deutschen die Schuld am Krieg aufgeladen und dieses Verbrechen mit »Dokumenten« und

Behauptungen belegt, die nur das bestätigten, was bewiesen werden sollte. Geschichtsfälschung diente zur Rechtfertigung der unerträglichen Friedensbestimmungen, welche die Sieger 1919 in Versailles diktierten. Ein ähnliches Verfahren, noch weit rigoroser, fand nach dem Zweiten Weltkrieg statt. Die Sieger erklärten die Deutschen zu einem verbrecherischen Volk und degradierten seine Geschichte zu einem kriminellen Prozeß.

So normal in vieler Hinsicht der deutsche Alltag der achtziger Jahre zu sein scheint, so wenig hat sich im Grunde an dem Verdikt der Sieger von 1945 über uns und unsere Geschichte etwas geändert. Diese Tatsache ist nicht etwa nur erniedrigend, sie verhindert vor allem die unerläßliche Selbstfindung der Deutschen.

Wenn es uns schon verweigert wird, unsere politische Lage im Beziehungsgeflecht der Völker nach eigenen Interessen zu gestalten, so kann uns doch niemand verwehren, unsere Geschichte selbst in Obhut zu nehmen und mit ihrer Hilfe auch politisch wieder Boden unter die Füße zu bekommen.

Weil die Zäsur des Jahres 1945 keine Parallele hat in der neueren Zeit, ist für uns und unsere Selbstachtung nichts wichtiger, als die Geschichte so zu sehen, wie sie dem Tatsächlichen entspricht, nicht aber dem Wünschbaren – gleichgültig, wie dies politisch, ethisch oder volkspädagogisch begründet wird. In den letzten Jahrzehnten hat in Westdeutschland die Untertänigkeit mitunter wahre Triumphe gefeiert. Die Spuren davon haben sich gründlich eingegraben.

Heute ist bei uns die Geschichte zwar nicht mehr in die Hinterhöfe verbannt: Doch ist das *unsere* Geschichte, mit der wir es zu tun haben? Die Geschichte der Deutschen als eines gleichwertigen Volkes inmitten der anderen Völker Europas und der Welt, eines Volkes, dem die elementare Zuständigkeit im eigenen Haus genausowenig vorenthalten wird wie dieses Haus selbst?

Oder werden mehr denn je den Besiegten des Zweiten Weltkrieges die Grundzüge und Koordinaten ihrer Geschichte von den Siegern vorgezeichnet? Daran besteht kein Zweifel für eine große Zahl westdeutscher Vorredner, die es aber nicht bei des Joches Herrlichkeit bewenden lassen, sondern ihrem Handlangertum dadurch eine eigene Qualität zu geben versuchen, daß sie sich zu Anwälten des Status quo ernennen. Sie sind in Wirklichkeit die Henker unserer Geschichte.

Hier stehen sich Positionen gegenüber, zwischen denen es keine Brücke gibt. Die Wortführer der einen mit ihrem Hang zum niedrigsten Nenner sind weder fähig noch willens zur Rekonstruktion der wirklichen Historie. Für die anderen ergibt sich erst aus der quellengerechten Analyse der Geschichte eine zuverlässige Bewertung der Gegenwart. Dieses Prinzip ist wesentlich für die Essays des vorliegenden Buches. Sie stammen aus den letzten eineinhalb Jahrzehnten und wurden für die Veröffentlichung überarbeitet, um die Intention, die ihnen gemeinsam ist, so deutlich wie möglich zu machen.

Die Entscheidung, in der historischen Arbeit auf die Demutsgeste als Mittel der Anbiederung zu verzichten, schließt eine bestimmte Haltung ein. Die herrschende Zeitlage, ihre Meinungen und Schwankungen haben nichts mit dem Willen zu rigoroser Sachlichkeit zu tun, ohne den sich unsere Geschichte nicht wiedergewinnen und unsere Selbstklärung nicht voranbringen läßt. Ein Volk, das sich seiner Vergangenheit berauben, seine Erinnerung verzerren und seinen Selbstwert verstümmeln läßt, entwurzelt seine Existenz. Wer dies einsieht und entsprechend handelt, für den kann die Geschichte wieder zum Nagel werden, an dem unser Bild hängt.

1

Grundgedanken

Der Löwe am Stein

Die breite Asphaltstraße von Würzburg nach Veitshöchheim wird nur selten von Fußgängern benutzt. Der Autostrom reißt kaum ab, Spaziergänger werden durch den dichten Verkehr an den steil abfallenden Fuß des Steinbergs gedrängt. Früher, vor dem Ausbau, zog sich die Straße in engen Windungen um den weitgestreckten Abhang, der ursprünglich bis an das Ufer des Mains stieß.
Zu Beginn unseres Jahrhunderts ließ Prinzregent Luitpold von Bayern die Straße bauen; zugleich wurde eine Begradigung des Steinbergs durchgeführt. Zur Erinnerung an dieses bemerkenswerte Ereignis wurde am höchsten Punkt der Veitshöchheimer Straße, unmittelbar am Fuß des Weinbergs am Stein, ein ansehnliches Denkmal geschaffen: der »Löwe am Stein«. In einer Nische des Berges reckt sich das bayerische Wappentier, ein mächtiger Löwe, mehr als lebensgroß, zottig, voll verhaltener Kraft, die rechte Vorderpfote nach vorn gestemmt, den Blick auf Würzburg gerichtet, die linke Tatze fest auf dem Wappenschild des Landes und die Augen voller Sommerglut, angesammelt – so darf man vermuten – zum Schutz gegen das Eis anderer Zeiten und deshalb trotz der Härte von unbedingter Sachlichkeit. Der Weinstock im Hintergrund des Reliefs bindet das Denkmal unmittelbar in die Reben des Steinbergs ein. Die umlaufende knappe Inschrift hält fest, daß die Straße unter der Regentschaft Seiner Königlichen Hoheit, des Prinzen Luitpold von Bayern, im Jahre 1902 erbaut und das Monument »im Stein ausgeführt« wurde. Alte Würzburger wissen aus den Erzählungen ihrer Eltern, daß die Vollendung der Straße und die Weinbergskorrektion am 15. Juni 1902 im Hofgarten des Veitshöchheimer Schlosses mit einem gewaltigen Fest gefeiert wurde.
Die steinige Bodenformation hat dem Berg im Norden Würzburgs seinen Namen gegeben. Der »Stein« ist vermutlich der älteste Lagename eines Weinbergs, mit seiner Hektarzahl von 110 eine der größten geschlossenen Weinlagen Deutschlands. Der Steinwein wird zu den feurigsten unter den Frankenweinen gezählt. Deshalb kennt auch jeder Würzburger den »Löwen am Stein«, und darum beachtet ihn kaum jemand, wenn er daran vorbeifährt. Entschieden vertrauter sind ihm die Kelterprodukte der Reben am Stein. Seit vielen Jahrhunderten hält hier die Kunst der alkoholischen Gärung von Weintrauben und das Ritual des durchgeistenden Zechens beharrlich Schritt mit der Formung des Charakters und sichert das Fundament der löwengleichen Herrschaft des

Bocksbeutels. Dem Löwen am Stein ist dieses mainfränkisch bewirkte Desinteresse an seinem Dasein genauso gleichgültig wie die individuelle Aufmerksamkeit, die er nur noch selten weckt. Unerschütterlich gelassen blickt er in Richtung Stadt. Seine Natur – sowohl die animalische als auch die skulpturell-heraldische – läßt ihm keine andere Möglichkeit. Diese Ruhe ist allerdings trotz der Bedingungen, von denen sie abhängt, auch der vollkommene Ausdruck einer Distanzierung, die in ähnlicher Form für den Blick in die Geschichte wesentlich ist – oder doch wesentlich sein sollte.
Auch der Historiker, der wie jeder andere dem Wechsel der Tage und Wochen, ihren Ereignissen, Widerwärtigkeiten und Hochgefühlen ausgesetzt ist, muß ständig versuchen, den Blick distanziert über die Zeiten zu richten. Ob er dazu begabt ist, ob er ihn mühsam erlernen muß oder ob er zeitlebens nur die Haltung des Überblicks imitiert: Unbestechlich wird dadurch angezeigt, inwieweit er den Abstand zwischen Fiktion und geschichtlicher Wirklichkeit verringern kann.
Der Löwe am Stein gehört nicht zu den berühmten Denkmälern. Wer ihn aber mit dem sanften Respekt des Augenmenschen vor Einzelheiten betrachtet, spürt überraschend, wie intensiv sich das Leben mit der Geschichte vermischt. Monumente dieser Art errichtet man nicht, um die Loslösung einer Idee aus den Klauen des Alltags zu symbolisieren. Die Erinnerung an ein bestimmtes Ereignis sollte wach bleiben – das war die Absicht, und deshalb ist der Löwe am Stein im Lauf der Jahre viel zu innig mit dem Weinberg verwachsen, als daß er sich nur als ein Standbild zur Stärkung der Würde des Wittelsbacher Herrscherhauses deuten ließe. Das gibt ihm seine Besonderheit. Die Einbindung in das Tagewerk der Winzer und Häcker hebt die beziehungslos scheinende Starre, die ansonsten eine sakrosankte Üblichkeit historischer Erinnerungszeichen ist, nahezu völlig auf. So illustriert der Löwe am Stein in gehöriger Entsprechung ein Grundprinzip geschichtlicher Arbeit: den Gegensatz zwischen aktiver Lebendigkeit und scheinbarer Erstarrung der Zeugnisse, die erhalten geblieben sind, in der Darstellung aufzuheben.
Wer sich mit Geschichte befaßt, ist ununterbrochen zum Über-blicken gezwungen, ist zu einer Sicht genötigt, die sich von den aktuellen Zeitbedrängnissen freihält. Er muß Abläufe zusammenfassen, Entwicklungen gruppieren, Veränderungen aus dem Abstand der Einsicht deutlich machen. Das kann er nur mit Hilfe der anstößigen Verwegenheit, alles zu vergessen oder wenigstens in Frage zu stellen, was es an Vorwissen gibt – in den Sachen also nicht altbackene Vielfalt erkennen,

sondern sie so zu sehen, als hätte noch nie ein anderer sie gesehen. Das ist nicht einfach. Es setzt Entdeckerfreude auch dort voraus, wo es angeblich nichts mehr zu entdecken gibt. Es verlangt die Unbefangenheit, alle Menschen, Mächte und Motive der Geschichte so zu sehen, als wären sie nicht schon tausendmal gesehen, geschildert und gedeutet worden.
Wer sich auf solche Weise mit der Geschichte beschäftigt, dem zeigt der erste Blick ein wirres Durcheinander. In diesem Chaos hat er ein System zu finden, er muß sich darum bemühen, etwas von dem zu erkennen, »was die Welt im Innersten zusammenhält«. Ein Historiker, der nicht voraussetzt, daß ein solcher Zusammenhang existiert, betreibt sein Geschäft wie ein Maler, der eine Leinwand ohne Rand mit dem Pinsel bedrängt. Natürlich entspricht die Wirklichkeit nur selten unserem Bedürfnis nach Gliederung. Aber im Unterschied zu den Impressionisten der Vergangenheit lebt die Aufmerksamkeit des realitätsnahen Geschichtsforschers von der Gewißheit, daß er zumindest mit Hilfe der Chronologie in der endlosen Flut früherer Zeiten die Strömung wiederfindet, deren Richtung scheinbar verlorengegangen ist. Die gefährlichste Klippe dabei ist unsere eigene Erwartung: Unser Denken und Schließen hält sich an eine Ordnungsfolge. Dementsprechend versuchen wir hartnäckig, eine Art historischer Logik zu entdecken, und weigern uns zuzugeben, daß wir in der Vergangenheit weit häufiger Elemente des Absurden finden als Bausteine für die Pavillons und Kristallpaläste auf der Weltausstellung unserer eigenen Verklärung. Deshalb gehört es zu den Grundbedingungen einer real-geschichtlichen Forschung, sich prinzipiell durch nichts beeindrucken oder gar verwirren zu lassen. Das Verblüffende ist für den Historiker etwas Normales.
Das Risiko, dabei in einer Sintflut der Begriffe unterzugehen, ist nicht groß. Auch die heftigste unserer Emotionen verläuft innerhalb der gängigen Bezugsmöglichkeiten auf vergleichbare Erfahrungen. Dieser Trost liegt in dem uralten Wort des Predigers Salomo, daß nichts Neues unter der Sonne geschieht. Weil aber niemand alles erfahren kann, kommt es so sehr auf die Vitalität der Einbildungskraft, die Stärke der Phantasie an. Der Historiker muß denselben Fundus der Eingebungen besitzen wie ein Romancier oder Lyriker – aber er darf nur das verwerten, was ihm die Realität erlaubt. Fiktiver Tatbestand und historische Wirklichkeit gehören zum Erkenntnisprozeß. Geschichte schreiben heißt nicht zuletzt, ein Geschehen, das als Ganzes niemandem außer dem lieben Gott und den liebenswerten Phantasten zugänglich ist, in

seinen Grundzügen zu rekonstruieren. Das gibt der Vorstellungskraft einen überragenden Stellenwert.

An der unumstößlichen Tatsache der Einmaligkeit des geschichtlichen Gesamtprozesses ist genausowenig vorbeizukommen wie an der Singularität des Menschen. Die Merkmale, die er als Individuum und als Gattung hinterläßt, seine Dokumente, Quellen, Erinnerungszeichen wie zum Beispiel der Löwe am Stein, sind Indikatoren seiner herausgehobenen Situation. Deshalb garantiert die Art und Weise unserer Zeitvorstellung, also die Dimension der Zeit selbst mit Anfang und Ende der Welt und der irdischen Geschichte, die exklusive Stellung unseres Planeten und seiner Menschheit. Alle unsere Erfahrungsmuster beruhen auf der linearen Zeitvorstellung und der meßbaren Realzeit; zumindest gilt das in den christlichen, euro-atlantischen Bereichen. Und aus der Realzeit ergibt sich die Unumkehrbarkeit der Geschichte.

Wenn man das System der bloßen Aufeinanderfolge in Raum und Zeit für sich nimmt, ist es voll mechanischer Sinnlosigkeit. Aber als Gliederungsprinzip wird es zur Voraussetzung dafür, daß der Mensch aus den Essentialen der Geschichtsforschung Schutz und Kraft gewinnt. Unser Bewußtsein braucht Zeitbarrieren, es benötigt Horizonte, um seine Fähigkeiten zu erproben, das Un-begrenzte, ja Un-endliche übersteigen zu können. Am Widerstand dieser Sperren entwickelt sich das Vertrauen des Menschen zu sich selbst – bei aller skeptischen Zurückhaltung, die als Grundton zu unseren Einsichten gehört; das ist uns heute, elf Jahrtausende nach Beginn der aufeinanderfolgenden Geschichte, stärker bewußt als in jeder früheren Epoche. Zu den Erfahrungen von der Grenze gehört allerdings auch die Erkenntnis, daß Zerstörung immer an den Rändern beginnt, intellektuell.

Nur das Bewußtsein von Zeit und Geschichte, von Anfang und Ende kennzeichnet uns als Menschen. Ohne diese Tatsache gibt es keine Orientierung. Die Historiker haben sich seit Jahrhunderten mit allen Kräften darum bemüht, in den Bereichen, die der Mensch hinter sich gebracht hat, Pylone für den Ordnungswillen zu errichten. Solche Anstrengungen waren immer begleitet von dem Mißtrauen, das wir mit vielen guten Gründen aller menschlichen Gedankenarbeit entgegenbringen; unsere Bemühungen um die Wirklichkeit werden am stärksten gelähmt von dem Gespenst der eigenen Schwäche. Aber im Unterschied zu den Kostgängern unserer Geschichtskatastrophen, die sich am Unbehagen an der eigenen Vergangenheit nähren, weichen Realhistoriker dem Gesichtspunkt von Anfang und Ende nicht aus. Sie lassen sich von einem verbindlichen Optimismus beflügeln statt von zynischer Zuversicht, die so leicht ist und beliebt, weil alles für sie spricht. Wenn aber Anfang und Ende untrennbar zur Geschichte gehören, wenn auch das Ende der Welt selbst Teil der Geschichte ist, schließt sich ein Kreis. So gesehen wird die lineare Zeitvorstellung des Historikers gleichbedeutend mit dem zyklischen Konzept des Daseins. Das macht Beweisführungen innerhalb von Zeitschleifen den traditionellen Erklärungsformen der Historiker gleichwertig. Klio, die alte Muse der Geschichte, ist im übrigen immer auch die Standartenträgerin einer Zukunft gewesen, deren Vision sich am stärksten der Wirklichkeit angenähert hat in der Sehnsucht nach den früheren Zeiten, den angeblich so goldenen Epochen der Vergangenheit. Schon Hesiod hat vor mehr als zweieinhalbtausend Jahren davon geträumt, und einige Jahrhunderte nach ihm ist es in Europa durch das Christentum zur Gewißheit geworden, daß der Anfang, das Paradies, in der Endzeit wiederkehrt.

Historische Arbeit beginnt mit dem Sammeln von Informationen über einen Sachverhalt. Ohne diese Grundlage gibt es keine zuverlässige Urteilsbildung. Auch Eventualitäten und mögliche Hypothesen müssen sich auf Fakten stützen und nicht nur auf Mutmaßungen. Wir kennen das aus der Logik und Rechtsprechung; es ist bei jeder mittelbaren Beweisführung anhand von Indizien der Fall. Das gilt im übrigen auch für das Verfahren unserer Selbsteinschätzung. Die Auslegung unseres Selbstverständnisses ist von jeher ein Kernproblem gewesen. Sie hängt entscheidend ab von unserer Haltung dem Kommenden gegenüber. Es gibt keinen Zweifel daran, daß alle Zukunft sinnlos wird, wenn die Vergangenheit sinnlos ist. Die Sicherheit dieser Erkenntnis lebt von mehr als nur von der Annahme ihrer Gewißheit.

Der Historiker kann sich nur selten den Luxus so weitgespannter Überlegungen leisten. Die Bürde seiner Plackerei im Detail ist andererseits keine Entschuldigung dafür, daß es nicht seines Amtes wäre, sich regelmäßig Rechenschaft über sein Tun zu geben, zurückzublicken in der scheinbar kühlen Unbetroffenheit des Löwen am Stein. Er wird das nicht mit allgemeiner Sinngebung verwechseln. Sein Metier liefert ihm dafür keine Argumente oder Beweise. Geschichte lehrt ihn allenfalls einiges über die menschliche Unzulänglichkeit. Er findet in der Geschichte nicht »Sinn«, aber er entwickelt Verständnis – auch für das vermeintlich Sinnlose.

Immerhin schafft sich auch Ohnmacht ihre eigenen Privilegien, und sei es, wie im Fall des Historikers, das Vorrecht, die anspruchsvollen Fragen nach dem Woher und Wohin guten Gewissens den Philosophen zu überantworten. Dort sind sie besser aufgehoben, genausogut wie bei den Gottesgelehrten oder bei den Dichtern. Einer von ihnen hat sein Loblied auf Würzburg – vielleicht nach einem Blick auf den Löwen an der Straße nach Veitshöchheim – mit den erfreulich zuversichtlichen Zeilen beendet: »Um alles zu wissen / setz dich / auf die Kante des Steins / am Ufer des Mains / in Würzburg.«

Geschichtsbewußtsein und Selbstbehauptung

Heutzutage lassen sich Fragen nach der öffentlichen und gesellschaftlichen Funktion unserer Verhaltens- und Ausdrucksformen, vor allem wenn sie reflexiver Natur sind, kaum noch unvoreingenommen stellen. Schon seit längerem ist es geradezu eine banale Selbstverständlichkeit, alle Phänomene der menschlichen Lebenswelt nur noch nach ihren gesellschaftlich-politischen Zusammenhängen samt den entsprechenden Wechselbeziehungen, Abhängigkeiten und Effekten zu beurteilen. Die Banalität besteht nicht in der Überzeugung, daß die ehrwürdig-verächtliche Bemerkung aus Auerbachs Keller heute umgedreht werden müsse: »Ein herrlich Lied! Ach! Ein politisch Lied!« Sie besteht in der Ansicht, alle Fragen nach der politisch-gesellschaftlichen Funktion eines Phänomens unserer Lebenswelt würden eo ipso ihre Bejahung als einen Bestandteil ihrer selbst enthalten.

Zu solchen Auffassungen bestand niemals eine Nötigung, und sie besteht auch heute nicht. Sie werden zwar weithin suggeriert, aber Irrtümer verwandeln sich weder durch Wiederholung noch durch Suggestion in Wahrheiten. Die Obsterzeugung ist zwar ein gewichtiges Politikum innerhalb der Agrarmarktordnung der EWG, das heißt jedoch nicht, daß das Entscheidende der Apfelblüte im Mai bloß ihr statistisch erfaßbarer Allgemeinbeitrag ist. Ob jeder Tätigkeit eine gesellschaftliche oder öffentliche Bedeutung zukommen muß, um wirklich legitimiert zu sein, ist eine Frage wechselnder Einstellungen. Die Elementarbedürfnisse des Menschen, das Essentielle seines Lebens wird nicht unbedingt allein durch sein Verhältnis zu den überpersönlichen Bereichen umrissen; nur selten besitzen die entscheidenden Lebensmomente zugleich einen sichtbaren Sozialbezug. Selbst in unseren Zeiten, da jede Gemeinheit durch ihre Einbettung in Gemeinschaft beträchtlich an Verworfenheit verliert, lassen sich nicht alle Gedanken und harmlosen

Empfindungen als öffentliche Angelegenheiten behandeln und der Zuständigkeit einer unserer sozialmoralischen Institutionen überweisen. Berücksichtigt man die anthropologischen Grundnotwendigkeiten, dann ist ein Ausdruck wie »zwecklose Tätigkeit« ein Widerspruch in sich. Die wenigen Minuten extremer Stille an einem Sommermorgen können sich im Zweifelsfall erheblich richtungsaktiver auswirken als eine Normenbindung, die vom Milieu geprägt wurde. Der sozial indifferente Erkenntnisdrang besitzt sein eigenes Recht, weil das Leben des Menschen ohne den Überschuß des Absichtslosen unterhalb des Ranges humanen Lebens bleibt.

Das muß die Geschichtswissenschaft erneut überdenken. Unter dem Druck der Gewissenserforschung nach 1945 hatte sie sich von vielen traditionellen Säulen freigemacht und ihre Stützen in anderen Bereichen gesucht. Heute, nach etlichen Jahrzehnten, ist die Etappe ihrer entkräftenden Selbstbezweiflung beendet. Damit ist auch die Zeit vorbei, in der sich die historische Forschung wegen des Zwanges zur fortlaufenden Verfeinerung ihrer Methoden und dank des eigenen Entzückens an der Spezialisierung zu einer Disziplin mit auffallenden Merkmalen einer Geheimwissenschaft entwickelt hat, die fast nur noch für sich selbst produziert und von ihren eingetragenen Klubmitgliedern verstanden wird.

Die Geste der interdisziplinären Gesprächsbereitschaft, die man seit längerem einstudiert – vor allem mit der Soziologie, der Wirtschafts- und Sozialgeschichte und der Politikwissenschaft –, diese Geste allein ist noch kein ausreichendes Merkmal für das Ableben der berufsständischen Familienzirkel der Historiker. So weit es dabei um Zugeständnisse an den zeitgenössischen Legitimierungszwang geht, wäre es ergiebiger, sich um ein Alibi nach Hausmacherart zu bemühen, als eine Rechtfertigung zu versuchen durch Anlehnung an Nachbardisziplinen, mit denen sich die Historiker in so vielen Fällen nur durch den Neid darauf verbunden fühlen, daß sie »in« sind. Solche Attraktivitäten wechseln. Gerade in den letzten Jahren bläst der historischen Forschung mit einer verstörenden Plötzlichkeit der Wind nicht mehr ins Gesicht.

Der Rang des Erzählens

Geschichtsforschung ist keine Sozialwissenschaft. Sie befaßt sich nicht vordringlich mit der Geschichte des Menschen unter dem Gesichtspunkt seiner Soziabilität. Der Mensch ist zwar auch ein soziales Wesen, das ist unbestritten, ob aber das allein den Iktus seiner Bestimmung ausmacht, steht auch in unserer Epoche der gesellschaftlichen Zwangsideen mehr denn je dahin. Grundsätzlich ist und bleibt Geschichtsforschung eine Humanwissenschaft, der Mensch spielt in ihr sämtliche Rollen, zu deren Spiel er befähigt ist, radikal und ohne Bewertungsunterschiede hinsichtlich des Gewichtes seiner Kundgebungen und Ausdrucksformen – vom Säulenheiligen und Trappisten bis zur Entselbstung in der nachbürgerlichen Zersetzungsphase des einbügelnden Marxismus. Der Sozialaspekt kann eine hervorragende, ja überragende Rolle spielen; auf die Gesellungs- und Kommunikationsformen, auf alle Sozialbezüge des Menschen richtet sich heute mit Recht eine kräftige Aufmerksamkeit. Das allerdings reduziert die Geschichtswissenschaft noch lange nicht zu einer Disziplin, die sich nur der Tuchfühlung widmet.

Auch heute zählen für sie weder die Abgrenzungen gegenüber den Sozialwissenschaften noch die Gemeinsamkeiten mit ihnen zu den triftigsten Problemen. Erheblich größere Bedeutung besitzt etwa die unmißverständliche Absage an den spezialistischen Kantönligeist. Eine Geschichtswissenschaft, die sich kaum noch mit Geschichtsschreibung identifiziert, die mit bestürzender Empfindungslosigkeit die literarische Dimension ihres Geschäfts mißachtet, weil sie nichts mehr weiß von der grundlegenden Bedeutung des Erzählerischen, die kurz gesagt den Leser ignoriert – einer solchen Geschichtswissenschaft fehlen nicht nur die einfachsten Voraussetzungen der Selbstrepräsentation, die man heute von jeder Wissenschaft erwarten muß, sondern auch die Kenntnisse von den wesentlichen Grundsätzen ihrer eigenen Arbeit. Eine solche »Geschichtswissenschaft« wird niemals fähig sein, sich der Allgemeinheit mitzuteilen, weil ihr zwei wesentliche Merkmale moderner wissenschaftlicher Arbeit versagt bleiben müssen: nämlich Überindividualität und Öffentlichkeit. Daß Geschichtsschreibung und Geschichtswissenschaft sich bis zu feindschaftlichen Positionen entfremden konnten, ist mehr als widersinnig.

Mit guten Gründen besitzt die Forderung nach Öffentlichkeit der Wissenschaft den Rang eines Elementarprinzips moderner Wissenschaftlichkeit. Dieser Grundsatz erschöpft sich aber nicht nur in der allgemeinen Forderung, daß jede wissenschaftliche Arbeit öffentlich bekannt gemacht, begründet, gerechtfertigt, verantwortet werden muß, sondern seine Verwirklichung hängt ausdrücklich davon ab, daß auch der Wissenschaftler dies als unerläßlich für seine Arbeit anerkennt und nicht als Nötigung oder Übergriff aus Bereichen, die mit ihm nichts zu tun haben.

Freiheit und Autonomie der Forschung werden nicht bestätigt durch eine Selbstisolierung, die sich durch Verbotsschilder und Mitgliedskarten für Eingeweihte und Auserlesene abschottet. Wenn sich Spezialisten ihren Glanz durch gönnerhafte Unverständlichkeit bestätigen müssen, liefern sie nur beachtliches Material für eine Karikatur von moderner Wissenschaft.

Die bündige Beweiskraft der Methode ist schon seit Jahrzehnten kein Kriterium für den Stand einer Wissenschaft; sie stellt nichts anderes dar als ein wissenschaftseigenes Merkmal. Keine Wissenschaft läßt ihre Ergebnisse einfach so ab wie Gas in die Atmosphäre. Zur modernen Forschung gehört, daß die Auswirkungen der Forschungsergebnisse mitbedacht werden, und deshalb ist Wissenschaft von sich aus immer in politischen Bezügen. Sie ist es außerdem auch durch ihre institutionelle Form, die zwangsläufig eine öffentliche, also gesellschaftlich-politische Form ist.

Dieser Sachverhalt bringt es mit sich, daß sich die Wissenschaften um so radikaler politischen Herausforderungen gegenübersehen, je eindringlicher sie sich mit dem Menschen und den Gestaltungsformen seines Daseins und Zusammenlebens befassen; und mit diesen Wissenschaften auch allgemein jedes reflektierte, systematische Denken. Unter den Bedingungen und Voraussetzungen, die heute für die Humanwissenschaften als grundlegend gelten, ist es nicht mehr möglich, die Dimension des aktiv Politischen samt einer langen Reihe dazugehöriger Zwangsläufigkeiten zu ignorieren oder abzuweisen.

Das hat Weiterungen. Die Humanwissenschaften können nicht mehr wie eh und je ihrer Arbeit nachgehen und sind im übrigen soziopolitisch etwa nur so befaßt, als wären sie aus heiterem Himmel dazu gezwungen worden, einem Verein beizutreten, der sich der Pflege eines allgemeinen Hochschätzungsgefühls für politische Probleme annimmt. Heutzutage ist auch die bewußte Enthaltsamkeit oder der halsstarrige Versuch, wenigstens Kellerräume einer bildungshumanistischen Unberührbarkeit für sich zu retten, eine politische Antwort auf politische Provokationen.

Damit ist einiges für die Ausgangsfrage gewonnen. Selbstverständlich hat Geschichtsbewußtsein eine politische Funktion; fragt sich nur, wie diese Funktion beschaffen ist. Sie müßte ja nicht unbedingt affirmativ ertragreich sein. Geschichtsbewußtsein besäße auch dann eine politische Funktion, wenn seine Wirkung auf die Unterstützung oder Stärkung eines bestimmten politischen Denkens, Verhaltens oder Handelns begrenzt bliebe oder die Bereitschaft mindern würde, sich auf politische Aktivitäten einzulassen.

Geschichtsbewußtsein und Bildungsbürgertum

Wie steht es zunächst mit diesem gängigen Begriff »Geschichtsbewußtsein«, von dem gewöhnlich so unbefangen gesprochen wird, als handle es sich dabei um etwas ähnlich Natürliches wie das Wetter oder unsere elementaren Antriebe. Ist es nur eine Blindheit ihres Berufs, wenn die Historiker diesen Ausdruck fast durchweg ganz unbefangen naiv in den Mund nehmen, wenn sie etwa behaupten, das Geschichtsbewußtsein bilde ein unersetzliches Moment unseres Daseins? Ob das tatsächlich der Fall ist, steht nach wie vor zur Debatte; aber mit bloßen Bekenntnissen oder Einsprüchen ist für die Analyse nichts zu gewinnen.
Zu den Möglichkeiten des Menschen gehört es, sich unterschiedlich dimensioniert zu sehen und dementsprechend zu argumentieren und sich zu verhalten. Im geschichts-, sozial- und kultur-anthropologischen Feld ist die Zeit vorbei, in der axiomatischen Behauptungen ein Sachgehalt zugebilligt wurde – also derartigen Behauptungen etwa, daß eine Kultur sich in der »geistigen Form eines Geschichtsbildes« (Huizinga) Rechenschaft von sich selbst abgebe. Die Formulierung wirkt auf den ersten Blick wie eine neutrale Feststellung, schließt aber offenkundig die Folgerung ein, daß dort, wo auf eine solche Rechenschaft verzichtet wird, von Kultur keine Rede sein könne; es handelt sich mithin um keine Feststellung, sondern um ein kaum verhülltes Verdikt.
Der erkenntnis- und wissenschaftstheoretischen Situation der Geschichtsforschung sind solche Urteilssprüche nicht dienlich. So notwendig im soziokulturellen Feld jeder entschlossene Einsatz ist, so wenig verfängt hier die reine Programmatik. Vor einem Jahrzehnt bemühten sich die Historiker und Geschichtslehrer Deutschlands, durch Schlußfolgerungen aus einer Lageanalyse und entsprechenden Empfehlungen dem amtlichen Zurückdrängen der historischen Bildung durch die Reformbürokratie entgegenzuarbeiten: Auch die Welt unserer Gegenwart sei entscheidend auf Geschichtsbewußtsein angewiesen, denn ihre »Menschenwürdigkeit [habe] eben im geschichtlichen Bewußtsein des Menschen eine ihrer Bedingungen«. Zweifellos geht es nicht um akzeptable Standesinteressen, wenn in dieser Erklärung weiter behauptet wird, es hänge wesentlich von der Qualität der Geschichtsforschung und des Geschichtsunterrichts an den Schulen ab, »ob eine geschichtliche

Bildung und ein darauf beruhendes geschichtliches Bewußtsein existieren, die eine adäquate Erkenntnis des Menschen und der menschlichen Welt in ihrer unaufhebbaren Geschichtlichkeit, und das heißt auch: Erkenntnis der Gegenwart, möglich machen«.

Die Forderung selbst ist berechtigt, aber die Beweisführung in ihr läuft auf eine bloße Wiederholung hinaus: Nur derjenige, der etwas von der Geschichte erfährt, erfährt etwas von der Geschichte. Außerdem empfiehlt es sich schon seit längerem, bei der Verwendung des Ausdrucks »unaufhebbare Geschichtlichkeit« darauf Rücksicht zu nehmen, daß sich dieser Terminus durch Überstrapazierung schon fast verwandelt hat in einen Zwitter aus Euphonie und Euphorie. Geschichtlichkeit wird real sichtbar, wird manifest nur im Menschen und durch seine Handlungen; nur dadurch wird sie gegenständlich. Wäre sie wirklich so unaufhebbar, wie uns die Programmatiker versichern, so bliebe sie selbst dann bestehen und erhalten, wenn sich unser Geschichtsbewußtsein ohne Rest aufgelöst hätte; gegenüber der Gestaltungskraft des real Historischen bliebe das Bewußtsein davon etwas qualitativ Zweitrangiges. Sollten jedoch Historizität und Geschichtsbewußtsein in einem Bedingungsverhältnis stehen, dann würde von der unterstellten Unaufhebbarkeit nicht viel übrigbleiben.

Handelt es sich denn bei diesem Geschichtsbewußtsein wirklich um eine konstante Größe, steht denn ein und dieselbe Sache zur Debatte, wenn unter Gegenwartsaspekten davon gesprochen wird und wenn Historiker im Zusammenhang mit dem 19. Jahrhundert davon sprechen, dem vielgerühmten »historischen« Saeculum? Was hat das moderne Geschichtsbewußtsein, das sich seiner selbst kritisch zu versichern hat, mit demjenigen unserer Urgroßväter zu tun, die sich noch in rüstiger Zuversicht des Besitzes der Geschichte erfreuen konnten und demzuliebe sie unstreitig gern auf ein hochdifferenziertes Bewußtsein davon verzichtet hätten?

Geschichtsbewußtsein im traditionellen Sinn, samt dem üblichen Gebrauch des Wortes, gehört zu den Charakteristiken des Bildungsbürgertums. Wir können das heute ohne besondere Empfindlichkeiten feststellen, wir sollten es aber auch nachdrücklich genug tun. Das wort- und federführende Gros unserer Historiker bestand aus Universitätsprofessoren, aus Forschern und Lehrern an den hohen und höheren, an Volks- und Hauptschulen; sie waren Staatsbeamte. Im 19. Jahrhundert und bis zum Ende des Kaiserreichs lieferte die Kultusbürokratie präzise Anweisungen zum Geschichtsunterricht, und zwar höchst inhaltlicher Art:

unter dem obersten Gesichtspunkt, ein bestimmtes Geschichtsbewußtsein zu entwickeln und auszuformen. Die historische Orientierung war auf den existenten Staat und seine Nationalität bezogen, auf das Bismarck-Reich.
Bei den übrigen namhaften Völkern Europas sahen die Verhältnisse nicht viel anders aus; das gilt auch für die USA. Bildungsbürgerliche Implikationen, national durchfärbt, prägten das Geschichtsbild und Geschichtsbewußtsein. Wenn dieser Ausdruck heute in einem wegweisenden Sinn gebraucht wird, dann sollte darauf geachtet werden, ob es frei von begriffs- und gesellschaftshistorischen Besonderungen geschieht. Welche Schwierigkeiten dem entgegenstehen, ist eine Sache für sich.
Trotzdem handelt es sich dabei um eine unerläßliche Vorbedingung für die Klärung der Frage, welchen anthropologisch bestimmenden – oder vielmehr: der umfassenden Hominisation dienenden Stellenwert das Geschichtsbewußtsein tatsächlich besitzt. Das Bildungsbürgertum wurde maßgeblich geprägt von seinem überwiegend kulinarischen Verhältnis zur Geschichte. Diese Eindeutigkeit muß ihre entschiedene Weisungskraft zu einer Zeit und einer Gesellschaft verlieren, die dem Pluralismus und der pluralistischen Strukturierung grundsätzlich Verbindlichkeit zuspricht. Berücksichtigt man ferner den Kulturföderalismus, dann ist es unschwer zu begreifen, warum keine einheitliche Meinung darüber herzustellen ist, was man heute unter Bildung und Allgemeinbildung verstehen soll, warum keine inhaltlichen Bildungsziele zu formulieren sind und weshalb sich im Gegensatz zu diesem Gemenge von Ansichten die Offiziellen so rasch darüber einigten, wie die Wege zu den Bildungsstätten am ersprießlichsten zu blockieren sind: vom Hinausprüfen zu Ehren begrenzter Arbeitsstellen über die drastische Verminderung der Abiturientenquoten bis zum Numerus clausus, diesem bisher beachtlichsten Kuckucksei unserer bildungspolitischen Nieder- und Eintracht. Gleichzeitig mit dem Verfall von Gesamtbildungskonzepten ließ man das Geschichtsbewußtsein verrotten, aus Unfähigkeit genauso wie aus Feigheit und Konformismus.
Jahrelang hatten die berufsständischen Historiker geglaubt, die Reputation der Geschichte ließe sich durch die Behauptung retten, daß gerade sie für die politische Bildung in der frischgepflanzten Demokratie nach 1945 unersetzlich sei. Sehr viel mehr als eine These war damit nicht geliefert worden, eine These, die man sicherlich gründlicher diskutiert hätte, wenn ihre Entzugsprägung nicht so offenkundig gewesen wäre.

Übergewicht des Nationalen im 19. Jahrhundert

Die soziokulturelle Wirklichkeit einer Zeit ist weder etwas Statisches, noch kann sie mit der Momentaufnahme aus einem ununterbrochenen Veränderungsprozeß verglichen werden. Sie besteht aus einem hochkomplizierten Zusammenspiel stabiler, fluktuierender und sich tendenziell verändernder Momente. Die außerordentlichen Schwierigkeiten der Begriffsbestimmung im historischen Feld dürfen nicht darüber hinwegtäuschen, daß wir auf solche Begriffe wie Epoche, Entwicklung, Wirkung, Tendenz und dergleichen mehr angewiesen sind – und so eben auch auf den Begriff der soziokulturellen Realität, allgemeiner noch: der historischen Wirklichkeit. Diese Wirklichkeit hat in jeder ihrer Phasen einerseits mit ihren inneren Spannungen zu tun, andererseits muß sie mit der Differenz gegenüber der Gesamtgeschichte fertig werden. Je umfassender der Ausgleich zwischen beiden gelingt, um so widerspruchsloser ordnet sich das persönliche Geschichtsbild der Gesellschaft dazu.

Auch offiziell verbindliche Geschichtsbilder sind nur zum Teil repräsentativ; das ist nichts Neues. Das Übergewicht, mit dem im 19. Jahrhundert die gesellschaftlichen Kräfte von nationalen Vorstellungen und bürgerlichen Erwartungen dominiert wurden, bietet ein Anschauungsmaterial, dessen Dimensionen noch immer beeindrucken. In zahlreichen Staaten und ihren Gesellschaften entwickelten sich dabei unaufhebbare Gegensätze, teils grotesker, teils verwirrender Art. In Deutschland war, wie bei den meisten vergleichbaren Völkern, im 19. und den größten Strecken des 20. Jahrhunderts das Bürgertum mit den Nationalitätsbestrebungen untrennbar verflochten gewesen, und das hieß zugleich: mit der konkreten Politik. Das historische Selbstverständnis spielte dabei eine Schlüsselrolle.

Im Gegensatz etwa zu Frankreich, England oder Italien, im Gegensatz zu den Polen, Ungarn oder Tschechen litt das deutsche Bürgertum an einer auffallenden Gebrochenheit seines Selbstbewußtseins. Zwar handelte es sich nicht ausschließlich um eine deutsche Besonderheit, sie wurde jedoch in Deutschland am offenkundigsten. Kaum einer Gesellschaftsschicht war es jemals beschieden, von zwei Seiten zugleich, vom Adel und vom vierten Stand, attackiert zu werden und dazu auch noch sich selbst anzugreifen: schonungslos, selbstquälerisch, bohrend und überempfindlich gegenüber tatsächlichen und eingebildeten Leiden. Dieser Hintergrund gehörte zu der vielgeschmähten und dennoch insgeheim verklärend geliebten Wilhelminischen Epoche, zu der Sehnsucht nach Kaisers Zeiten.

Im Deutschen Reich der achtziger Jahre wurde nach der Ära der Liberalen der nationale Part von den Konservativen, und zwar auch vom konservativen Adel übernommen. Im Bismarck-Deutschland identifizierten sich seitdem die Konservativen so ausschließlich mit allem Nationalen, daß statt der Ineinssetzung der Ausdruck »Usurpation« weit eher am Platz wäre. Daß »national« und »konservativ« bald synonym wurden, hat zu den großen inneren Reibungen im nationalen Deutschland geführt. Allerdings steuerten auch bald die Sozialdemokraten zu den bunten Schattierungen des Nationalen im Deutschen Reich eine kräftige Farbe bei. Das standesgemäße Waterloo blieb dem deutschen Arbeiter trotzdem nicht erspart. Der Ausbruch des Ersten Weltkriegs, die Reichstagssitzung vom 4. August 1914, in der die Sozialdemokraten dem innenpolitischen Burgfrieden zustimmten und die Kriegskredite bewilligten, ist unter dem gesellschaftlichen und damals klassenkämpferischen Interessenaspekt ein Sachverhalt mit Trauerrand, unter betont nationalem dagegen ein Datum des Triumphes.

Geschichtsbewußtsein – kein bürgerliches Relikt

Die Frage, welchen Anteil charakteristische »Bürgerlichkeit« heutzutage in unserer Gesellschaft noch besitzt, ist kontrovers; nicht kontrovers dagegen ist die Notwendigkeit, das Geschichtsbewußtsein rigoros freizuhalten von bürgerlichen Einbindungen, Fixierungen und Optionen. Geschichtsbewußtsein setzt keinen Zusammenhang mit der Vergangenheit voraus, der bis ins alltägliche Leben reicht, es völlig durchtränkt und das Dasein disponiert. Ein solcher Zusammenhang wäre nichts weiter als der Garant einer unreflektierten Geschichtsverbundenheit und würdelosen historiogenen Hörigkeit. Vor Jahrzehnten gab es dafür noch ein Bett. Die dazugehörige Mentalität hätte sich ausdrücken lassen durch die abgewandelte Empfehlung: »Was du ererbt von deinen Vätern hast, erhalt es, um es zu besitzen.«

Solche Verfahren der Einbalsamierung sind inzwischen überaltert. Deshalb aber hat sich keineswegs Geschichtslosigkeit ausgebreitet, sondern es hat sich nur dasjenige von Grund auf verändert, was Historie für uns heute ist und vor allem sein muß. Zur Geschichte gehört jetzt unwiderruflich die Reflexion. Dieses Hauptmoment teilt sie mit jeder Weltanschauung, jedem religiösen Bekenntnis oder Parteiprogramm, ja selbst die einfachste ethisch begründete Maßnahme bedarf heute zu ihrer Begründung der Reflexion. Früher gab es für den einzelnen und den Großteil der Gesellschaft – nicht nur der bürgerlichen Gesellschaft – Geschichte ohne Bewußtsein. In Zukunft wird Geschichte nur noch in Identität mit Geschichtsbewußtsein möglich sein. Die Dimension des diskursiven Denkens ist neu hinzugekommen.

Daß der Bürger ein ausgeprägtes Geschichtsbewußtsein besaß, heißt mithin keineswegs, daß Geschichtsbewußtsein ein genuin bürgerliches Phänomen darstellt. Damit entfällt auch die Berechtigung für eine Reihe folgenschwerer Begriffsverschränkungen und Normverkoppelungen. Das Bürgertum befand sich in einem Konsternationsverhältnis gegenüber der politischen Sphäre. Kein Wunder, daß deshalb seine Beziehung zur Geschichte vor allem huldigend und verklärend war, daß feste Zäune errichtet wurden zwischen dem historischen und dem aktuell soziopolitischen Raum.

Im bürgerlichen Verhältnis zur Geschichte fand sich immer ein Hauch von Grab. Deshalb stößt man auch heute überall dort, wo Geschichte in erster Linie als Vergangenheit begriffen, als wesentlich identisch mit dem Vergangenen eingeschätzt wird – als einer vulgär-materiell abgeschlossenen und damit starr fixierten Erscheinung –, auf Restbestände der bürgerlichen Vorstellungswelt. Derartige Urteilsmuster hindern noch immer viele Historiker daran, von spezifischen Auslegungsformen des Geschichtlichen Abstand zu nehmen. Für eine Geschichtsforschung aber, die sich einer solchen Oldtimer-Historik nicht verpflichtet fühlt, ist die rückhaltlose Distanzierung von Präfixierungen eine Grundvoraussetzung dafür, daß Geschichte – durch Rezeption, Verdeutlichung der vorhandenen Möglichkeiten und ihre Aktivierung – zu einem Vehikel der politischen Orientierung und soziokulturellen Stabilisierung wird.

Drei Möglichkeiten historischer Orientierung

Drei Formen des Kontaktes mit der Geschichte und des Bezugs auf sie besitzen ein besonderes Gewicht:
1. Retrospektion als empfindungsbestimmte, ästhetische Rezeption (personale Bereicherung durch kontemplativen Genuß);
2. Retrospektion als Mittel der persönlichen oder gesellschaftlichen Ortung (Selbstfindung, Identitätsgewinn);
3. Retrospektion als Schulung des analytischen Vermögens an der

konkreten Wirklichkeit mit dem Ziel, politisch-soziale Entschlüsse und Handlungen vorzubereiten und auszulösen.

Diese drei Möglichkeiten stehen in einem Zusammenhang natürlicher Aufeinanderfolge; »natürlich« deshalb, weil sie den Ausformungsphasen des Geschichtsbewußtseins entspricht. So umstritten die entwicklungspsychologischen Differenzierungen auch sein mögen: Die Tatsache bleibt bestehen, daß sich historischer Sinn in einem stetigen Fortgang ausbildet gemäß den spezifischen Entwicklungsabschnitten von der Kindheit bis zu demjenigen Alter, das als Grenze zwischen Heranwachsenden und Erwachsenen gilt. Grob skizziert überwiegt anfangs das Bedürfnis, die objekt-orientierte Neugier in möglichst abenteuer-erfüllter Weise zu sättigen. Dann folgt eine Phase, in der besonders die Vorbildlichkeit historischer Persönlichkeiten und Epochen zur Wirkung kommt. Anschließend bildet sich das Fassungsvermögen für Zusammenhänge und Konstellationen aus. In der letzten Phase entwickelt sich die Befähigung, den historischen Kontext und die geschichtliche Konturierung der eigenen Situation zu begreifen.

Diese Folge ist begleitet von einem zunehmenden Verständnis für Abstraktionen, und dies wiederum läuft parallel der wachsenden Einsicht, daß Geschichte um so gewisser zur Orientierung verhilft, je stärker sich die Erkenntnis von ihrer hohen inneren Problematik ausprägt, je mehr sich von der Fülle ihrer inneren Aspekte erschließt. In diesem Stadium beginnt auch die Möglichkeit, daß Geschichtsbewußtsein identisch wird mit politischem Bewußtsein.

Jahrelang wurde der Orientierung auf die Gegenwart zu Ehren einer spekulativ entworfenen Zukunft unter dem Glück des Regenbogens das Wort geredet. Der punktuelle Ansatz trat nur dann zugunsten übergreifender Zusammenhänge zurück, wenn solche Zusammenhänge quer zur zeitlich-historischen Abfolge verliefen, sich also lediglich auf die Verflechtungen der unmittelbaren Gegenwart bezogen. Erst jetzt beginnt ein breiteres Verständnis für die Irrtümer, die damit verbunden waren, erst jetzt setzt die Erkenntnis ein, daß eine Ortsbestimmung nur innerhalb des historischen Raumes möglich ist. Die Tatsache, daß in der Bundesrepublik während der fünfziger Jahre keine eigene Inventur der deutschen Geschichte durchgeführt wurde, hat ihre Gründe in der Nachkriegssituation; sie waren verständlich, sie waren jedoch keineswegs gut, und sie waren alles andere als verzeihlich. Im Jahre 1945 wurde nicht nur der Zweite Weltkrieg verloren, sondern dank der These von der Kollektivschuld, die Deutschland in einen Seuchenherd des

Erdballs verwandelte, der das Weltgeschehen seit Jahrhunderten vergiftet hatte, ließen wir uns auch von den Siegermächten unsere Geschichte rauben und gaben sie unsererseits verloren. Die vitalhistorische Verkettung wurde zerstört, schon das bloße Wort »Geschichte« rührte einen Schlamm von Schuldkomplexen auf. Deshalb wurde die offizielle Zertrümmerung der historischen Fundamente und Mauern schweigend akzeptiert, die Überreste blieben einfach stehen – so wie die Kaiser-Wilhelm-Gedächtnis-Kirche in Berlin: eine Ruine, umklammert von moderner Architektur. Genauso stumpfsinnig ließen wir den Geschichtsunterricht an den Schulen und Universitäten amputieren. Statt die wirklichen Ursachen zu diskutieren, warum die Geschichte zum Sündenbock wurde und ob sie es tatsächlich ist, wurde mechanisch unablässig auf die Folgen der technischen Entwicklung verwiesen, auf den Traditionsverschleiß durch die rapiden Veränderungen der Industrialisierung, aus der unweigerlich die angebliche Geschichtsgleichgültigkeit unserer Zeit resultiere: so, als wäre Geschichtslosigkeit eine Erkennungsmarke für Modernität.

Mut zur Geschichte

Die Verletzungen des politischen Selbstbewußtseins, die mangelnde Souveränität des persönlichen und gesellschaftlichen Verhaltens, die Unfähigkeit, übersichtliche Verhältnisse zwischen Gesellschaft und Staat herzustellen, der impotente Bedacht, mit dem die Angelegenheiten der Nation und Nationalität ausgeklammert wurden, die Gewissensverwirrungen in Sachen jüngster Vergangenheit – für all das bediente man sich der Entlastungsvokabel »Geschichtsmüdigkeit« und ihrer Paraphrasierung. Dabei war nicht so sehr eine Erschöpfung im Spiel, als eine charakteristische Berührungsangst – und dies in einer Situation, in der nichts wichtiger gewesen wäre als der Mut zur Geschichte.
Einen elementaren Gegensatz dazu bildet die Hochschätzung der Geschichte im System des offiziellen Marxismus. Dort, wo technische Entwicklung und Hochindustrialisierung ebenfalls einen Spitzenrang besitzen, läßt man an der Feststellung von Karl Marx nicht rütteln: »Wir kennen nur eine einzige Wissenschaft, die Wissenschaft der Geschichte.« In diesem System soll zwar die Geschichte in erster Linie eine Konflikttheorie beweisen, die Theorie vom Klassenkampf; trotzdem ist das Ganze bemerkenswert. Denn auch Verzerrungen von Geschichtsbildern müssen eine Grundlage haben, die sich verzerren läßt, also einen

festen Bestand an historischen Bindungen. Und so zeigen uns die marxistischen Staaten mit geradezu exemplarischer Eindringlichkeit, daß Geschichtsbewußtsein und historischer Sinn eine Sache des Selbstbewußtseins der Gesellschaft sind, des einzelnen, des Volkes.
Heute sind Technik, Sachlichkeit, Zweckbezogenheit vorherrschend – das ist richtig. Daß sich deshalb alles historische Interesse zersetzt und zersetzen muß, das ist falsch. Die hochindustriellen Gesellschaften dieses Jahrhunderts befinden sich seit langem in einem Prozeß ungestümer Veränderung; diese Gegebenheit aber besitzt inzwischen schon selbst einen historischen Stellenwert. Wandel und Wechsel bestimmen das Tableau, die Zeiten, in denen einmal Beständigkeit den Grundakkord darstellte, scheinen endgültig vorbei zu sein. Dadurch hat sich auch unsere Beziehung zur Vergangenheit gründlich gewandelt. Der direkte Kontakt mit ihr ist durch andere Formen der Verbindung abgedrängt worden, das Band eines gemeinsamen Verständnisses mit demjenigen, woran sich früher Gesellschaft, Staat, Politik, Kultur ausrichteten, schütter geworden. Unsere Urgroßväter konnten noch glauben, daß es sich bei der Geschichte und der Gegenwart um dieselbe Lebenswirklichkeit handelt. Diese großartig unbeirrbare Unschuld ist dahin. Sie ist heute genauso staunenswürdig wie die pausbäckige Überzeugung unserer Altherrenverbände des Fortschritts, daß die technische Lebenswelt samt ihren soziopolitischen Implikationen etwas eigenständig Neues darstelle, selbstherrlich in Jungfernzeugung entstanden sei und deshalb weder in der Vergangenheit wurzele noch historisch zu rechtfertigen wäre, ja überhaupt via Geschichte gerechtfertigt werden könnte.
An beiden Verhaltensweisen interessiert nicht die Selbsttäuschung und der Trugschluß; es interessieren die Momente der Selbsteinschätzung, denn sie vor allem wirken sich auf das Geschichtsverhältnis aus. Heute betreten wir die Räume der Vergangenheit nicht mehr wie einst die gute Stube. Wir besuchen sie nicht wie eine Kirche und ebensowenig wie ein Museum. Wir inspizieren sie nicht andächtig, sondern distanziert, klinisch interessiert, jedoch nicht gleichgültig, sondern mit intensiver Nüchternheit. Daß wir uns und die moderne Gesellschaft nicht naiv als Produkt eines Vorgestern empfinden, heißt nicht, daß für uns die Geschichte zum alten Eisen zählt.
Die Hochindustrialisierung bedeutet für die Gesellschaft – gleichgültig, ob sie demokratisch oder marxistisch zugeschnitten ist – eine rapide Zunahme tiefgreifender Umgliederungen, eine Steigerung der Mobilität, und das wirkt sich handgreiflich aus als Abbau des Überkommenen,

negativ gesagt: als Destruktion. Gerade deshalb entpuppt sich die Distanzierung als ein stattlicher Gewinn, wird die Stabilisierungskraft des Historischen neu entdeckt. Niemand, der dazu fähig ist, verzichtet freiwillig auf eine Erklärung dafür, warum sich auch seine Daseinswelt so ungestüm und grundlegend verwandelt, niemand verzichtet auf die genetische Erklärung. Geschichtsforschung rückt dadurch als eine der radikalsten Erkenntnismöglichkeiten der Gegenwart in den Blickpunkt.

Auch Nationen brauchen ein Gedächtnis

Bis jetzt hat noch kein Volk seine Geschichte freiwillig auf den Müll geworfen. Auch bei uns wird das niemand im Ernst für einen Gipfel an Fortschrittlichkeit halten. Wer die historische Forschung allerdings mit einer Altwarenhandlung verwechselt, dem fällt es nicht schwer, den Computer als einen Gegensatz zur Geschichte anzusehen. In unserer Zeit hat die Geschichtswissenschaft weit mehr mit den Problemen der Kybernetik, der Kommunikationswissenschaft und Informatik zu tun als mit dem Blankpolieren von Königskronen. Das geschichtliche Interesse richtet sich heute besonders auf die verschiedenen Möglichkeiten des gesellschaftlichen Zusammenlebens, seine Regel- und Ordnungsbeziehungen, auf die Muster von Machtverteilung und auf die Systeme von Herrschaftskontrollen; es geht dabei um Modelle und ihre Elemente, um Informationsmechanismen und Strukturen: Diese ursprünglich reinen Fachausdrücke der Kybernetik besitzen inzwischen bei den Historikern ihren selbstverständlichen Platz und ihren Stellenwert. Nicht zuletzt auch durch diese Ausrichtung ist historische Arbeit heute so eng mit der gesellschaftlichen Wirklichkeit verbunden. Andernfalls könnte Historie nicht das Rückgrat der politischen Selbstsicherheit sein.
Für diese Tatsache gibt es ungezählte Beispiele. In unserem Jahrhundert hat Rußland ein besonders eindrucksvolles geliefert. Als die Sowjetunion im Zweiten Weltkrieg vor der Katastrophe stand, gelang es Stalin durch den Appell an die Geschichte, unerhörte Kräfte für den »Großen Vaterländischen Krieg« Rußlands zu mobilisieren. Die Geschichte Polens ist bis heute eine Kette dramatischer Bemühungen, mit Hilfe der Erinnerung an seinen historischen Rang jede Niederlage durchzustehen und durch pures Überleben schließlich in Siege zu verwandeln. Selbst in unseren Tagen sind gewichtige Elemente der Selbstsicherheit Frankreichs nichts anderes als Derivate seiner glanzvollen Geschichte – ob es sich um seine imposanten Könige, Staatsmänner, Philosophen handelt,

um die Große Revolution von 1789, um Napoleon und die Gloire der Armee oder um den letzten Absolutisten Europas, General de Gaulle. Kein Lateinamerikaner schließlich, dessen politischer Aplomb nicht noch immer durchpulst wäre von der Leidenschaftlichkeit des Freiheitskampfes und historischen Außerordentlichkeit Simon Bolívars vor mehr als eineinhalb Jahrhunderten. Dabei geht es nicht um feiertägliche Erinnerungswerte. Der geschichtliche Untergrund fundiert sowohl das Selbstbewußtsein und die Fähigkeit zur Selbstbehauptung als auch eine gesicherte Urteilsbildung und das Vermögen, aktuelle Probleme aus dem richtigen Zusammenhang einer zweckdienlichen Lösung zuzuführen.

Unter dem Aspekt der Gegenwart ist es für die historische Bestandsaufnahme nicht eigentümlich oder wesentlich, daß dabei zurückgeblickt wird. Ein Mensch, der an Erinnerungsschwäche oder völligem Gedächtnisschwund leidet, hat ohne ärztliche Hilfe keine Überlebenschance. Gedächtnis und Erinnerung sind für unser Leben unentbehrlich. Die Verhaltenspsychologie und Neurophysiologie haben sich in den letzten Jahren mit erneuter Energie der Gedächtnis-Forschung angenommen. Ihre Ergebnisse belegen ausnahmslos die überragende Bedeutung des retentionalen Vermögens für die psychosomatische Unversehrtheit. Noch immer gilt Kaspar Hauser als klassischer Fall eines Menschen, der sich an nichts erinnert, weil er nichts erlebt hat und keine Erfahrung besitzt, und dessen geistige Entwicklung deshalb hoffnungslos stagniert.

Erfahrungen müssen ins Bewußtsein gehoben, dem Gedächtnis überantwortet werden. Erst diese Erinnerungen schaffen die Voraussetzungen der Persönlichkeitsentwicklung. Napoleon, der schon als blutjunger Offizier die Geschichte als den besten Führer zu einer realistischen Staatskunde bezeichnet hatte, drückte es in seinem Tagebuch von St. Helena so aus: »Une tête sans mémoire est une place sans garnison.« Deshalb signalisiert der umgekehrte Kaspar-Hauser-Effekt, die leichtfertige oder bewußte Zerstörung der Erinnerungsfähigkeit, eine umfassende psychisch-moralische Erkrankung.

Genauso bildet ein reichhaltiger Grundbestand gemeinsamer Erlebnisse und Erfahrungen zusammen mit dem kollektiven Erinnerungsvermögen den Grundstein jeder Gesellschaftsbildung, die Basis verbindlicher Zusammengehörigkeit, das Knochengerüst des Staatsbewußtseins; das gilt für alle Völker der Erde. Sowohl der einzelne als auch die Gesellschaft sind darauf angewiesen, wenn der Zwang zur prospektiven Bemühung und Planung, der für unser Dasein unerläßlich ist, nicht entarten soll zu einer Narretei ständig wechselnder Wünsche.

Daß wir auf Geschichtsbewußtsein angewiesen sind, um urteilen, entscheiden, handeln zu können, daß es ohne Geschichtsbewußtsein weder eine soziokulturelle noch politische Selbstbehauptung gibt, ist eine der wichtigsten Erkenntnisse der Moderne. Aus diesem Grund muß auch die Geschichte immer wieder neu gesichtet und geschrieben werden. Jede Zeit ist dazu gezwungen, ihr eigenes Verhältnis zur Historie zu entwikkeln, aus ihren Nöten und Problemen, aus ihrer Grundhaltung heraus. Sonst bekommt sie keinen festen Boden unter die Füße. Deshalb zerstören alle diejenigen, die unser Geschichtsbewußtsein verrotten lassen oder absichtlich verwüsten, die Wurzeln unserer Existenz. Ob das im Zeichen unbedarfter Progressivität geschieht oder mit der höheren Weihe eines kultusbürokratischen Stempels, ist nebensächlich.

Ohne geschichtliche Basis gibt es keine Standfestigkeit, ohne Geschichte gibt es aber auch keine Vorurteilslosigkeit der Sicht. Die kritische Prüfung des Zentralbestands unserer gesellschaftlichen Werte und Verbindlichkeiten wird von Jahr zu Jahr dringender. Nichts wird den Blick besser schärfen für unsere Gemeinsamkeiten, deren Stoff zu hart ist, als daß er sich durch Zweistaaten-Theorien oder innerdeutsche Grenzen zerspalten ließe: die Einheit unserer Sprache und Literatur, die verwandtschaftlichen Bindungen, die gemeinsamen Erinnerungen, die Gesamtgeschichte unseres Volkes. Nur wenn wir unser Handeln und Verhalten daran ausrichten, werden wir der kalten Unerbittlichkeit der Geschichte gerecht. Heutzutage sollte auch der letzte begriffen haben, daß ohne Geschichtsbewußtsein unser Lebensboden verkarstet.

Bilanz einer Beklemmung.
Geschichtsbewußtsein im gegenwärtigen Deutschland

Die Problematik des Themas liegt nicht in erster Linie bei den analytischen Schwierigkeiten. Es ist zwar kompliziert genug, die Eigentümlichkeiten unseres Geschichtsbewußtseins deutlich zu machen und von den Besonderheiten dessen zu sprechen, was sich eventuell wohlwollend als »unser Geschichtsbewußtsein« charakterisieren ließe. Aber die eigentliche Fragwürdigkeit liegt in dem Ausdruck »gegenwärtiges Deutschland«. Seit längerem hat sich dafür auch die Bezeichnung »deutsche Frage« eingebürgert. Welche politischen Mißhelligkeiten und Nöte dazu gehören, das ist bekannt. Und weil das Problem »Deutschland« ausschlaggebend ist für unser Verhältnis zur Geschichte, spielt die aktuellpolitische Dimension eine Schlüsselrolle, deren Aufdringlichkeit dem Historiker Ungebührliches zumutet: Er wird nämlich dazu gezwungen, sich zu exponieren – und eben das hat er sich doch als Angehöriger einer Zunft während der letzten drei Jahrzehnte mit entsagungsvoller Hingabe abgewöhnt.

Der Begriff Deutschland ist historisch gefüllt, ist geographisch, politisch, sprachlich-kulturell festgelegt worden spätestens zu einer Zeit, da die Völker Europas ihren Wunsch ausgedrückt oder realisiert hatten, sich national zu formieren. Unabhängig von allen politischen Realitäten unserer achtziger Jahre assoziieren wir bei dem Wort Deutschland ein Territorium Mitteleuropas, das von denjenigen Grenzen abgesteckt wird, innerhalb derer das Deutsche Reich von 1919 bis 1937 eine staatsrechtliche Einheit gebildet hat. Das Grundgesetz der Bundesrepublik spricht wiederholt recht unbefangen vom »Deutschen Volk« und von »Deutschland«, ohne diese Ausdrücke näher zu präzisieren; 1949 wurde das offenbar nicht als notwendig empfunden. Daß mit Deutschland das Deutsche Reich nach dem Stand vom 31. Dezember 1937 gemeint ist, steht allerdings ausdrücklich in Art. 116. Ebenso spricht die Verfassung der DDR – unbeschadet der Detailänderungen im Zeichen des Abgrenzungswillens – höchst selbstverständlich vom »ganzen deutschen Volk« und von »Deutschland«; diese beiderseitige Ungezwungenheit wird noch unterstrichen durch die Beharrlichkeit, mit der Bonn und Ost-Berlin versichern, es gäbe nur *eine* deutsche Staatszugehörigkeit – obgleich die westliche keineswegs identisch ist mit jener der DDR und umgekehrt und die Versuche der mitteldeutschen Regierung, unterschiedliche Staatsangehörigkeiten zu verankern, die deutsche Gemeinsamkeit nicht in Frage stellen.

Solange das Wort Deutschland die eben skizzierten Assoziationen weckt und sich der staatsrechtlich-territoriale Bezug nicht geändert hat, bleibt das Geschichtsverhältnis der Deutschen, bleiben Geschichtsbild und Geschichtsbewußtsein in Deutschland vordringlich ausgerichtet an den Gegebenheiten der Nation und des Nationalen, so dornig das wirre Gestrüpp bei uns auch ist, das sich seit 1945 darüber gerankt hat.

In der Bundesrepublik gilt seit ihrer Etablierung im Jahre 1949 der Pluralismus als grundlegend für ihre Gesellschaftsstruktur und ihren Staatsaufbau, als notwendige Basis einer zeitgemäß-modernen, demokratischen Ordnung. Die Autonomie und wechselseitige Toleranz der

Gesellschaftsgruppen sind allerdings auch zu einem extremen Normenpluralismus gesteigert worden – in einer verständlichen Reaktion auf die vorausgegangene weltanschauliche Uniformität des Nationalsozialismus. Seit rund eineinhalb Jahrzehnten hat man jedoch begonnen einzusehen, daß sich die Gruppenaktivitäten nicht von selbst zur höheren Ehre des Gesamtinteresses bündeln. Deshalb wird bei uns heute die Frage als besonders dringlich empfunden, in welchen Grundsätzen wir alle – das heißt auch alle Parteien – übereinstimmen, in Grundsätzen, auf die ein vollwertiger Pluralismus als tragendes Fundament angewiesen ist. Solange das fehlt, solange werden Desintegration und Dekontamination zur Szenerie unserer Gesellschaft gehören. Das hat seine massiven Auswirkungen auf das Geschichtsbewußtsein.

Ins Extrem gesteigert wird die Situation des Pluralismus durch die Zergliederung Deutschlands in zwei gesonderte Staaten; die sogenannten »Deutschen Ostgebiete unter fremder Verwaltung«, wie sie amtlich heißen, dürfen für das Problem außer Betracht bleiben. Ein charakteristisches Moment des deutschen Pluralismus ist auch dieses Nebeneinander, der Dualismus zweier Gesellschaftsordnungen, die von der Intention her nichts miteinander zu tun haben. Auf der einen Seite das sozialkapitalistische Bezugssystem – auf der anderen Seite das marxistisch-sozialistische. Vom Pluralismus ausgeschlossen war in Mitteldeutschland allerdings von vornherein der Toleranzgrundsatz. Wie schütter es im übrigen damit allgemein in der Pluralismuskonzeption steht, das zeigt sich auch in der Bundesrepublik seit etlichen Jahren.

Dieser Gegensätzlichkeit entspricht nun auch das Verhältnis zur Geschichte in Mittel- und Westdeutschland. Allerdings nicht so, daß dabei zwei unterschiedliche Geschichtsbilder miteinander konkurrieren würden. Für ein geschlossenes Geschichtsbild gibt es in der Bundesrepublik bestenfalls Ansätze und eine Reihe von brauchbaren Elementen, sieht man von den verschiedenen Geschichtsbildern der weltanschaulich oder religiös festgelegten Gruppen ab. Massiv gleichförmig dagegen ist das Geschichtsbild in der DDR. Der parteioffizielle Marxismus drüben stempelt alles, was hüben in der Bundesrepublik im Bereich der Geschichte getrieben wird, als »bürgerlich – kapitalistisch – imperialistisch – reaktionär – faschistisch« ab. Sowohl in dieser Gegensätzlichkeit, als auch in den beiden Lokaladverbien »hüben« und »drüben« drückt sich etliches von der Situation Deutschlands aus, ebenso aber viel von den Gemeinsamkeiten. Das Leipziger Kabarett »Die Pfeffermühle« hat das einmal recht überzeugend in sechs Worte zusammengefaßt: »Für die

drüben ist hier drüben.« Gegensatz und Gemeinsamkeit sind Folgen der deutschen Situation und Entwicklung seit 1945.
Noch während des Dritten Reiches besaß Deutschland ein relativ einheitliches Geschichtsbild. Es war zwar nicht identisch mit dem nationalsozialistischen, aber im Grundsätzlichen gab es nur wenige Differenzen. Das Jahr 1945 beendete deshalb eine Epoche von rund eineinhalb Jahrhunderten, in der Geschichtsbilder Geltung besaßen und das deutsche Geschichtsbewußtsein prägten – zwar wechselnde und teils recht unterschiedliche Geschichtsbilder (kleindeutsche, großdeutsche, wilhelminische, nationalistische usw.), jedenfalls aber lagen ihnen immer klar umrissene Geschichtsauffassungen zugrunde.
Geschlossenheit und Kontur gehören wesentlich zum Begriff des Geschichtsbildes. Wie sich dieser Begriff definiert, damit er sämtliche Bedürfnisse nach wissenschaftlicher Genauigkeit erfüllt, ist eine Sache für sich. Hier genügt die Feststellung, daß in einem Geschichtsbild – auf dem Boden bestimmter Werte und Überzeugungen – der historische Ablauf als ganzes zusammengefaßt wird: Dazu gehört die Deutung aller wesentlichen Phasen und Epochen, Formierungen und Entwicklungen, Ereignisse und Zäsuren, nicht zu vergessen die Rolle und die Wirkung historischer Persönlichkeiten. In den Zusammenhang eines solchen Geschichtsbildes gehört auch die Gegenwart, nicht als Ziel versteht sich, sondern sachneutral als jüngste Etappe der überschaubaren Geschichte. Ein derartiges Geschichtsbild ist kein Exklusivgebilde universitärer Fachleute, sondern eine Sache von Großgruppen, ja des ganzen Volkes. Es lebt nicht kraft hoher Reflexion, ist nicht auf besondere Verstandesgaben angewiesen. Die Grundstruktur eines Geschichtsbildes muß unverwechselbar einleuchtend sein wie ein Piktogramm – ein Piktogramm versteht der Landwirt genauso wie der Egghead, und der Egghead wird dabei auch nicht von Gewissensqualen heimgesucht, daß die Verständlichkeit des Piktogramms sein intellektuelles Potential nicht beansprucht.

Die Umerziehung

Demgegenüber bedeutet Geschichtsbewußtsein ein rationales oder zumindest rationaleres Verhältnis zur Geschichte. Beides kann miteinander verbunden sein, es kann auch nebeneinander herlaufen. Ein Geschichtsbild kann man haben ohne einen Funken Geschichtsbewußtsein, und umgekehrt. Jeder haupt- oder nebenberuflich mit Geschichte befaßte Mensch besitzt Geschichtsbewußtsein. Ob er dazu noch über ein Geschichtsbild verfügt, das ist heute, in Westdeutschland, geradezu eine Ausnahme. Eben deshalb ist 1945 für uns so entscheidend gewesen. Mit diesem Datum verbindet sich der verheerendste Bruch in der deutschen Geschichte. Heute können wir diese Tatsache einigermaßen sachlich, einigermaßen gezwungen nüchtern registrieren. Das deutsche Volk aber hat sie damals in einer ungeheuerlichen Drastik buchstäblich am eigenen Leib erfahren. Mit dem Jahre 1945 zerriß für die Deutschen die historische Kontinuität. Bei Völkern mit intaktem Geschichtsbild mündet die historische Entwicklung folgerichtig in die Gegenwart, die dann ihrerseits die natürliche Ausgangsetappe der künftigen Entwicklung bildet. In einer solchen Gegenwart wird die Vergangenheit, die Geschichte als sinnreicher Prozeß akzeptiert. Dort, wo das nicht der Fall ist, hat man es nicht mit der Vergangenheit zu tun, sondern bestenfalls mit einer Projektion von Gegenwartsnöten in die Geschichte und institutionell mit einer Geschichtswissenschaft und Historiographie der Selbstbespiegelung. In der Bundesrepublik nach 1945 wurde dieses Phänomen als »Vergangenheitsbewältigung« bezeichnet.

Der Deutsche im Jahr der Kapitulation hat sich in jeder Hinsicht in einer Null-Situation befunden oder ist zumindest so behandelt worden, als befände er sich darin. Eines der obersten Kriegs- und Friedensziele der Alliierten, die Ausrottung des deutschen Militarismus und Faschismus, sollte garantieren, daß – so wurde es im Schlußkommuniqué der Jalta-Konferenz am 11. Februar 1945 formuliert –, »daß Deutschland nie wieder in der Lage sein wird, den Weltfrieden zu stören«. Voraussetzung für einen solchen Entschluß war die Überzeugung von der völligen politischen, moralischen und charakterlichen Korrumpierung der Deutschen. Die einzige Chance für unsere Heilung sahen die alliierten Sieger in der Ausmerzung aller Ideen und Überzeugungen, die uns so lange verseucht hatten. Nur durch eine gründliche Umerziehung, eine innere Umpolung werde es möglich sein, mit der historischen Rolle Deutschlands als permanentem Unruhestifter der Welt aufzuräumen und die Deutschen wieder in den friedlichen Kreis der Völkerfamilie aufzunehmen.

So setzte in Westdeutschland nach der Kapitulation die Phase der »re-education« ein. Politisch wurde sie praktiziert in einer Mischung aus Spruchkammern, Amerikahäusern und von den Besatzungsmächten lizensierten Zeitungen und Zeitschriften – im Bereich der Geschichte mit einem totalen Kehraus. In Mitteldeutschland genügte dafür das Vehikel des Sowjetmarxismus. 1945 wurde deshalb nicht nur für Deutschland, sondern auch für die deutsche Historiographie und ihre Vertreter zum tiefsten Grabenbruch der Geschichte. Seine Auswirkungen lassen sich nicht nur in einem bloß übertragenen Sinn mit den Folgen eines Erdbebens vergleichen.

Gerhard Ritter verlangte 1949, in München, auf dem ersten deutschen Historikertreffen nach dem Krieg, von der Versammlung stellvertretend für den ganzen Stand, sich nicht aufzuhalten mit überflüssigen »Versuchen nachträglicher Selbstanklage oder Selbstrechtfertigung unserer Zunft«. Notwendig seien vielmehr: 1. nüchterne Selbstbesinnung, 2. schonungslose Überprüfung unserer Traditionen, 3. illusionslose Abschätzung der augenblicklichen Lage und 4. Klärung der dringlichsten Zukunftsaufgaben.

Diese Forderungen enthielten viel Programmatisches, zumal in den ersten beiden Punkten. Wenig Resonanz fand Ritters Empfehlung, sich nicht mit Selbstverdammungen und Rechtfertigungen zu beschweren. Die historiographischen Geißlerzüge bemächtigten sich nicht nur ihrer literarischen Vordermänner, sondern der ganzen deutschen Geschichte. Sie wurde nicht akzeptiert und nüchtern interpretiert, sondern moralisch disqualifiziert.

Im Gegensatz zu Westdeutschland hat es nach 1945 in Mitteldeutschland eine Diskussion über die angeblich oder wirklich abhanden gekommene Geschichte nicht gegeben. Die Historie ist und bleibt das Fundament des Marxismus, gleichgültig, ob es sich um das System des parteioffiziellen Marxismus handelt oder um traumversponnene Kathedermarxisten. Deswegen hat es in Mitteldeutschland keinerlei Auseinandersetzungen und Kämpfe um ein neues Geschichtsbild gegeben. Denn es hat schon längst in den Schubladen bereitgelegen; man hat es nur hervorholen, auf den aktuellen Stand bringen und präsentieren müssen. Auf den aktuellen Stand gebracht vor allem unter dem Aspekt der 1949 gegründeten »Deutschen Demokratischen Republik«.

In dem offiziell gültigen marxistisch-leninistischen Geschichtsbild avancierte die DDR zum Ziel der bisherigen Geschichte. Ihr Arbeiter- und Bauernstaat bildete den Gipfel, stellte die Vollendung der wahren und »eigentlichen« deutschen Geschichte dar. Erich Honecker hat auf der Tagung des Zentralkomitees der SED 1973 das entsprechende Geschichtsbild so umrissen: »Die Deutsche Demokratische Republik ist heute die staatliche Verkörperung der besten Traditionen der deutschen

Geschichte – der Bauernerhebungen des Mittelalters, des Kampfes der revolutionären Demokraten von 1848, der von Marx und Engels, Bebel und Liebknecht begründeten deutschen Arbeiterbewegung, der Heldentaten im antifaschistischen Widerstandskampf. In der Deutschen Demokratischen Republik entwickelt sich die sozialistische Nation unter Führung der Arbeiterklasse. In der sozialistischen Nationalkultur unserer Republik lebt all das fort und erfährt eine neue Blüte, was in früherer Zeit an kulturellen Schätzen geschaffen wurde. Von der Geschichte, der Kultur und der Sprache werden wir nichts preisgeben, was es an Positivem zu erhalten und zu pflegen gibt, was den humanistischen und revolutionären Traditionen entspricht.«

Zwischen 1949 und heute hat es in der DDR einige kräftige Korrekturen der Geschichtsauffassung gegeben, in erster Linie unter dem Gesichtspunkt des wechselnden Verhältnisses zur Bundesrepublik und dem Begriff der Nation. Am Prinzip aber hat sich dadurch nichts geändert, Grundlagen und Struktur des Geschichtsbildes sind dieselben geblieben. Geblieben ist auch die scharfe Ablehnung der Bundesrepublik, die zur Müllhalde alles dessen stilisiert worden ist, was mit den Formeln der Honecker-Rede als »schlechteste Tradition der deutschen Geschichte«, als negativ, reaktionär, faschistisch, militaristisch gilt. Und das um so mehr, als sich die Polemik als vorzügliches Mittel zur Profilierung des eigenen Geschichtsbildes erwiesen hat.

Als Gerhard Ritter 1955 feststellen zu können glaubte, daß die Zeit der re-education vorbei sei, hatte sich die Bundesrepublik entschlossen, einen politischen Weg einzuschlagen, für dessen Richtung der amerikanische Außenminister John Foster Dulles als repräsentativ gelten kann. Die Umerziehung war nicht etwa deshalb abgeschlossen, weil sich das deutsche Volk – so wie es in Jalta proklamiert und gefordert worden war – inzwischen als fähig erwiesen hatte, »ein ordentliches Leben« zu führen »und einen Platz in der Gemeinschaft der Nationen« einzunehmen, sondern weil unter anderem die Solidität des atlantischen Militärbündnisses von der Wiederbewaffnung der Bundesrepublik abhing. Als Preis für den Beitritt zur NATO wurde der Bundesrepublik die »Souveränität« gewährt.

Für unser Verhältnis zur Geschichte bedeutete das eine neue Katastrophe. Die Bemühungen eines vollen Jahrzehnts, mit überlieferten Grundwerten und verbindlichen Überzeugungen der deutschen Geschichte ins reine zu kommen, wurden teils unterminiert, teils desavouiert. Wie stand es zum Beispiel mit der Bewertung der langen

militaristischen Tradition Deutschlands, nachdem einerseits die Sieger
1945 feierlich gelobt hatten, »den deutschen Generalstab für alle Zeiten
zu zerschlagen, der wiederholt das Wiedererstehen des deutschen Militarismus zuwege gebracht« habe, und andererseits zehn Jahre später der
Dienst mit der Waffe wieder zu einer Bürgerpflicht, wenn nicht Bürgertugend, erklärt, ein neuer Generalstab aufgebaut wurde. Die DDR
kannte zwar keinen Generalstab, dafür legitimierte bereits Art. 5 der
Verfassung von 1949 den erneuten Waffendienst mit dem schlichten
Satz: »Der Dienst zum Schutze des Vaterlandes und der Errungenschaften der Werktätigen ist eine ehrenvolle nationale Pflicht der Bürger der
Deutschen Demokratischen Republik.«

Verurteilung und Neuwertung unserer Geschichte

Spätestens seit den Jahren 1954 und 1956 datiert in der Bundesrepublik
das Auseinanderlaufen von Öffentlichkeit und Historikern. Schon während der Entnazifizierung und des Wiederaufbaus war die westdeutsche
Bevölkerung eines Umerziehungsunterrichts überdrüssig geworden, der
im Bereich der Geschichte letztlich auf eine Dokumentation der deutschen Miserabilität hinauslief. Diesem Reinigungsbad folgte jetzt die
Wechseldusche: Normen, an deren Verwerflichkeit man keinen Zweifel
gelassen hatte, feierten demokratisch nobilitiert ihre Auferstehung. Aus
Friedrich II. von Preußen wurde in verschämten Rösselsprüngen langsam wieder Friedrich der Große. Der skrupellose Machtmensch Bismarck hingegen wurde insofern neu gerahmt und höher gehängt, als
man Konrad Adenauer bescheinigte, er sei »der größte deutsche Staatsmann seit Bismarck«.

Das Verdikt über die deutsche Geschichte seit 1945 war zunächst
erschüttert und schweigend hingenommen worden. Nach einigen Jahren allerdings wurde auf eine Dauerbelehrung, die sich in kritischen
Absprechungen erschöpfte, nicht mehr reagiert. Die erneute Rückwertung seit 1955 wirkte auf den Normalverstand entgeisternd wie ein
Seiltrick, als bestürzender Wechsel vom »Crucifige« zum »Hosianna«.
So kam es von der Unlust an der deutschen Geschichte zur Abwendung
von der Geschichte überhaupt, zumindest von der berufsoffiziell angebotenen. Damit war das perfekt, was seitdem als »Verlust der Geschichte« zu einer stehenden Vokabel geworden ist. Wenn sich in jüngster
Zeit, und selbst im Ausland, die teils bedauernden und teils bemitleidend-abfälligen Bemerkungen häufen, die Deutschen wollten nichts von

ihrer Geschichte wissen, so wird kaum jemals erwähnt, daß diesen Deutschen ihre Geschichte in bewußter Gründlichkeit vorher weggenommen worden ist.
Tatsächlich aber ist diese unterstellte Abwendung von der Geschichte, der Geschichtsverlust nur ein Oberflächenaspekt. Die elementar historischen Bedürfnisse gehören zu den Lebensnotwendigkeiten des einzelnen ebenso wie zu der Großgruppe eines Volkes – das ist mehr als eine nur berufsbedingte These. Während der Geschichtsunterricht an den Schulen an den Rand gedrückt wurde, während sich die Fachhistoriker in ihren Spezialgebieten einigelten, deckte das lesende Publikum seinen Bedarf an Geschichte auf einem Büchermarkt ab, dessen Angebot zwar nicht das akademische Imprimatur erhalten hatte, dafür aber den Vorteil der Klarheit besaß, der Profilierung, Entschiedenheit, Lesbarkeit und präzisen Darstellung.
Vom historischen Defizit her ist auch teilweise der Griff nach der Sachliteratur zu erklären, der Erfolg archäologischer, religionshistorischer, literarkundlicher Sachbücher. Niemand wird von der höchst delikaten Situation der westdeutschen Historiker absehen können, die zum Großteil selbst mit einer sehr persönlich-privaten Revision ihres Geschichtsbildes in der Nachkriegszeit zu tun hatten. Aber dieser Umstand *erklärt* nur die Tatsache, daß die Westdeutschen von ihren Historikern keine Hilfe bekamen. Er schafft die Tatsache selbst nicht aus der Welt.
Die Lage in der DDR läßt sich in dieser Zeit durchaus mit derjenigen in Westdeutschland vergleichen. Auch hier war die Bevölkerung weithin einer Indoktrination überdrüssig, die ihr als zurechtgeschnittene, über den dialektischen Leisten geschlagene Geschichte aufgenötigt wurde. In die Gebiete der historischen Belletristik, der Sachliteratur und Reportage wie bei uns konnte sie freilich nicht ausweichen oder zumindest nur dann, wenn ihr das amtlich angeboten wurde. In dieser Hinsicht allerdings ließen sich die Parteiführung und die Historiker kaum Versäumnisse zuschulden kommen. Die bekömmlich, wenn nicht erstklassig geschriebene Geschichtsliteratur der DDR aus den letzten dreißig Jahren beläuft sich auf Tausende von Titeln. Ob allerdings das marxistische Geschichtsbild, das selbstverständlich den Rahmen aller historischen Werke bildet, identisch ist mit dem Geschichtsbild der Mitteldeutschen, das darf bezweifelt werden. Unstrittig aber ist die öffentliche Vorherrschaft der SED-Geschichtsdeutung. Inwieweit dieser Auseinanderfall zwischen regierungsamtlichem Geschichtsbild und tatsächlicher Ge-

schichtssicht der Mitteldeutschen das Geschichtsbewußtsein beeinträchtigt und zerrüttet, darüber lassen sich nur Vermutungen anstellen. Das Geschichtsbewußtsein im gegenwärtigen Deutschland ist eine Spiegelung der politischen Lage unserer Nation: gespalten, gegensätzlich, weithin durchzogen von Feindhaltungen. Die Forderung von Karl Jaspers im Jahr 1951 nach »Ausbildung eines deutschen Geschichtsbildes« ist bis heute unerfüllt geblieben, wohl nicht zuletzt deshalb, weil wir uns seit einiger Zeit in den Gebrauch eines neuen Wortes eingeübt haben, nämlich in die Verdoppelung »deutsch-deutsch« – eine Neuschöpfung von beispielhafter Aussagekraft. Die deutsch-deutsche Geschichtswissenschaft, also die westdeutsche genauso wie die mitteldeutsche, kann heute mit berechtigtem Stolz auf ihre Leistungen pochen. Man sieht das an der Fülle ihrer Institutionen und an der munteren Kraft ihrer Veröffentlichungen, deren Zahlen sich nur noch mit Hilfe einer Wucherungsstatistik erfassen lassen.

Die mitteldeutsche Geschichtswissenschaft zeichnet für die Ausbildung und Durchsetzung des sozialistischen Geschichtsbildes verantwortlich. Ihr Ziel ist in Übereinstimmung mit den Richtlinien der SED die Entwicklung eines Geschichtsbewußtseins, das auf die DDR zugeschnitten ist – speziell geht es um den geschichtsbewußten DDR-Bürger. Im Zentrum dieses Geschichtsbildes steht das Gliederungsprinzip der Gesellschaftsklassen und ihrer Kämpfe. Die jüngere Geschichte wird dementsprechend als Kampf der Arbeiter innerhalb der bürgerlich-kapitalistischen Nation gegen die bestehenden Machtverhältnisse interpretiert. Ergebnis dieses Kampfes ist die Entstehung der DDR und die allmähliche Herausbildung einer sozialistischen deutschen Nation. DDR und sozialistische Nation sind – wie es in einem in Ost-Berlin erschienenen Buch heißt – »in einem geschichtlichen Sinn in der Tat die Fortsetzung und die Verkörperung dieser Klassenlinie und Tradition des revolutionären Kampfes der ganzen deutschen Arbeiterklasse«. Weil die Bundesrepublik den überfälligen, historisch überholten Rest des deutsch-bürgerlichen Kapitalismus darstellt, stehen sich »mit der DDR und der BRD in Gestalt der beiden entgegengesetzten Staaten, Gesellschaftsordnungen und Nationen zwei in der deutschen Geschichte verwurzelte Klassenlinien gegenüber«.

In der mitteldeutschen Interpretation wird der Bundesrepublik ein scharf umrissenes Geschichtsbild unterlegt, das sich aus der aktuellen politischen Einschätzung ergibt. Ob nun Westdeutschland kapitalistisch, bürgerlich, faschistisch ist oder nicht – ein geschlossenes Geschichtsbild besitzt es jedenfalls nicht. Auch die westdeutsche Geschichtswissenschaft, sofern sie sich überhaupt als Einheit zusammenfassen läßt, kann damit nicht dienen und will es auch gar nicht. Dieses Defizit läßt sich von ihr nicht durch wissenschaftstheoretische Argumente verdecken oder zu einem Positivum beschönigen, also etwa durch Hinweise auf den Methodenpluralismus als Indiz moderner Wissenschaftlichkeit, auf die Notwendigkeit wechselnder Perspektiven oder die unterschiedlichen Wertungszwänge, die sich – angeblich – unweigerlich aus den jeweiligen Standortfixierungen ergeben. Alles das hat mit der Existenz oder dem Fehlen eines Geschichtsbildes nichts zu tun. Die Revision überkommener Geschichtsdarstellungen, die Bereinigung zumal der Schulbücher, die in den fünfziger Jahren angelaufen ist und bis heute unbeirrt weiterläuft, besteht nur in einer Flut punktueller Berichtigungen, nicht aber in der Korrektur eines au fond immer noch gültigen Bildes oder gar im Entwurf eines neuen Gesamtkonzepts.

In dieser Linie der punktuellen Revisionen befinden sich auch fast alle Kontroversen der westdeutschen Geschichtswissenschaftler seit den fünfziger Jahren. Diejenige zwischen Ludwig Dehio und Gerhard Ritter über das Problem der Kontinuität oder Diskontinuität von Preußentum und Nationalsozialismus oder die erbitterten Streitgespräche in den sechziger Jahren um die Kriegsschuld, den Kriegswillen und die Kriegsziele Deutschlands im Ersten Weltkrieg. Gerade hierbei konnte jeder historisch Interessierte bei den wechselseitigen, oft mehr als peinlich unsachlichen Attacken feststellen, wie labil noch immer unser Verhältnis zur Geschichte ist und wie schwer sich ein Konsens in der Beurteilung folgenschwerer Ereignisse herstellen läßt. Wir verfügen zwar über einen soliden Fundus von wohlbegründeten Urteilen über entscheidende Entwicklungen, bedeutende Akteure, bestimmte Abschnitte und auch ganze Epochen unserer Geschichte – alles vorzügliche Elemente für ein Geschichtsbild. Wir spielen die Funktion der großen Persönlichkeiten nicht mehr gewaltsam herunter, aber wir sind endgültig über alle Glorifizierungen hinaus.

Das Gesichtsfeld unserer Geschichtswissenschaft ist heute so breit wie noch nie, unverkennbar aber ist auch eine gewisse Reserve bei der Handhabung von Bewertungskategorien. Auch bildungshumanistische Traditionen und Stereotypen brechen wiederholt durch, Abkömmlinge eines Geschichtsbildes der kulturell-geistigen Dominanten, der normativen Verinnerlichung. Die westdeutschen Historiker besitzen gewissermaßen die detailliertesten Kenntnisse vom Inhalt eines überwältigend reichhaltigen Familienalbums. Sie sind fähig, dem Interessenten auch das vergilbteste Bild höchst gelehrt, ironisch oder kritisch-indigniert zu erläutern. Bei den Fotos aus dem 20. Jahrhundert häufen sich leider die Verlegenheiten – zu viele Fotografen, zu viele Sichtwinkel, unterbelichtet, überbelichtet, ein Kaleidoskop. Alles das hat bis heute, hat dreißig Jahre lang noch zu keiner Gesamtinterpretation gereicht.

Zwei Nationen – ein Geschichtsbewußtsein?

Es reicht unter anderem deshalb nicht, weil Westdeutschland unverändert ein Staat auf Abruf ist, ein Staat ohne Staatsbewußtsein, weil eine Reihe entscheidender Grundbegriffe in der Schwebe sind oder geruhsam in der Schwebe gelassen werden. Regierungsamtlich und den wählerorientierten Aussagen unserer Parteien zufolge besteht die *eine* deutsche Nation fort, trotz der Existenz zweier deutscher Staaten. Der mitteldeutsche Staat lehnt das kategorisch ab und behauptet ohne die geringste Einschränkung, daß heute zwei deutsche Nationen existieren; die eine, die sozialistische, hat die Zukunft vor sich, die andere den Schindanger. In Westdeutschland wiederum kommt man mit dem Begriff der Nation deshalb so schwer zu Rande, weil die übliche Verbindung, wenn nicht Identifizierung von national und konservativ beziehungsweise rechts, die frühestens seit dem Tod Lassalles und spätestens seit der Weimarer Republik datiert, bis heute noch nicht in ihrer ganzen Absurdität zur Kenntnis genommen wurde.

Während der letzten Jahre hat sich in der westdeutschen Bevölkerung ein zunehmend stärkeres Interesse an der historischen Thematik entwickelt, es äußert sich nicht mehr verkappt oder auf Umwegen. Die Intensität dieses Geschichtsbewußtseins hängt direkt mit der Achillesferse des Pluralismus zusammen, nämlich mit einem Mangel an Grundüberzeugungen und Normen, die nicht kontrovers sind, deren Geltung nicht an den Umfang einer Parteienplattform gebunden ist. Die westdeutschen Historiker sollten das nicht bloß mit zufriedener Selbstgefälligkeit registrieren, sondern das ihre dazu tun, damit dem neuerwachten Geschichtsbewußtsein nicht dasselbe widerfährt wie damals, als Deutschland in etliche Teile und dann in zwei Nationen tranchiert wurde.

Sind es wirklich schon zwei Nationen? Wenn nicht, dann sollte nicht nur einfach auf die Einheit der Nation verbal gepocht, sondern es sollte auch erklärt werden, warum wir konkret politisch die Staatssouveränität der

DDR anerkennen und gleichzeitig versichern, dem wäre nicht so, weil da besondere Verhältnisse vorlägen. Warum wir einen Botschafter nach Ost-Berlin schicken, ihn aber als »ständigen Vertreter« bezeichnen, damit er zwar als Botschafter fungiert, nicht aber als Botschafter gilt. Wir reklamieren vom Paragraphen 218 bis zum Radikalenerlaß das Grundgesetz, belassen aber alles, was sich darauf bezieht, daß im Wortlaut der feierlichen Präambel das »gesamte Deutsche Volk« aufgefordert bleibt, »in freier Selbstbestimmung die Einheit und Freiheit Deutschlands zu vollenden«, den feingesponnenen Auslegungen der Rechtsexperten in Karlsruhe. Wir delegieren Grundfragen unserer politischen Existenz samt ihrer historischen Legitimation in einen juristischen Bereich, dessen Verlautbarungen zur realen Politik etwa so passen wie die Empfehlung »Edel sei der Mensch, hilfreich und gut« zum Eingang eines Zuchthauses des 19. Jahrhunderts. Das wird nirgends in der Welt verstanden außer in China, und dort begreift man es nicht wegen der deutschen Nöte, sondern wegen der eigenen Sorgen. Auch die deutsche Bevölkerung begreift es nicht – vielmehr: Sie läßt diese Sachen auf sich beruhen, nicht etwa deshalb, weil sie ihr gleichgültig wären, sondern weil sie inzwischen abgestumpft ist durch unsere jahrelange Politik der doppelten Währung und des Als-ob.

Es tut gut, wenn unsere Offiziellen versichern, daß – ohne Rücksicht auf spezielle Entscheidungen und Verträge – die deutsche Nation unverändert weiterexistiert, trotz des Bestehens zweier deutscher Staaten und obgleich Chruschtschows Drei-Staaten-Theorie vor einem Vierteljahrhundert beinahe Wirklichkeit geworden wäre. Es tut gut, wenn von einem unserer Bundespräsidenten zu hören war, »die deutsche Nation solle und dürfe nicht zur bloßen Erinnerung werden«. Es wäre weit besser, wenn den Deutschen auch unmißverständlich gesagt werden würde, wie sich ein Deutscher, wie sich Deutschland und die deutsche Nation heute politisch definieren und historisch legitimieren, und zwar unter Einschluß Mitteldeutschlands – eben weil sich die DDR nicht mehr zu dieser deutschen Nation rechnet, sondern sie als eine westdeutsche Geschichtsimagination belacht.

Ein deutsches Geschichtsbild wird so lange fehlen, solange die Deutschen, das deutsche Volk nicht wieder ein Bewußtsein der wesensmäßigen Zusammengehörigkeit, der historisch begründeten Gemeinsamkeit besitzt und dies unmißverständlich ausdrückt. Ein entscheidender Teil dieser Gemeinsamkeit ist auch das schonungslose Gegeneinander der beiden deutschen Gesellschaftsordnungen. Neu ist das nicht; auf weiten

Strecken der deutschen Geschichte hat das Miteinander aus einem Gegeneinander bestanden – man braucht nur an die Bauernkriege, den Dreißigjährigen Krieg, die 48er Revolution, die Weimarer Republik zu erinnern. Auch ein deutscher Marxist gehört zu Deutschland, zur deutschen Geschichte, zur deutschen Wirklichkeit; so wie Ferdinand Lassalle, August Bebel und Rosa Luxemburg. Die Frage heute ist, ob wir uns aufgrund der Differenz der Gesellschaftssysteme sowie der Klassifizierung in Klassen Deutschland und die Geschichte der Deutschen weiter zerstückeln lassen und damit auch alle Vorstellungen von einem möglichen Geschichtsbild und durchgängigen Geschichtsbewußtsein zu den Akten legen.

Die andere Möglichkeit bestünde darin, der »Nation« *jede* Orientierungsfunktion für das Geschichtsbild abzusprechen, das Nationalitätsprinzip zugunsten des Gesellschaftsprinzips zu verabschieden. Modelle dafür gibt es allerdings noch nicht. Heute ist bei allen vergleichbaren Völkern das Nationale dem Gesellschaftlichen übergeordnet oder zwanglos integriert. Nur in Deutschland ist das nicht der Fall.

Der westdeutsche Bürger, die Schüler und Lehrer, die Dienstpflichtigen und Eltern sind angewiesen auf ein übersichtliches, faßbares Verhältnis zu ihrer Gesellschaft und ihrem Staat. Das ist die conditio sine qua non jeder politischen Sicherheit, jeder Selbstachtung. Das aber setzt bei uns heute mehr denn je die Inventur voraus, die historische Selbstbesinnung. Dafür ist nun einmal der Historiker zuständig, er allein. Die Dringlichkeit einer solchen Bestandsaufnahme drückt sich in Westdeutschland wie gesagt in einem zunehmenden Geschichtsbewußtsein aus. Von den Historikern wird erwartet, daß sie die damit erneut brennend gewordene Frage nach dem Geschichtsbild Deutschlands im ausgehenden 20. Jahrhundert jedem verständlich, also nicht nur klar, sondern auch laut beantworten; es wird jedoch nicht erwartet, daß sie sich von dieser Frage paralysieren lassen.

Das Prinzip Gegenchronologie

»Es war einmal...« Dieser klassische Anfang der Märchen ist der einfachen Erzählstruktur angepaßt, die zu den Eigentümlichkeiten von Märchen und Sagen, Legenden und Mythen gehört. In diesem Bereich finden sich auch die Ursprünge der Geschichtsschreibung. Sie setzt in Europa mit Homer und Herodot ein; die Tradition wurde im Laufe von mehr als zweieinhalb Jahrtausenden zunehmend rationalisiert und differenziert. Seit zu Beginn des 19. Jahrhunderts jedoch von Barthold Georg Niebuhr und Leopold von Ranke die Grundsätze der quellenkritischen Forschung entwickelt wurden, trat an die Stelle des einfachen Erzählens der weitmöglichst abgesicherte Bericht. Das Zeitgerüst der Erzählung wurde den Erfordernissen des deskriptiven Verfahrens der Geschichtswissenschaft nicht mehr gerecht.

Das Schema der Realzeit

Durch ihre Fixierung auf Daten, auf Feststellbares und Nachprüfbares als Ergebnis der Arbeit an den Quellen näherte sich die Geschichtsschreibung einer Form des Verlaufreferierens, die sich dem festliegenden Schema der Realzeit anzupassen bemühte. Unsere Zeitordnung entstammt dem mechanisch-kosmischen Geschehen; nur ihm verdankt der Zeitfluß seine unaufhebbare Gleichförmigkeit.

Da sich jedoch das historische Geschehen mit seiner niemals vollständig zu erfassenden Fülle von Bestimmungselementen und Motivationen, Querverbindungen und Wirkungssträngen einem Berichtduktus entzog, der sich konsequent an der Chronologie orientierte, wurde die Deskription erweitert durch argumentative Einschübe, Rückgriffe, mit dem Geschehensbericht verkettete Exkurse, Schlußfolgerungen allgemeiner Art oder Analogien. Geschichtsschreibung entwickelte sich so zu einem mühevollen Gliederungsproblem, denn Formung des Stoffes bedeutete in der Praxis, die Ereignisse, Personen und Entwicklungen in der unerschöpflichen Vielfalt ihrer Verflechtungen darzustellen. Dies gelang nur, wenn das chronologische Schema aufgebrochen und lediglich als Rahmen benützt wurde.

Die kritische Geschichtswissenschaft begann mit einem Affront gegen die im Dienst pädagogischer Moralität stehende Geschichtsschreibung der späten Aufklärung, welche sich der Vergangenheit annahm, um »die Mitwelt zum Nutzen künftiger Jahre zu belehren«. Ranke stellte dagegen die neue Forderung: Der Historiker solle »bloß zeigen, wie es eigentlich gewesen«. Dieser Satz wurde zum Kern der Diskussionen über die Art der Realitätsgegebenheit und der Objektivität in der Geschichtswissenschaft.

Das Problem der historischen Wirklichkeit und unseres Verhältnisses zu ihr war nicht nur eine akademische Angelegenheit der Geschichtsforschung. Während des 20. Jahrhunderts, zumal in Deutschland, wurde keine andere Universitätsdisziplin zu einem derart wesentlichen Moment des politischen und gesellschaftlichen, kulturellen und religiösen Geschehens wie die Historiographie. Nach der Katastrophe des Jahres 1945 begannen die Deutschen, die sich bis dahin wie jedes andere Volk mit ihrer Geschichte identifiziert hatten, eine solche Gleichsetzung abzulehnen, da sie aufgrund der Ereignisse während des Dritten Reiches nicht mehr imstande waren, sie zu vollziehen; das führte zur völligen Abkehr von der Geschichte überhaupt.

Diese Haltung, die nur mühsam und erst in den letzten Jahren weitgehend revidiert worden ist, hängt überwiegend mit unserer politischen Lage zusammen. Seit 1945 gibt es für die Deutschen kaum eine dringlichere Frage als die nach ihrer historischen Selbsteinschätzung. Die Unsicherheit in diesem Bezirk erweist sich an den heftigen Reaktionen, zu denen es unvermittelt kommt, sobald jemand auf das Kontroverse darin aufmerksam macht. Sie sind schroff und degoutant genug, um an Goethes melancholische Bemerkung über Amerika denken zu lassen: »Dich quält nicht im Innern / zu lebendiger Zeit / unnützes Erinnern / und vergeblicher Streit.«

Während es sich in den Nachkriegsjahren bei der Beschäftigung mit unserer Geschichte zu Recht um eine Bürde der Bilanz handelte, kommen wir heute zu der Einsicht, daß Geschichte ein konstitutives Moment der Gegenwart ist. Eine solche Realitätserfahrung hängt unmittelbar zusammen mit der Wirkung der Historie. Ebendiese Erfahrung jedoch – als unmittelbare Teilhabe an Geschichte, die sich dem willentlichen Entschluß entzieht und dem einzelnen meistens in der Form des Erleidens widerfährt – entriegelt auch den direkten Zugang zur Geschichte. Die Erfahrung von solcher Wirklichkeit, zumal wenn sie nicht isoliert bleibt, kann zum Erlebnissubstrat von Geschichte werden. Die Verständigungsmöglichkeit über historische Realität setzt nämlich eine soziale Gemeinsamkeit des Erlebens, der Perspektive, der Auffassung von geschichtlicher Wirkung voraus. Dieser Effekt ergibt sich aus dem elementaren Betroffensein durch die greifbaren Auswirkungen der Geschichte: Wirklich ist, was wirkt. Von diesem Modus der historischen Wirklichkeit wird auch unser Bezug zu ihr bestimmt.

Sofern Geschichte mit einem Strom des Geschehens zu tun hat oder damit verglichen werden kann, befindet sich jede Gegenwart – auch unsere – an der Mündung des Stroms. Gewöhnlich wird Historie mit einer rückwärtsgewandten Haltung gleichgesetzt. In der praktischen Arbeit sieht das anders aus. Der Historiker lebt genauso in der Gegenwart wie jeder andere seiner Mitmenschen. Sein Vorstellungsbereich, seine verbalen und psychisch-mentalen Ausdrucksmöglichkeiten hängen von den Gegebenheiten seiner Zeit ab. Trotzdem setzt er, wie es seit eh und je Brauch ist, viele Jahrhunderte vorher bei dem an, was er zur Quelle unseres Geschichtsflusses erklärt hat, und arbeitet sich dann im Schlepp der aufeinanderfolgenden Jahreszahlen wieder zu seiner und unserer Gegenwart zurück.

Geschichte ist Gegenwart

Was wir als »Blick in die Vergangenheit« bezeichnen, ignoriert die Situation des Betrachters. Wer von der Erfahrung der Geschichte als einer Erlebnisrealität ausgeht, für den ist die Richtung *entgegen* dem Zeitverlauf, dessen Gleichmaß vom Umlauf der Planeten abgelesen wird, der natürlichste Zugang zur Geschichte. In derselben Haltung fragen die Jüngeren ihre Eltern nach deren eigenen Lebensumständen; als nächster Schritt folgt die Frage nach den Großeltern und so fort. Im ersten Moment erscheint die Behauptung »Geschichte ist Gegenwart« paradox zu sein. Den Realverhältnissen entsprechend ist jedoch nicht die Gegenwärtigkeit des Vergangenen eine Fiktion, sondern dasjenige, was der Begriff Gegenwart bezeichnen soll. Unter dem Aspekt des unteilbaren Gleichflusses der Realzeit ist das »Jetzt« immer schon vorbei. Gleichwohl ist die Gegenwart für den Menschen das einzige, was Wirklichkeit besitzt. Aus diesem Grund können die traditionellen Geschichtsdarstellungen dem Zeitfluß nur in der Haltung des Als-ob folgen.

Der Historiker ist nur deshalb in der Lage, den Ablauf zu rekapitulieren, weil »Zeit« nicht nur die Realzeit, sondern auch eine Anschauungskategorie des Menschen ist. Sie allein ermöglicht ihm die Freiheit des Blickes, in die Zukunft – als Voraussicht – genauso wie in die Vergangenheit. Ob man bei der Darstellung der Realzeit gleichlaufend verfährt oder gegenchronologisch: weder im ersten noch im zweiten Fall wird gegen das Prinzip des unabänderlichen Gleichmaßes der Realzeit verstoßen.

Die Freiheit, sich unabhängig von der Verlaufsrichtung in den Zeiten und durch die Zeiten zu bewegen, gehört wesensmäßig zur Anschauungszeit. Prospektive Vorgriffe gehören dank unserer Anschauungskategorien genauso zu unseren Möglichkeiten wie die Vergegenwärtigung des Vergangenen: durch unsere Fähigkeit, uns über den Zeitverlauf

hinwegzusetzen oder durch das imaginierte Nachvollziehen der früheren Ereignisse. Dabei gibt es keinen Vorrang irgendeiner dieser Möglichkeiten. Für welche man sich entscheidet, bestimmt allein die Absicht, die sich damit verbindet.
Die gegenchronologische Geschichtsschreibung stellt keine Grundposition der traditionell arbeitenden Historie in Frage. Andererseits kann auch sie selbst nicht in Frage gestellt werden. Es geht bei ihr in erster Linie um den entschiedenen Ansatz bei der unmittelbaren Realitätserfahrung von Geschichte. Wer dem gegenchronologischen Prinzip entgegenhält, es mache die Geschichte sinnlos, der muß sich fragen lassen, wann die Geschichte jemals die Instanz der Sinngebung in sich selbst, kraft eigener Zuständigkeit getragen hätte. Und seit wann durch den bloßen zeitlichen Zusammenhang auch der Sinnzusammenhang gestiftet worden wäre?
Im Zeitablauf selbst steckt keinerlei strukturierende Kraft, so wenig, wie jedes beliebige Geschehen eo ipso zu Geschichte wird – so wenig, wie die Kohärenz der Geschichte zeitlicher Natur ist. Auch der traditionell verfahrende Historiker muß unabhängig vom Zeitfluß die genuin historischen Bezüge und Bedingungsverhältnisse herausarbeiten. Er befindet sich dabei in keiner anderen Lage, als wenn er gegenchronologisch vorginge.

Danach, also deswegen

Das Verhältnis von Ursache und Wirkung gilt ausschließlich für das Naturgeschehen. Das historische Geschehen ist weder durch den Zeitverlauf bestimmt noch allein durch den Kausalnexus. Bei ihm geht es um konstitutive Zwecke, Ziele, Interessen, Absichten, die von Menschen gesetzt sind. Deshalb ist historische Arbeit vor allem Interpretation. Sie hat nichts mit dem Aufzeigen unerschütterlicher Determinanten zu tun.
Der Schluß von der zeitlichen Abfolge der geschichtlichen Ereignisse auf einen Kausalnexus gehört zu den schwersten Irrtümern der Historiographie. Durch die beständige Anwendung der Formel post hoc, ergo propter hoc wird in der Geschichtsschreibung der Eindruck erweckt, als wären die Historiker imstande, anhand eines zwingenden Ineinanders von Zeitverlauf und Kausalität die Folgerichtigkeit der geschichtlichen Ereignisse zu beweisen. Solche Fehlschlüsse werden noch zusätzlich verknüpft und verwischt mit Hilfe der richtigen Feststellung, daß allem

menschlichen Handeln eine zureichende Motivation zugrunde liegen müsse. Zwischen dem Motivationsgesetz und dem Kausalprinzip läßt sich jedoch kein Begründungszusammenhang deutlich machen. In der Geschichtsschreibung wird dieser Formel deshalb so häufig gefolgt, weil sich aus den historischen Urteilen die zeitliche Bestimmung nicht ausschalten läßt und die irreversible Folgeordnung dazu verführt, dem historischen Realprozeß Abhängigkeiten bedingender Art einfach hinzuzufügen. Das gegenchronologische Prinzip neutralisiert aufgrund seiner Umstellung der Folgeordnung weitgehend solche Versuchungen. Die Rekonstruktion des Geschehens und seine Darstellung bleibt unbelastet von zwanghaften Nötigungen. Die Freiheit der Blickentfaltung, die zur Gegenchronologie gehört, ermöglicht die Auffächerung der unterschiedlichen Möglichkeiten, die einem Ereignis vorauflagen.
Mit dem Bild des Flusses ausgedrückt: Wer stromabwärts fährt, sieht, entsprechend dem Gefälle, nur die Einmündungen der Nebenflüsse; der Hauptstrom treibt ihn daran vorbei. Wer dagegen stromaufwärts zieht, kann die Nebenflüsse kaum übersehen. Sie kommen gemäß seiner Blickrichtung genauso in sein Gesichtsfeld wie der Hauptstrom.

Zusammenhang und Sinn

Das gegenchronologische Prinzip stellt das altehrwürdige Verfahren nicht einfach auf den Kopf. Wer als Traditionshistoriker in der Schneise des eingliedrigen Kausalnexus und der Realzeit eingeschliffen ist, kann im Prinzip Gegenchronologie nur das Negativ des eigenen linearen Verfahrens sehen. Jede Art von Historiographie, die auf Differenzierungen achtet, berücksichtigt sorgfältig die Krümmungen, Querverbindungen, Abhängigkeiten. Gleichgültig, ob man den Strom abwärts oder aufwärts zieht: Wer die Windungen des Flußbettes vermessen will, muß in jedem Fall etappenweise arbeiten. Er muß immer wieder anhalten, muß vor- und zurückblicken, muß gemäß den üblichen Meßverfahren die Lage eines Neupunktes durch Visuren von bereits bekannten Festpunkten aus bestimmen oder vom Neupunkt aus die Richtungen nach den bekannten Festpunkten messen.
Weil die Gegenchronologie von der geschichtlichen Wirkung ausgeht, ist sie nicht gehalten, ihre Berichts- und Erzählform dem objektiven Zeitablauf anzupassen. Sie bedient sich elliptischer Zeitschleifen, verfährt in mäandrischen Wendungen, operiert mit Rückblenden und Vorgriffen, mit Problemzergliederungen, greift zu Rekapitulationen,

wenn es die Systematisierung eines Sachverhalts erfordert. Wo die Ereignisse sich in dramatischer Verdichtung häufen, drängt sich die Rekonstruktion anhand des Realverlaufs als eine Selbstverständlichkeit auf. Der Erzählstruktur, so komplex sie auch sein mag, fällt bei der praktischen Durchführung des gegenchronologischen Prinzips eine wichtige Rolle zu.

Zur Substanz der unermüdlich beschworenen »Freiheit der Wissenschaft« gehört es, keine Gewohnheiten von vornherein für sakrosankt zu erklären. Wo dies trotzdem der Fall ist, verlangt es die Rechtschaffenheit, dagegen zu verstoßen. Ein Historiker, der nicht seinen Anspruch auf eigene Urteilsbildung wahrnimmt, verwirkt ihn; so wie jeder andere Zeitgenosse auch.

Sicherlich verlangt das Prinzip Gegenchronologie bei der Lektüre, daß man sich von einigen Gewohnheiten trennt. Die Schwierigkeiten, die sich daraus ergeben, sind jedoch kein grundsätzlicher Einwand gegen das Prinzip selbst; die Leser meiner »Geschichte der Deutschen« haben das begriffen. Mit Hilfe der Gegenchronologie öffnen sich neue Durchblicke zur Geschichte hin. Das ist ein entscheidender Gewinn. Darüber hinaus regt sie dazu an, unser Verhältnis zur eigenen Geschichte zu überdenken – sei es als Problem, sei es, daß wir uns dieser Geschichte erneut vergewissern und damit auch unser selbst. Letzteres käme, auf dem Weg zu Altvertrautem, wenn auch schon übermäßig lang Vergessenem, der Entdeckung einer neuen Wirklichkeit gleich.

Rechts und links.
Die Politik und ihre antiquarischen Begriffe

Am 28. Juli 1774 saß Goethe mit Johann Kaspar Lavater und Johann Bernhard Basedow in Koblenz bei einem besonders guten Diner. Seine Tischgenossen – der eine berühmt als Schöpfer der Physiognomik, der andere als namhaftester Pädagoge seiner Zeit – debattierten und stritten sich während des ganzen Essens. Goethe dagegen war vollauf mit den Freuden der Tafel beschäftigt. Kurz darauf brachte er den Kontrast zwischen Gelehrsamkeit und Genuß in den ironischen Knittelvers: »Prophete rechts, Prophete links, / das Weltkind in der Mitten.« Wenige Jahrzehnte später verlor das Positionsverhältnis »rechts-links« seinen Dekorativcharakter für ein gutes Essen und wurde zu einer Ortsbestimmung im politischen Feld.

Die spezielle Bedeutung beider Begriffe entstand im 19. Jahrhundert auf Grund der Sitzordnung der Abgeordneten in der französischen Kammer. Sie entwickelten sich rasch zu einem Indikator der politischen Parteien. Seitdem erfreut sich das Geschäft der politischen Typisierung einer einfallslosen, wenn auch zweckdienlichen Schlichtheit. Noch heute werden bei uns und in den westlichen Demokratien plump vereinfachend die Konservativen als Rechte bezeichnet und die Sozialdemokraten, Sozialisten und Marxisten als Linke. In der Weimarer Republik wurden alle nationalen Parteien, ebenso alles, was den Firnis des Altmonarchischen zu tragen schien oder wirklich trug, rechts eingestuft. Bei den liberalen Parteien versagte dieser Ortungsmechanismus, denn in der restaurativen Zeit des Metternichschen Systems zwischen dem Wiener Kongreß (1815) und der Revolution von 1848/49 galten sämtliche Liberale als linke Leute; sie waren umhüllt von regierungsoffiziellem Mißtrauen oder wurden verfolgt als erklärte Feinde der Obrigkeit. Bei den Studenten galten die Burschenschaften in diesen Jahrzehnten als Repräsentanten jener Haltung, die heute in dem Sammelbegriff »Linksradikalismus« zusammengefaßt wird. Gegenwärtig aber gelten die Burschenschaften, und ebenso alle Korporationen, die in einer festen Tradition seit ihrer Gründung im 19. Jahrhundert stehen, als ausgesprochen rechts.
Ähnlich steht es mit den Begriffen Nation und national. Vor 150 Jahren bildeten nationale Bestrebungen etwas extrem Linkes. Wer jedoch gegenwärtig in Westdeutschland so leichtfertig ist, sich dem Verdacht auszusetzen, er würde »national« denken, gilt als potentiell rechtsradikal. Selbst innerhalb der sozialdemokratischen Partei werden nationale Überlegungen zwar nicht mehr ausschließlich, aber noch immer überwiegend als rechtslastig eingestuft. Ein rechter Jungsozialist gilt als Widerspruch in sich, wenn nicht als ein psychiatrischer Pflegefall. Beim dogmatischen Marxismus versagen diese Abgrenzungen. Nationalbolschewisten gab es in der Weimarer Zeit zu Abertausenden, und heute wimmelt es bei uns außerhalb der großen Parteibuch-Parteien von Sondergruppen, die sich sowohl national als auch links einordnen. Die Berichte des Verfassungsschutzes, die das Bundesinnenministerium und die Innenminister der Länder Jahr für Jahr veröffentlichen, sind in dieser Beziehung ebenso aufschlußreich wie verwirrend. Denn die Begriffe rechts und links sind ein grobes, also hilfreiches – sie sind aber auch ein sehr grobschlächtiges Orientierungsmittel.

Verwandlung von Sitzplatz in Ideologie

Begriffe wie links und rechts haben politisch keinen festen Gehalt, sondern bezeichnen eine Tendenz oder Position, die immer nur von einem Bezugspunkt her definiert werden kann. Dem Begriff links wurde in den westlichen Kulturen, wenn sie festgefügt waren, oft eine absprechende Nebenbedeutung beigelegt: so, wenn etwa bürgerliche Historiker die deutsche Bauernrevolution als eine linke Bewegung charakterisierten. Von alters her scheint »rechts« die bevorzugte »richtige« Seite bezeichnet zu haben, während die Sachen linker Hand meist nebensächlich waren oder als Abzuwertendes links liegengelassen werden konnten. Seit der Französischen Revolution von 1789 wird im politischen Bereich der Begriff links mit jenen Gedanken und Bewegungen identifiziert, die im Namen von Revolutionsidealen gegen bestehende Herrschaftsformen kämpfen, die sich mit den Nöten der Benachteiligten und Unterdrückten identifizieren und der »normativen Kraft des Faktischen« (Carl Schmitt) die Notwendigkeit einer besseren, wenn nicht idealen Gesellschaft entgegenhalten. Als Nebenfolge ergab sich, daß etablierte linke Herrschaftsgebilde, die sich zu einem starren System verdichtet hatten, von Linken als »rechts« diffamiert wurden; als klassisches Beispiel dafür gilt der Stalinismus.

In denjenigen Kreisen, die sich als Träger des rationalen Fortschritts verstanden, wurde in Umwandlung der alten Tradition »links« zum Ehrennamen, den sich inzwischen unterschiedlichste politische Gruppen und Parteien streitig machen. Die Verbindung zwischen den Vokabeln links und radikal entspringt dem moralischen Rigorismus, mit dem die Linke der bestehenden Gesellschaft entgegentritt, ihr einen Kompromiß mit der schlechten Realität vorwirft und selbst einen solchen Kompromiß verdammt, weil sie an die Möglichkeit einer völlig anderen – weit besseren – Gesellschaft glaubt.

Länger als ein Jahrhundert mühten sich die Parteien damit ab, den parlamentarischen Gruppierungsnöten politischen Gehalt zu geben und daraus weltanschauliche Tugenden zu filtern. Größeres Unbehagen an dieser Verwandlung von Sitzplatz in Ideologie wurde erst in den letzten Jahrzehnten spürbar. Unvermittelt traten rechte Leute von links auf, oder linke Leute sahen sich zu ihrer Verblüffung rechts plaziert, weil sie linksaußen von eigenen Linken überholt wurden. So wuchsen den Parteien Flügel. Sie dienten nicht zum Fliegen, sondern zum Ausfechten interner Flügelkämpfe. Die Attacken der linken Linken rückten die rechten Linken unliebsam nahe an die linken Rechten heran, ein Rochieren, das wiederum die Rechten rechtsaußen in ihrer Entschiedenheit genauso gleichgültig ließ wie ihre unmittelbaren Nachbarn, die Kommunisten. Wenn jemals, dann haben in diesem politischen Terrain die Extreme tatsächlich einiges gemeinsam.

Damit zeigt sich aber auch, wie aussichtslos heute der Versuch ist, bestimmte Maßeinheiten festzulegen, die ein Rechter oder Linker aufzuweisen hätte, um als ein rechtschaffener solcher zu gelten. Einige Zeit hofften die Parteien der Mitte, von solchen Bedrängnissen verschont zu bleiben, weil sie in der Äquatorzone des Weder-noch siedelten. Inzwischen aber nagt der ideologische Vermessungswurm auch in ihrem Stuhl. Von rechts oder links gesehen sind Leute der Mitte nicht Fisch, nicht Fleisch. Seit jedoch die Linksextremen kurzerhand sämtliche Gruppierungen jenseits ihrer eigenen Sitze als rechte entwerten, wächst die Verlegenheit der Mittelfeldler. Durch die bedingungslose Ideologisierung hat sich die Klassifizierung »rechts« von einem Problem der Perspektive in ein Problem der politischen Zweideutigkeit verwandelt. Die Mitte versichert unermüdlich, daß ihre Eigenheit bei weitem nicht darin bestehe, weder rechts noch links zu sein. Der Ruch des Mittelmäßigen, einschließlich des Durchschnittlichen und Mediokren, wird sie zwangsläufig solange umgeben, bis das alte Wort »Nomen est omen« seine Überzeugungskraft verloren hat. Die Parteien der Mitte und ihre Generalsekretäre würden zweifellos erhebliche Summen für einen überzeugenden Nachweis aufbringen, daß sie im Feld der Politik die gleiche Rolle spielen wie die Mittelstürmer auf dem Fußballplatz.

Derartige Sorgen sind den Linken fremd. Seit Jahrzehnten reklamieren sie alles für sich, was den Schmelz des Übermorgen trägt. Zu ihnen gehört der Fortschritt und damit die Zukunft. Wohin sollte der Fortschritt fortschreiten, wenn nicht ins Morgenrot einer besseren Zeit? Und weil morgen mit Sicherheit die Dinge anders aussehen als heute, deshalb wird auch die Veränderung an sich so leicht zu einem Phänomen, das Zukunft aus sich entläßt. Damit aber ist das lineare Schema der Sitzverteilung im Plenum entgültig zersprengt und auf der linken Seite um die Dimension des »Vorn«, des »Vorwärts« erweitert. Zu guter Letzt sitzt aber auch linker Hand die bessere Moral, sitzen die Anwälte der Geknechteten, Entrechteten, Armen und Ärmsten der Welt. Der alte Buchtitel von Leonhard Frank sagt es: »Links, wo das Herz ist«.

An welcher Stelle tragen die anderen, die Mittelparteien und vor allem die Rechten ihr Herz? Wird hier nicht mit begnadeter Hinterhältigkeit den Nichtlinken der sittliche Teppich unter den Füßen weggezogen? Gegen das ekelerregende Profitstreben als ultima ratio politischer Weisheit zu kämpfen, gegen die Unterdrückung und Ausmerzung von Minderheiten, gegen provoziertes Unrecht jeder Art im Sozialen, Religiösen, Kulturellen, Nationalen, im ganzen Terrain der verbrieften Menschenrechte, der Kampf um das organisch Wachsende, das Revoltieren gegen die technokratischen Zerstörungen – geht das heute nicht jeden an, in welcher Form auch immer? Hängt die Zuständigkeit dafür vom Besitz eines Parteibuches ab oder vom Kästchendenken politischer Katalogfabrikanten?

Linksradikalismus

Solange zwischen der Qualität des industriellen Fortschritts und dem Ansteigen des Sozialprodukts eine unmittelbare Verbindung bestand, solange sich der Fortschritt noch nicht demaskiert und seine Dimensionen der Vernichtung präsentiert hatte, war die »radikalste« Position definitionsgemäß auch die moralischste, da nur sie sich von den Verstrickungen mit dem korrupten Bestehenden freihielt. Radikal bedeutete revolutionär, denn durch Revolution allein ließen sich die Wurzeln der etablierten Ordnung ausreißen und der Raum frei machen für die gerechte Neuordnung. Diese Argumentation deckt sich mit der sozialen Bewegung seit Marx und Engels, Bebel und Kautsky, Liebknecht und Rosa Luxemburg.
Je entschiedener die traditionellen Linken zu Revisionisten wurden, ihre prinzipielle Opposition aufgaben oder glaubten, eine grundlegende Wandlung auf dem Wege friedlicher, deshalb notwendig langsamer und vereinzelter Reformen erreichen zu können, desto spontaner sprangen zu ihrer Linken neue radikale Organisationen auf, welche die große Sache der Zukunft durch die kompromißbereite Methode in Frage gestellt oder verraten sahen.
Dieselbe Entwicklung, allerdings mit versetzten Vorzeichen, fand in Systemen statt, in denen Linksradikale – wie die Bolschewisten in Rußland – die Macht zwar errungen hatten, die neugeschaffene Ordnung jedoch wiederum Züge der Ungleichheit, Unfreiheit und Entfremdung trug. Insbesondere begünstigte der Prozeß der Machtkonsolidierung, die rigorose Anpassung an die Forderungen einer Leistungsgesellschaft und die kopflastige, durch zentrale Detailplanung und Kontrolle verhornte Bürokratie die Entwicklung einer radikalen Bewegung links

vom »Establishment-Kommunismus«. Besonders die Zeit zwischen dem Ausbruch des Ersten und des Zweiten Weltkrieges war durch eine Vielzahl linksradikaler Organisationen gekennzeichnet, die zunächst als linke Flügel bestehender sozialistisch-marxistischer Parteien entstanden. Der Krieg riß unüberbrückbare Gegensätze zwischen ihnen auf. Diese Gruppierungen gaben dann ihrerseits wiederum Anlaß zu neuen, sogenannten »linkeren« Absplitterungen, sofern sie sich als kommunistische Parteien dem Führungsanspruch der russischen KP gebeugt und mit dem sowjetischen System identifiziert hatten.
In Deutschland verkörperte sich der Linksradikalismus vor 1918 in der Person Rosa Luxemburgs (1870–1919). Sie widersetzte sich vehement der Transformation der deutschen Sozialdemokratie in eine parlamentarische, faktisch revisionistische und bürokratisierte Partei. Sie betonte eindringlich die Gefahren, welche die Beschränkung auf den parlamentarischen Wettbewerb mit sich bringen würde und bringen mußte, vor allem im Hinblick auf die Entwicklung eines revolutionären Bewußtseins der Massen. Dieses Bewußtsein war für sie nicht nur unerläßliche Voraussetzung einer erfolgreichen Revolution, sondern auch der essentielle Teil eines notwendigen Lern- und Emanzipationsprozesses der Arbeiter.
Nach dem Ende des Zweiten Weltkrieges stand der Linksradikalismus – zumindest in den westlichen Industrienationen – eine Periode der Auszehrung durch. Der zeitweilige Erfolg des Faschismus und die Tatsache, daß er einen Großteil der Arbeiter für sich gewinnen konnte, hatte das Vertrauen in die historische Rolle des Proletariats und seine Spontaneität erschüttert. Der militärische Sieg der Sowjetunion und die Konsolidierung ihrer Macht in den ost- und mitteleuropäischen Staaten ihres Hegemonialbereichs in Form oktroyierter Regime ließ praktisch keinen Raum für die Entwicklung kritischer, linksradikaler Gegenmodelle. Bei der politischen Bewertung des Dissidententums und dem Versuch, charakteristische Gemeinsamkeiten hervorzuheben, erweisen sich die Begriffe rechts und links als völlig wertlos.
Bis zum Beginn der sechziger Jahre unserer Zeit gelang es den USA, ihren Ruf zu wahren als Modell einer erfolgreichen Demokratie, welche die Fähigkeit besaß, wirtschaftliche Expansion und ein Mindestmaß an individueller Freiheit in sich zu vereinen. Doch gerade in diesem Erfolgsmodell kam es kurze Zeit später zum explosiven Aufbruch einer Gegenbewegung, die sich bald weltweit zu einer »Neuen Linken« formierte. Als Pendant entwickelte sich bis jetzt lediglich in Frankreich eine »Neue

Rechte«, die ebenso eindrucksvoll hinsichtlich ihrer intellektuellen Brillanz ist wie in der Gelassenheit ihres Selbstbewußtseins und ihrer wachsenden Breitenwirkung.

Rechts und links in Bonner Perspektive

Im Vorwort des Verfassungsschutzberichtes 1977 stellte der Bundesminister des Innern wortkarg fest: »Eine konkrete Gefährdung unserer demokratischen Ordnung war durch keine der links- oder rechtsextremistischen Organisationen gegeben.« Diese Feststellung zielt nicht so sehr darauf ab, die Harmlosigkeit des politischen Extremismus in Westdeutschland hervorzuheben, als vielmehr seinen besonderen Rang im Jahr 1977 zu unterstreichen: Danach befindet sich der Extremismus »im Vorfeld polizeilicher Gefahrenabwehr«, und solange das der Fall ist, setzt unser Staat »auf die Überzeugungskraft politischer Auseinandersetzungen« – programmatische Formeln, an die sich jeder Verfassungsschutzbericht hielt, der bisher veröffentlicht wurde.
Sie klingen harmlos und allzu vertraut, trotz des Verdachts, daß es sich bei dem ernsten Thema vielleicht doch um recht nichtssagende Dinge handeln könnte. Ein solcher Verdacht wäre nicht unbegründet, denn im selben Vorwort steht der Satz: »Der Rechtsstaat muß sich selbst treu bleiben, auch wenn er sich gegen Feinde der Freiheit und des Rechts verteidigt.« Dieselbe Wendung findet sich wörtlich im Bericht des Jahres 1980.
Bei solcher Konstanz ziemt es sich wohl, nicht allzu hartnäckig danach zu fragen, was das denn heißen könnte, daß ein Rechtsstaat sich selbst treu bleiben muß. Wichtiger dürfte die Präzisierung der extremistischen Gruppen sein: Feinde der Freiheit und des Rechts. Die politischen Ziele der extremistischen Organisationen und freien Verbindungen seien gegen den Kernbestand der freiheitlich demokratischen Grundordnung gerichtet. In scheinbar sauberer Begrifflichkeit wird auch festgestellt: »Rechtsextremistische Bestrebungen sind im wesentlichen dadurch gekennzeichnet, daß sie – offen oder verdeckt – die Grundlagen der Demokratie, insbesondere der parlamentarisch repräsentativen Demokratie ablehnen und eine totalitäre Regierungsform unter Einschluß des Führerprinzips fordern.«
Über die Gruppierungen der anderen Extremposition heißt es verhältnismäßig mager: »Ziel der linksextremistischen Kräfte in der Bundesrepublik Deutschland ist die Beseitigung der freiheitlich demokratischen

Grundordnung.« Wenn man die Aufgabe des Verfassungsschutzes, seinen gesetzlichen Auftrag berücksichtigt – »... über politischen Extremismus, sicherheitsgefährdende Bestrebungen und nachrichtendienstliche Tätigkeiten fremder Mächte Informationen zu sammeln und auszuwerten« –, dann kann man je nach seinem Naturell derartig vage Definitionen und Beschreibungen entweder als zweckdienlich knapp oder als entwaffnend oberflächlich ansehen. Sämtliche namhaften rechts eingestuften Gruppen betonen, auf dem Boden des Grundgesetzes zu stehen. Dasselbe gilt für eine Vielzahl linker Formierungen – doch diese Selbsteinschätzung widerspricht offenkundig der amtlichen Gleichsetzung von Extremismus und Verfassungsfeindlichkeit. Die staatlichen Organe weisen die Berufung dieser Gruppen auf Verfassungstreue mit dem Einwand zurück, es handle sich dabei nur um Versuche, »nach außen den Eindruck der formalen Übereinstimmung mit der Verfassung zu erwecken« – so der Verfassungsschutzbericht des Freistaates Bayern 1981.

Dem Thema der Entsprechung zwischen verbalem Bekenntnis zur Verfassung und tatsächlicher Verfassungsfeindlichkeit ist bei uns seit Jahrzehnten kein neuer Aspekt abzugewinnen. Im Zweifelsfall haben unsere Gerichte das letzte Wort. Bemerkenswert aber ist für eine Bestandsaufnahme das breite Hineinspielen von historischen Situationen und Phänomenen in die bundesrepublikanische Extremismusproblematik, zumal bei den rechtsextremistischen Gruppierungen. Die Ziele der Linksextremisten dagegen lassen sich an ihren verschiedenen Realisierungen außerhalb der Bundesrepublik ablesen.

Diese Präsenz von Erfahrungen aus der deutschen Geschichte wurde bereits von den Schöpfern und Hütern unseres Grundgesetzes konserviert und damit zur unverrückbaren Basis der Bundesrepublik erklärt. Im Grundgesetz herrscht die Bemühung vor, sämtliche nur denkbaren Bedrohungen und Gefährdungen des parlamentarisch-demokratischen Regierungssystems von vornherein einzukalkulieren und Vorsorge dagegen zu treffen. Bei den Beratungen saß Tag für Tag das berühmtberüchtigte »Schicksal der Weimarer Republik« stumm auf dem Platz eines unsichtbaren Ehrenvorsitzenden. Die Rechte im Grundgesetz sind weithin schützende, und erst dann gewährende Rechte. Wer den Katalog der vorangestellten Grundrechte liest, der bemerkt sofort, daß hier in erster Linie individuelle Freiheitsrechte garantiert werden. Die letzten Jahre der Weimarer Republik und die ersten Erlasse und Gesetze im Dritten Reich sind damit fast schon unverschlüsselt beim Namen genannt. Mit demselben Bezug wird den Rechtsextremisten heute offiziell vorgehalten, sie würden mit ihrer »pauschalen Überbewertung der Interessen der ›Volksgemeinschaft‹ und des ›Volksganzen‹ auf Kosten der Interessen des einzelnen eine Aushöhlung der Grundrechte« betreiben.

Unzählige Male wurde bei uns schon versichert, und versicherten wir uns selbst: Bonn ist nicht Weimar! Natürlich nicht. Aber Bonn ist auch nicht allein deshalb nicht Weimar, weil es so oft beteuert wurde. Trotzdem oder vielleicht gerade deswegen ist dieses »Weimar« fast bei jeder wichtigen inneren Etappe der Entwicklung der Bundesrepublik gegenwärtig gewesen: als mahnende Erinnerung, als unerschöpfliches Argumentationsreservoir, als Menetekel, als Arsenal zur Diffamierung Andersdenkender und vor etlichen Jahren als Gesamtphänomen im Streit um den vergleichbaren oder nicht vergleichbaren Sozialismus-Rang von SPD und NSDAP.

Vor allem aber ist Weimar in der Bundesrepublik in einer ebenso beklemmenden wie beschämenden Massivität überall dort vorhanden, wo mit dem Faschismusvorwurf und selbst dem Nationalismusvorwurf als einem politisch besonders vielseitigen Werkzeug gearbeitet wird. Ansichten und Überzeugungen, die dem politischen Kontrahenten nicht genehm sind, lassen sich prompt ins Zwielicht auch strafrechtlicher Art rücken, wenn man sie nur kräftig genug in die rechte Ecke stößt. Von hier bis zum Rechtsextremismus und weiter zum Neonazismus ist für einen breiten Sektor der öffentlich-publizistischen Meinung der Weg nicht länger als zwischen drei Punkten, die miteinander in Deckung sind.

Die Präzision des Wortes

Klischees haben schätzenswerte, fast unersetzliche Funktionen. Sie ersparen dem strapazierten Zeitgenossen die Mühe, sich selbst zu überzeugen, ob Name und Begriff auch in der Sache übereinstimmen. Klischees entlasten von der Qual eigener Urteilsbildung. Parteiintern entwickeln sie einen doppelten Stabilisierungseffekt. Das Klischee zeigt an, daß im eigenen Haus alles zum besten steht, es bringt die chaotische Vielfalt auf eine griffige Formel. Und was die Konkurrenzparteien betrifft, so ist das Klischee oft ein ähnlich zuverlässiger Richtungsweiser wie der Polarstern.

Hier liegen aber auch die Gründe dafür, warum für die Parteien die Gefahr der Selbststarrung immer größer wird. Dieselben Gründe

halten bei uns die Monotonie der wechselseitigen Polemik am Leben, vor allem dort, wo Prinzipielles ins Spiel kommt, wo die Feiertagsbegriffe ihren Auftritt haben: Freiheit, Sozialismus, Stabilität, Grundrechte, Wohlfahrt, Sicherheit, Frieden, Ordnung ohne Zwang – das wird von allen gefordert, alle Parteien sind dafür, und alle werfen den anderen vor, es damit nicht ernst zu meinen, es aufs Spiel zu setzen.
Daß die Farbe von der Interpretation abhängt, ist nicht neu. Neu ist allerdings die Hartnäckigkeit, mit der man an Begriffen festhält, die eben nicht mehr deckungsgleich mit ihrem Inhalt sind. Der Inhalt, oder allgemeiner: die Sachen haben sich verändert, und sie verändern sich weiter, in einem wahren Höllentempo. Jeder von uns spürt es, wir stehen mitten drin, wir kalkulieren insgeheim auch schon Umbrüche in katastrophalen Größenordnungen ein – trotzdem bemühen wir uns kaum darum, die richtigen Worte zu finden, um die Transformationen wenigstens annähernd genau zu umschreiben und zu charakterisieren.
Viele Jahre ließ sich die »linke« Einstellung zur Natur mit Bert Brecht so umreißen: »Was sind das für Zeiten, wo ein Gespräch über Bäume fast ein Verbrechen ist, weil es ein Schweigen über so viele Untaten einschließt.« Das Wort Natur oder gar der deutsche Wald – das befand sich am Rande des Faschismusverdachts. Heute dagegen darf ohne ideologische Absegnung der Satz Bert Brechts auf den Kopf gestellt werden – »weil das Schweigen über Bäume das Verschweigen so vieler Untaten einschließt, denen nicht allein Bäume zum Opfer fallen.«
Unser politisches Vokabular entstammt größtenteils dem 19. Jahrhundert. Auf der Tenne der letzten Jahrzehnte wurde es ausgedroschen bis zum kleinsten Korn. Inzwischen weiß jeder, daß die Kategorien nicht mehr stimmen, daß sie vielfach austauschbar geworden sind wie Cassetten, die in den Recorder jeder Firma passen. Es gibt linke Staaten ohne Freiheit und es gibt rechte ohne Freiheit; mit Sicherheit aber behaupten beide das Gegenteil. Linke Staaten können zuweilen genauso prototypisch für gesellschaftlichen Fortschritt sein wie andere dieses Zuschnitts das Reaktionäre in Reinkultur verkörpern können. Und rechte Staaten schließlich sind oft genug das krasse Gegenteil dessen, was die Konservativen als Konservativismus bezeichnen.
Das Auseinanderklaffen von Sachverhalt und Begriff, das überall zu registrieren ist, signalisiert eine besonders kritische Situation. Die politische Terminologie der Vorweltkriegszeiten ist den Zuständen in Europa durchaus angemessen gewesen. Heute sind die Voraussetzungen in Staat und Gesellschaft anderer Natur; verschieden sind auch die

dringlichen Probleme. Wer die Dinge nicht korrekt benennen kann, findet sich in der Wirklichkeit nicht zurecht. Und daß wir sie nicht mehr mit so altehrwürdigen Doppelformeln wie links-rechts, liberal-konservativ, progressiv-reaktionär benennen können, leuchtet von selbst ein. Wortschöpfungen sind eine riskante Sache. Nur in wenigen Fällen wird der Neologismus zum Geburtshelfer einer Erkenntnis oder repräsentiert tatsächlich das Wesentliche einer veränderten Lage. Selbstbefragung und politische Gewissenserforschung unter dem Gesichtspunkt radikaler Prüfung des Vokabulars bis hin zum Wahlkampfjargon ist heute für die Parteien so wichtig wie noch nie; und am wichtigsten für uns alle. Die Zuverlässigkeit des Ergebnisses wird entscheidend von dem Ausmaß der Phantasie und Energie abhängen, die sich mobilisieren lassen für die Begriffsfindung und für präzise Formulierungen, die sich wieder mit den Sachen decken, anstatt sie zu verdecken.

Der eigenen Souveränität würde es nichts schaden, wenn bei diesem Geschäft die Nüchternheit den Vorsitz führte. Die Partei-Option bietet zwar einen starken Halt, aber keine Besitzrechte für die ganze Vernunft. Kein »Prophete rechts« ist genötigt, sein Weltbild zu begraben, wenn einmal der Scharfblick des »Prophete links« dem Sachverhalt näher kommt, als es seinem eigenen möglich war; und umgekehrt. Die überzeugende Beweisführung eines politischen Gegners entwertet nicht die ganze eigene Partei. Ein solcher Verdacht würde ebenfalls an Bert Brecht erinnern: »Das ist eine Versuchung, sagte der Hofprediger, und erlag ihr.«

Die Bereitschaft, sich einem guten Argument zu beugen und den richtigen Begriff für eine neue Sache zu akzeptieren, zählt noch immer zu den achtbarsten Signalen der eigenen Kapazität.

2
Menschen, Mächte, Motive

Zwei Stangen, die sich kreuzen.
Von der Behausung des Menschen

»Im Anfang war das Wort, und das Wort war bei Gott ...« So beginnt das Evangelium des Johannes seinen Bericht. Für die Daseinswelt des Menschen, wie sie uns seit den ältesten Zeugnissen der Geschichte vertraut ist, gilt abgewandelt: »Im Anfang war das Haus.« Denn historisch wird der Mensch in einem greifbaren Sinn erst durch die Seßhaftigkeit. Das klingt auch im Alten Testament an, bei der Erzählung von der Vertreibung des Menschen aus dem Paradies: »Gott entfernte ihn aus dem Garten Eden, damit er den Boden bebaue, dem er entnommen war.«
Der Wechsel von der Existenz des Jägers und Sammlers zum Seßhaften bedeutete eine fundamentale Veränderung der Lebensweise. Der Entschluß, an einem bestimmten Ort zu bleiben, ein Stück Land in Besitz zu nehmen, es zu bebauen und von seinem Ertrag zu leben, schließt die Bereitschaft und den Willen des Menschen ein, seinem Dasein eine neue Ordnung zugrunde zu legen. Sie wird durch zwei Faktoren bestimmt: durch die Art der Arbeit, die zur Seßhaftigkeit gehört, und die Form des Wohnens. Im Unterschied zum Jäger, Sammler oder Nomaden ist der Bauer sowohl Bebauer als auch Erbauer. Ursprünglich bedeutete das Wort »bauen«: wohnen, an einer Stelle ansässig sein.
Mit dem Beginn der Seßhaftigkeit – vor rund zehntausend Jahren – setzte die Ausbildung einer Fülle von Kategorien ein, deren Substanz ausnahmslos vom Bezug auf Land- und Hausbesitz bestimmt wurde. Die Regelungen des Zusammenlebens, die Entwicklung von Rechtsordnungen hatte die Regelung der Bodenverhältnisse zur Voraussetzung. Recht im allgemeinsten Sinn war bis in die anhebende Moderne »verortetes« Recht. Lange bevor der Begriff per Definition gefaßt wurde, hieß Friede: geordnete Beziehungen zwischen den unterschiedlichen Besitzungen, Landgebieten, Territorien und ihren Einfriedungen, ihren Grenzen. Die Verletzung der Grenzen war Rechtsbruch, Störung des Friedens, widerrechtliches Eindringen in eine fremde Sphäre der Verfügungsgewalt und eigengesicherten Autorität innerhalb des Wohnbereichs. Jeder von uns spürt das noch heute deutlich bei dem Delikt des Hausfriedensbruches. Auch Begriffe und Wertvorstellungen wie Sitte, Tradition, Vorsorge, Vertrauenswürdigkeit, Zuverlässigkeit und eine Vielzahl anderer ethischer Festsetzungen tragen das Gepräge ihrer alten Abkunft. So wird noch immer der an einem festen Ort wohnende Mensch durch seine

Bindung auch in einem moralischen Sinn als zuverlässiger Mensch eingeschätzt. Seine Vertrauenswürdigkeit ist mit der Fixierung an den Ort verkoppelt. Er ist ein »beständiger«, nämlich bodenständiger Mensch, auf dessen Wort »man bauen kann«; er hat einen Stand-Punkt, ist standhaft – genauso wie die Gefäße seines Hauses Standflächen haben im Unterschied zu den Behältern der umherziehenden Jäger. Im Mittelalter wurde dem Rechtsbrecher in schweren Fällen die Seßhaftigkeit, die feste Wohnung verweigert, er war damit »friedlos«, wurde für »vogelfrei« erklärt.

Der seßhafte Mensch entwickelte auch ein neues Verhältnis zur Natur und ihrem Kreislauf. Teils mußte er sich ihren Rhythmen anpassen, teils war er gezwungen, ihren Schwankungen zu widerstehen durch Voraussicht und Vorsorge, Beharrlichkeit und Haushalten. Vom griechischen Wort für Haus, Oikos, wurden die meisten heute gebräuchlichen Wortfügungen für planendes Vorsorgen abgeleitet wie Ökonomie, Ökologie, Ökonometrie. Zumal die Dimension der prospektiven Bemühungen gehört zur Daseinssicherung des Lebens am festen Wohnort.

Bodenständigkeit bedeutet schließlich auch, sich den Gewalten der Natur mit Hilfe von »Gegenständen« entgegenzusetzen. Die Welt des Menschen, wie wir sie bis heute als uns vertraute, gegenwärtige Welt kennen, beginnt als »gegenständliche« Welt mit dem Bau des festen Hauses. Die Hochkulturen unserer Geschichte – und in einem klassischen Sinn beginnt Kultur tatsächlich mit der Bebauung des Bodens (cultura) – sind deshalb fast auffällig vordergründig Wohnkulturen. Auf die Einheit von Urtümlichkeit und Symbolik in diesem Sachverhalt hat sich Goethe in seinem Aufsatz »Von deutscher Baukunst« bezogen. Er skizziert das Entstehen der ersten Hütte: »Zwei an ihrem Gipfel sich kreuzende Stangen vornen, zwei hinten und eine Stange quer zum First...«

Dieser Bauanleitung für eine Hütte, die er auch Prometheus dem Menschen geben läßt, fügt er hinzu: »Du hast sie dir gebaut und sie ist dein / du kannst sie teilen, mit wem du willst / wer wohnen will, der bau sich selber eine.«

Noch immer spiegelt sich im Richtfest, dem Spruch herab vom First, Wesentliches von dem Entschluß des Menschen, an Ort und Stelle zu bleiben, seinen gewählten Platz zu behaupten, sein Wohnrecht zu verteidigen gegen Gefahren aller Art bis hin zu den bösen Geistern. Zum Richtfest gehört die Dankbarkeit wegen des Gelingens ebenso wie

der Stolz auf das Werk, die Bitte um Segen und die Schutz-Symbolik des Abwehrzaubers.
Die ersten Spuren fester Ansiedlungen, die uns bekannt sind, fanden sich in Mesopotamien. Am häufigsten war der rechteckige Grundriß der Wohnhäuser; die Wände bestanden aus einem Flechtwerk von Stangen und Ästen, das mit Lehm überzogen wurde. Steinfundamente setzten sich bald als Regel durch. Ein wichtiger Fortschritt im Hausbau war die Entdeckung der Pfosten-Balken-Konstruktion. Sie bildete die Voraussetzung für die Herstellung solider Dächer und mehrgeschossiger Häuser. Schon in den Frühzeiten entwickelten sich zwei unterschiedliche Grundtypen der Wohnanlagen: das fest mit einem Hof verbundene Haus dörflicher Ansiedlungen und das Einzelhaus städtischen Charakters, das sich später – in seiner rechteckigen Langform samt einem Vorraum – als Megaronhaus der Bronzezeit in den ägäischen Gebieten findet. Der Typus des Hofhauses ermöglichte eine vielgliedrige Gestaltung und Fortbildung durch Anbau von Nebenräumen, Verbindung zusammengehöriger Raumgruppen wie Wohn-, Vorrats- und Schlafräumen, ebenso schließlich den Ausbau zur Mehrgeschossigkeit.
Die wachsende Differenzierung der Stadtsiedlungen in der Antike führte durch eine Kombination des Megaronhauses mit dem Hofhaus zu einem eigenen Wohntypus, der lange Zeit charakteristisch blieb. Das Megaronhaus wurde in die Hofhausanlage eingegliedert, der innere Hof bildete das Zentrum des Komplexes und den Orientierungsbereich sämtlicher Räume. Ihren Endpunkt erreichte die architektonische Entwicklung dieser Zeit mit dem Peristylhaus, dem klassischen Wohnhaustyp seit dem dritten vorchristlichen Jahrhundert, das vorbildlich blieb bis tief in die hellenistische Ära. Inmitten des Innenhofes befand sich ein Raum, der lediglich von Säulen umgeben war – das Peristyl. Die übrigen Gemächer und Kammern gruppierten sich wie bisher in den Außenbezirk.
Im bäuerlichen Hofhaus und dem städtischen, vielfältig durchgliederten Peristylhaus verkörpern sich baugeschichtlich auch die beiden Haupttypen der Daseinsordnung der Antike. Die Anlage des Hofhauses war bis ins Detail bestimmt von den Bedingungen der bäuerlichen Arbeit. Die Grundfunktion des »behausten« Wohnens im ursprünglichen Einraum mit dem Herdfeuer als Mitte des Hauses – auch seinem religiöskultischen Zentrum – wurde durch die Angliederung zweckbestimmter Nebenräume zu einem unmittelbaren Ausdruck der bäuerlichen Daseinsform. Den gleichen Prozeß, jedoch unter den Tätigkeits- und

Gesellungsbedingungen der Stadt, durchlief der andere Grundtyp des Wohnhauses. Hier wie dort wirkten sich freilich auf die Einzelgestaltung des Hauses und die Baumaterialien auch die klimatischen und geographischen Gegebenheiten aus.
So stark die Formen des Bauens in den früheren Zeiten orientiert waren an der zweckgerichteten Tätigkeit der Bewohner, so wenig erschöpfte sich das Formen, Gestalten, Bauen des Menschen in der Nutzbestimmung der Gegenstände, soweit sie nicht bloßen Werkzeugcharakter besaßen. Fast stets wurden in der vorindustriellen Zeit dabei auch die vielfältigsten Ausdrucksbedürfnisse des Menschen verwirklicht, manifestierte sich im Gestaltungswillen die Notwendigkeit, von sich selbst etwas auszusagen. Das Formen war identisch mit formschönen Gestalten, ein Bau-Werk war stets ein Kunst-Werk.
Den ästhetischen Bezug, den wir retrospektiv hervorheben, verdanken wir der architekturgeschichtlichen und kunsthistorischen Forschung. Für die Menschen jedoch, die mit diesen Objekten und in den Gebäuden lebten, waren sie eine unersetzliche Kundgebung ihrer elementaren Wirklichkeit. Deshalb realisiert sich auch in der Baugeschichte des Menschen Fundamentales von seinem Selbsterhaltungswillen, von seinem Ringen, dem Dasein Kontur und Gehalt zu geben. Im Wohnhaus schlug sich das auf besonders eigentümliche Art nieder, als die funktionsbestimmten Räume ergänzt wurden durch einen Empfangsraum, der sich bald zu einem eigens möblierten Repräsentationsraum ausgestaltete. Seine Rolle hielt sich bis zum Beginn des 20. Jahrhunderts, und zwar über die ganze Breite des gesellschaftlichen Spektrums. Die »gute Stube« war nicht nur der Stolz des Bürgers und Kleinbürgers. Die Triebkraft des Repräsentationsbedürfnisses hat auch heute nichts an Energie eingebüßt, oft drückt es sich in der Gesamtanlage moderner Einzelhäuser genauso aus wie in der Ausstattung normaler Mietwohnungen – und sei es selbst auf Kosten der Kernbedeutung des Wohnens als eines untrüglichen Anzeichens dafür, ob sich die Grunderfordernisse des Menschen im Einklang befinden mit ihrer optimalen Verwirklichung.
Die Geschichte des Wohnens und des Wohnhauses ist ein wesentlicher Teil der allgemeinen Historie, deren Puls von den politisch-gesellschaftlichen Bemühungen, dem Miteinander und Gegeneinander abhängt. Der griechische Philosoph Theophrast, der bedeutendste Schüler von Aristoteles, markierte die politische Verflechtung des Wohnens mit der Feststellung: »Das Haus ist ein Teil des Staates.« Das Faktum freilich,

daß Geschichte seit jeher erfüllt war vom Ringen um Macht und Wechsel der Machtverhältnisse, schlug sich auch architektonisch nieder in der Umwelt, die sich die Mächtigen gaben. Der ganze Kontrast gegenüber den weniger Mächtigen oder Ohnmächtigen wird offenkundig in der Alternative von »Palast und Hütte«.

Das Grundmoment der Repräsentation gewinnt jedoch im politischen Raum einen anderen Akzent als im persönlichen Bereich, zumal in jenen Epochen, in denen das monarchische Amt des Herrschers religiös legitimiert wurde. Die Paläste und Schlösser, Fürstensitze und Sakralbauten, zu deren Errichtung die geistlichen und weltlichen Bauherren den Auftrag erteilten, wurden weithin architektonische Demonstrationen des Herrschertums. Seit langem gehört es zu den Hauptaufgaben der baugeschichtlichen Interpretation, die Gleichsetzung von architektonischem Gestaltungsstreben, künstlerischem Stil und politischem Aplomb zu verdeutlichen. Verhältnismäßig unkompliziert sind einige Besonderheiten in der römischen Zeit zu erkennen. Die reichen Patrizier und Senatoren entschlossen sich immer häufiger, außerhalb des geschlossenen städtischen Bezirks Einzelwohnsitze, Sommerresidenzen und Villen zu errichten. Während der luxuriösen Verfeinerungen der Anlagen wurde auch der Garten als wesentlicher Teil des Wohnkomforts entdeckt und damit das Wohnen um einen neuen Bereich erweitert. Daß diese Neuerung auch Unverständnis weckte, ließ die Besitzer ungerührt. Pompejus verspottete einmal den Feldherrn Lucullus wegen der luftigen Bauweise seiner Sommervilla: Diese Säulenhallen seien doch völlig ungeeignet, um darin auch im Winter zu wohnen. Lucullus schüttelte den Kopf: »Warum soll ich nicht so klug sein wie die Kraniche und Störche, die der Jahreszeit entsprechend ihre Wohnung wechseln?« Als die politischen Verhältnisse in der spätrömischen Epoche zunehmend in Bewegung und Unruhe gerieten, wurden die Landsitze befestigt und die Einfriedungen verstärkt, so daß sie sich schließlich in Wohnanlagen mit ausgesprochenem Burgcharakter verwandelten. Dieser Schritt von der Villa zur Festung war zwar eine Folge der politischen Unsicherheiten; aber unabhängig davon drückte sich darin in extremer Form ein Grundzug aus, der von Anfang an zum Wesen des Hauses gehörte: das Recht auf uneingeschränkten Schutz der Bewohner. Die Engländer formulierten es später als sprichwörtlichen Grundsatz:»My home is my castle«, und das hieß schon vor Jahrtausenden: An dem Ort, an dem der Mensch seßhaft ist, an seinem Wohnsitz, verwirklicht er gemäß unverbrüchlicher Rechte seine Existenz.

So viel Archaisches sich auch in solchen Normierungen verbirgt, so unverkennbar haben sie unser Dasein geprägt und sich bis in die Gegenwart gehalten. Zwar gab es Epochen, in denen andere Dominanten überwogen, doch die Grundsituation des Wohnens als eines entscheidenden Elements menschenwürdigen Daseins behielt seine Geltung ebenso wie die beiden Grundtypen des Wohnhauses. Die Entwicklung und Durchgliederung des Hauses seit dem neunten vorchristlichen Jahrhundert bis in die römische Zeit wiederholte sich, nur unwesentlich abgewandelt, in den zentraleuropäischen Ländern vom Mittelalter bis zum Beginn der industriellen Epoche. Der Typ des Hofhauses blieb außerhalb der agrarischen Gebiete jahrhundertelang besonders begrenzt auf die größeren Siedlungsorganisationen der Klostergemeinschaften. Die Ablösung des Hofhauses aus der dörflichen Bindung setzte erst während der Renaissance im 14./15. Jahrhundert ein. Bis dahin war für das frühe Stadtbild das fast regellose, sich locker einem Kern anfügende Zusammenwachsen von Einzelhäusern charakteristisch. Sie wurden nicht wie beim Hofhaus durch Anbauten, sondern durch innere Raumdifferenzierung verändert. Möglich wurde dies nur durch eine Vergrößerung der Gesamtgrundfläche oder durch Erhöhung der Geschoßzahl.
Wohngeschichte blieb bis in die Renaissance ein integraler Bestandteil der Dorf- und Stadtgeschichte. Das Einzelhaus als ständiger Wohnsitz stellte in Zentraleuropa einen Sonderfall dar, augenfällig in den bewehrten Herrensitzen und Burgen, die auf größtmögliche Sicherheit angelegt waren. Die rechtliche Ordnung in den Territorien, die Zuverlässigkeit oder Fragwürdigkeit des Landfriedens wirkten sich in diesen Jahrhunderten geradlinig auf die Struktur der Wohnanlagen außerhalb befestigter Großsiedlungen aus.
Die Veränderungen, die in Europa mit der Renaissance einsetzten, wurden zum Auftakt eines gewaltigen Emanzipationsprozesses des Menschen. Seit den Anfängen des Frühkapitalismus, der Intensivierung kaufmännischer Aktivitäten, dem beginnenden Welthandel im Gefolge der ozeanischen Expansion während des Entdeckungszeitalters und der überseeischen Kolonisation führte der rapide steigende Reichtum der Städte und etlicher Stände zu schroffen Unterschieden in der Gestaltung der Wohnhäuser. Die erfolgreichen Kaufleute und Handelsherren errichteten Bauten, die unverhüllt mit dem Aufwand und Baugepränge der Fürsten rivalisierten. Im Gegensatz dazu entwickelten sich die ersichtlich bescheidenen Wohnhäuser der übrigen Bürger und selbständigen Handwerker. Die klassischen Bürgerhäuser dieser Art blieben weitge-

hend dem Muster des regionalen Bauernhauses verpflichtet, unter Verzicht auf Zweckräume wie Stall und Scheune.

Eine tiefergreifende Fortentwicklung setzte in den Städten während der Epoche des Absolutismus ein, als bei den Territorialherren die Überzeugung von der Unerläßlichkeit einer einheitlicheren Stadtstruktur Boden gewann. Das brachte eine Neuausrichtung des Grundrisses mit sich, die mittelalterliche Anordnung mit der Giebelseite des Hauses zur Straße wurde abgelöst durch die Traufenstellung. Angestrebt wurde ferner eine gleichmäßige Führung der Fensterachsen und häufig auch eine dem Straßenverlauf parallel durchgezogene Linie der Satteldächer einer Häuserzeile. Eine besonders einschneidende Zäsur in der Geschichte des Wohnhauses verbindet sich mit dem 19. Jahrhundert. Sie ergab sich aus den Erkenntnissen der neuzeitlichen Medizin, den geradezu revolutionären Veränderungen in der Hygiene und den sanitären Notwendigkeiten, vor allem aber entstand sie aufgrund der explosiv wachsenden Bevölkerungszahlen. Bis dahin waren die einzelnen Räume einer Wohneinheit hinsichtlich ihrer Funktion verhältnismäßig frei wechselbar. Die Versorgung der Städte mit Gas und Wasser, ihre Kanalisation sowie die organisierte Müllabfuhr bedingten zwangsläufig eine entsprechende Funktionsfixierung der Wohnräume.

Das aber bedeutete einen beträchtlichen Eingriff in die Innengliederung und schließlich in das ganze Gefüge des Wohnhauses. Die Funktionsbindung ist bis in unsere Tage ein übergeordneter Gesichtspunkt geblieben, und zwar für die Stadtplanungen ebenso wie für die Einzelhäuser. Zum Teil wurde davon auch das gestaltende Prinzip der Architektur umgewertet. Diese Tendenz verstärkte sich durch eine neue Selbsteinschätzung des Menschen. Ausdrücke wie Natürlichkeit, Körperbewußtsein, Sportlichkeit, Enttabuisierung, Liberalität wurden zu Schlüsselbegriffen des 20. Jahrhunderts.

Der Bezirk, in dem solche Kategorien durch die erste Feuerprobe gingen, war der privateste Bereich des Lebens, die Wohnung. Eine Öffnung nach außen wurde zum selbstverständlichen Prinzip der Grundrisse; die Anlage der Wohn- und Tagesräume entsprechend der Sonnenbahn entwickelte sich zu einem Standard. Lichteinfall und Größe der Fenster wurden zu wesentlichen Komponenten, ebenso die Ausstattung und Dimensionierung der Hygieneräume und ihre direkte Verbindung mit den Schlafzimmern. Nicht zuletzt behaupteten Balkone, Grünanlagen und, wenn irgend möglich, die Integration eines Gartens oder einer seiner Alternativen – etwa die Terrassenanlagen auch in mehrgeschossigen Wohnbauten – einen oberen Rang in modernen Wohnkonzeptionen, die sich bis heute fast ausnahmslos an die Formel halten: »Licht, Luft und Sonne.«

Dieser Trend wäre zweifellos verhaltener gewesen, hätte man sich nicht im 19. Jahrhundert gegen das Wohnen unter dem Aspekt der Menschenunwürdigkeit in übelster Weise vergangen: durch den Bau der berüchtigten Mietskasernen, den Slums der Industriezentren – bis heute noch immer eines der heillosesten Wohnprobleme in den USA –, in denen sich mit bestürzender Schärfe die Situation der neuen Klasse des Fabrikarbeiters manifestierte. Der Verlust des Eigentumsrechtes an der Wohnung hatte zwar im Gang der Geschichte fortlaufend zugenommen, doch das Endstadium dieser Entwicklung wurde während des vorigen Jahrhunderts unerwartet rasch erreicht. Immerhin entfesselte das ebenso prompt eine Grundsatzdiskussion, deren Notwendigkeit sich bereits abzeichnete, nachdem man erkannt hatte, daß künftig die gemietete Wohnung den Regelfall bilden würde und das eigene Haus die Ausnahme. In dieser Phase der Industrialisierung Europas lebten Verhältnisse auf, wie sie bereits aus dem klassischen Griechenland und der römischen Zeit bekannt waren: Mehrfamilienhäuser, die aus rein spekulativen Gründen errichtet und deren primitive Räume unter Ausnützung von Notlagen vermietet wurden. Die Wohnbauten des 19. Jahrhunderts mit Massencharakter, die Kleinräume der verrufenen Hinterhäuser gehörten zu den widerwärtigsten Mißständen der Zeit; ihre Ignoranz gegenüber allem, was das Gewicht eines Begriffes wie »Wohnkultur« ausmacht, war nicht zu überbieten.

Der erbitterte Kampf gegen die Profitkriminalität des Wohnungsbaus setzte mit der Gründung von gemeinnützigen Baugesellschaften ein, mit Baugenossenschaften und großzügig projektierten Arbeitersiedlungen, die an die Tradition der Fuggerei in Augsburg eingangs des 16. Jahrhunderts anknüpften, mit dem englischen Projekt der Gartenstädte und schließlich mit dem Institut der Bausparkassen. Ihre Etablierung markierte die unwiderrufliche Aktualisierung des Anspruchs auf Wohneigentum, und zwar in einem so umfassenden Sinn, daß dem menschlichen Grundbedürfnis, um das es sich handelte, schließlich vollständig Rechnung getragen wurde.

Wohneigentum, Mieterschutz und Dauerwohnrecht stehen in einem Zusammenhang, der nicht nur formaljuristischer Natur ist. Wie wenig es sich um eine nur akademische Thematisierung handelte, zeigt der unaufhörlich wachsende Strom der Bausparer in den letzten Jahrzehnten, deren Milliarden-Vertragssummen bei uns an die Größenordnungen des staatlichen Gesamthaushaltes heranreichen. So groß freilich die öffentlichen Energien auch waren, mit denen versucht wurde, das Problem des Wohnens und der Wohnbaugestaltung unter den Bedingungen der Industrialisierung, des Bevölkerungsdruckes und der Umbildung moderner Großstädte zu gigantischen Verdichtungs- und Ballungsräumen zu lösen, so selten kam es zu Erfolgen, die mehr waren als kurzfristig gefeierte Irrwege. Die Lösungsangebote für die Probleme hielten mit dem Tempo der Problemerweiterung nicht Schritt. Die Jahrhundertvokabel »Wohnungsnot« signalisiert keineswegs nur die Not an verfügbarem oder akzeptablem Wohnraum.

Moderne Baumaterialien, rationelle Baumethoden, Standardisierung umfangreicher Elemente, Vorfertigungen, revolutionäre Konstruktionsmöglichkeiten (vor allem durch Stahlträger und -beton) sind unstreitig großartige Gewinne des technischen Fortschritts. Doch er wird begleitet von einer Überfülle schwieriger Folgeprobleme wie jenen der Bauakustik, der psychischen Negativeffekte des Wohnens in Hochhäusern mit Silocharakter, der Vereinsamung inmitten eines kommunikativen Überdrucks – alles Probleme ersten Ranges nicht nur des nach wie vor prekären Verhältnisses von Bauingenieur und modernem Architekten, sondern auch der Stadtbau- und Regionalplanungen, der Raumordnung, der Administration und der Zusammenarbeit von kommunalen und ministeriellen Instanzen und Ressorts. Die Warnung Albert Schweitzers hat nichts von ihrer Düsternis verloren: »Zuerst bauen die Menschen Häuser, und dann die Häuser Menschen.«

Obwohl das Kardinalthema des künftigen Wohnens nach wie vor seinen Zuschnitt von der unablässigen Bevölkerungsverdichtung und der ebenso kontinuierlichen Verminderung des Baulandes erhält, ist die Frage nach der Relation zwischen städtischem und außerstädtischem Wohnen mit guten Gründen noch immer so gewichtig wie vor einem halben Jahrhundert, als die Aktivisten des »Neuen Bauens« enthusiastisch das uralte Menschenrecht auf rechtes Wohnen auch in der Moderne und ihr gemäß zu verwirklichen suchten. An dem einen Ende des Spannungsbogens steht das Problem hochkomprimierter Wohnkomplexe mit Gitterstruktur und gigantischer Wohnwabenstädte, wie sie für die urbanen Bezirke der Zukunft entworfen werden. Am anderen Ende äußert sich der unerschütterliche Wille eines überwältigend großen Teils der Bevölkerung, allen voran Hunderttausender junger Men-

schen, ein Stück Boden mit Einzelhaus oder eine Wohnung als Eigentum zu besitzen.
Für beide Extreme gilt allerdings derselbe Imperativ: Noch nie in der bisherigen Geschichte hing vom »Wohnwert«, von der Humanqualität des Wohnens, von der weitestgehenden Intimität des einzelnen mit seinen Räumen so grundsätzlich die Beziehung des Menschen zu seiner Gesellschaft ab. Denn in der Industriegesellschaft, die in den nächsten Jahren vollauf damit beschäftigt sein wird, die selbstverschuldete Degeneration des gesamten Lebensraums abzubremsen, ist die Wohnung des einzelnen und seiner familiären oder freigeselligen Gruppe unvergleichlich prägnanter als jemals zuvor derjenige Ort, an dem die individuellen Wünsche, Erwartungen, Notwendigkeiten realisiert werden. Das ergibt sich aus der radikalen Veränderung des Stellenwertes der Berufsarbeit. Die Zunahme der frei verfügbaren Zeit provoziert deshalb zwangsläufig die kritische Frage, ob wir summa summarum so leben, daß wir wirklich leben – oder etwa nicht so, wie wir leben möchten, aber nicht leben können.
Wer mit sich selbst und seiner unmittelbaren Umgebung in Einklang steht, ist in einem altmodisch urtümlichen Wortverstand »daheim«. Konkret ist das dem Menschen auf die Dauer nicht möglich ohne »seine vier Wände«. Nur jenseits von Schwelle und Tür ist er gänzlich »bei sich«, sei es in einem Wohncluster zukünftiger Städte, sei es in einem freistehenden Bungalow im Grünen.

Klugheitsmoral und politisches Kalkül im 17. Jahrhundert

Kritik wird in unserer Gegenwart großgeschrieben. Es gibt kaum einen Winkel des öffentlichen und privaten Lebens, in den sie nicht eingedrungen wäre. Sie läßt nichts aus, sie hat sich inzwischen bis zur Kritik alles Bestehenden potenziert, ja sie beginnt sogar, sich zunehmend auch mit sich selbst zu beschäftigen. Die »Kritik der Kritik« wird zweifellos einmal zu den interessantesten Phasen der ganzen kritischen Bewegung zählen.
Zu allen Zeiten gab es Kritik. Die Rollen allerdings, die sie in den einzelnen Epochen spielte, waren recht unterschiedlich. Einen Höhepunkt bildete der Übergang vom 17. zum 18. Jahrhundert. Kritik avancierte damals zu einem Signalbegriff; ihre öffentliche Form, die Zeit-, Kultur- und Gesellschaftskritik, lud sich in jenen Jahrzehnten

mehr und mehr mit der drohend-prognostizierenden Bedeutung auf, die auch unserem Jahrhundert sattsam bekannt wurde. Wortgeschichtlich hängt der Terminus Kritik zusammen mit dem Begriff der »Krise«. Die Beziehung ist allerdings nicht nur etymologisch, beide Begriffe sind auch wesensmäßig miteinander verwandt. Kritik setzt geradezu die Krise voraus, zumindest aber den Glauben daran. Für die Geschichtsforschung steht es heute fest, daß im Zusammenhang mit Epochen, Perioden, Zeitaltern und bestimmten Phasen dem Terminus Krise ein besonderer Sinn zukommt – selbst wenn es nur ein heuristischer Sinn wäre. Im Einzelfall kommt es darauf an, welche Merkmale jeweils vorherrschen. Ökonomische Notlagen, gesellschaftliche Mißverhältnisse, politische Ambitionen, soziale Forderungen bestimmen unterschiedlich die Perspektive nicht nur der Existenz einzelner oder gesellschaftlicher Gruppen, sondern der ganzen Zeit. Der Begriff der Krise und mit ihm der Begriff der Kritik erhält von dort seinen vitalen Wert, seine Dringlichkeit und Brisanz. Aus einem Hilfsbegriff für die Geschichtswissenschaft wird so ein Deutungsbegriff für Gesellschaft, Kultur und Staat.

In einer solchen Situation verbindet sich mit dem Wort Krise noch erheblich mehr als seine ursprüngliche Bedeutung. Es verknüpft sich damit die Vorstellung eines Abgleitens von Werten, die traditionell als unumstößlich gesichert schienen, in einen Bereich der Fraglichkeit, Unsicherheit, Unverbindlichkeit, mangelnder klarer Normierungen und fehlender Zukunftsträchtigkeit. Fundamentalkritik verbindet sich immer mit einer Norm. Deshalb ist in jeder ernsthaften Kritik das Prinzip der Divergenz enthalten. Kritik reißt die Kluft auf zwischen einem Seienden und einem Sollenden. Je bedeutsamer sie ist, um so stärker ist sie sich auch ihrer differenzierenden Funktion bewußt. Sie macht auf die Widersprüche aufmerksam, die zwischen der aktuellen Wirklichkeit einerseits und andererseits einer besseren Welt neuer, das heißt: qualitativ höherer Werte, Ansprüche, Normen, Hoffnungen und Sehnsüchte bestehen.

So ergibt sich das Grundverhältnis: Hier das Bestehende, die geschichtlich-gesellschaftliche Wirklichkeit – dort die normative Forderung, die Erwartung, das rationale oder auch irrationale Konzept. Dieser Gegensatz und Widerspruch blieb kaum jemals lediglich eine Angelegenheit von Druckerschwärze und Papier. In seinen schärfsten Zuspitzungen wurde er blutig ausgetragen, machte sich in Hunderten von Revolten und Aufständen Luft. Er blieb bis heute für jede Revolution und jeden

Umsturz der Weltgeschichte das Sprungbrett. Die Antithetik ist nicht zuletzt deshalb so hart, weil jede Ordnung, der sich die Menschen unterwerfen – ob freiwillig oder aufgrund des Zwanges der Verhältnisse –, Anspruch auf berechtigte Geltung erhebt. Die Frage ist dabei, ob erstens diese Ordnungen dem Anspruch auch tatsächlich gerecht werden, und ob zweitens der Anspruch selbst sich mit den neuen Forderungen nach einer anderen, besseren Wirklichkeit deckt. Kritik enthielt deshalb in ihren entschlossensten Formen immer auch die Tendenz, die Verhältnisse aktiv zu verändern, gewaltsam eine neue Basis der Legitimation für neue Autoritäten zu schaffen. Diese Tendenz äußerte sich lange vor Karl Marx und seiner berühmt gewordenen Formel, daß es nicht darauf ankäme, die Welt zu interpretieren, sondern sie zu verändern. Mehr als zweitausend Jahre vor Marx bemühte sich Platon in Sizilien ebenfalls um eine Veränderung der politischen Herrschaft entsprechend seinen Theorien, und dieser Versuch mißlang mindestens ebenso glänzend und überzeugend wie die Bemühungen der Nachfolger von Marx.

Der neue Typus »bürgerlicher Mensch«

Auf diesem abgesteckten Feld bahnte sich im 17. Jahrhundert nahezu unbemerkt eine Veränderung an, die schließlich zu einer Eruption weltgeschichtlichen Ausmaßes führte. Die ersten Stimmen, die sich meldeten – die bürgerlichen Stimmen –, waren vorsichtig, die Ansprüche blieben unerfüllt, die Forderungen kleideten sich in Analysen oder Zustandsbeschreibungen, sie waren angepaßt und situationskonform. Sie finden sich aber so gut wie überall, und sie lassen sich auch dort entdecken, wo sie kaum zu vermuten sind. Für den Historiker ist das von besonderem Interesse, weil es ihn ein Stück in der unentwegt bedrängenden Frage weiterbringt, wodurch sich eigentlich »geschichtliche Veränderung« ergibt – dieser so selbstverständliche und doch immer noch unerklärliche Sachverhalt.
Bereits in diesem 17. Jahrhundert, zumal in seiner zweiten Hälfte, hieß »bürgerlich sein« nichts anderes, als daß ein neuer Typus Mensch ein besonderes Weltverhalten entwickelte. Zunächst ergab sich eine eigentümliche Mischung von neuen Gedanken und Variation des Gewohnten und Bereitliegenden. Die kaum merkliche Akzentuierung darin bedeutet das erste Anzeichen der Kritik und einer sich bald darauf ausformenden Eigenständigkeit, die sich in Übereinstimmung wußte mit den Grund-

sätzen eines veränderten Welt- und Gesellschaftsverständnisses: mit den Prinzipien des rationalen Naturrechts. Am einsichtigsten läßt sich dies demonstrieren an der Klugheitsmoral und der speziellen Richtung, die der Bürger dem Codex der Weltklugheit sowohl moralisch als auch in der praktischen Handhabung gab.

Zur inneren Situation des ausgehenden Barocks gehörte die asketische Verdammung der Welt. Sie ließe sich geradezu als eine Art theologisch-universaler Reflex der Klage König Lears deuten: »Wenn wir geboren werden, weinen wir, daß wir die große Narrenbühne Welt betreten müssen.« Die Welt ist verderbt, sie ist schlecht. Der gläubige Mensch, der in ihr, der im Diesseits leben muß, wird deshalb unentwegt in seinem Seelenheil gefährdet, zumal er seinem Wesen nach ein Sünder, ein »Adamskind« ist. Der Sinn seines Lebens hängt deshalb ausschließlich von der transzendenten Deutung ab. Wirkliche Geborgenheit kann der Mensch nur in dem Glauben finden, daß Gottes Macht die Ereignisse der Welt regelt. Erst dadurch erhält die irdische Welt ihren begrenzten Rang. Sie ist aufs Jenseits hin orientiert, und deshalb akzeptiert auch der Mensch die Forderung, seine Gedanken in erster Linie auf das Jenseits zu richten: Es handelt sich für ihn um eine Daseinsnotwendigkeit.

Das galt sowohl für die katholische Kirche als auch für den Protestantismus. Luther hatte Frömmigkeit und Glauben gefordert ohne Anspruch auf Gewißheit oder gar jenseitigen Lohn. Ein Jahrhundert später befand sich für die protestantische Orthodoxie im Mittelpunkt der Dogmatik wesentlich das Streben nach der ewigen Glückseligkeit; es wurde auch Zentrum des praktischen religiösen Lebens. Die Folge war eine Überbetonung der als Lohn des irdischen Lebens im Jenseits erwarteten »Prämie« sowie eine zusätzliche Entwertung des Diesseits. Von solcher Gewißheit lebt, in aller Demut, der Vers Paul Gerhardts: »Wohl dir, du Kind der Treue, du hast und trägst davon mit Ruhm und Dankgeschreie den Sieg und Ehrenkron; Gott gibt dir selbst die Palmen in deine rechte Hand, und du singst Freudenpsalmen dem, der dein Leid gewandt.« Das Moment, welches den festen Zusammenhang zwischen Himmel und Erde, Gott und Mensch bildet, ist zwar noch immer, wie bei Luther, das Sündenbewußtsein. Es bleibt die Gelenkstelle. Was zusätzlich von dem Verhältnis »Gott und Mensch« ausgesagt werden kann, hat gegenüber diesem Grundmotiv nur periphere Bedeutung, vielmehr: es konturiert dieses Motiv. Von der Stärke des Sündenbewußtseins hängt die Konsequenz ab, mit der die irdische Welt verworfen wird. Das bürgerliche Weltverhältnis jedoch, das sich im 17. Jahrhundert herausbildet, bedeutet nichts anderes als eine Abschwächung dieses Sündenbewußtseins. Nicht, als ob die Vorstellung der Sünde völlig aufgegeben würde. Sie verliert jedoch zunehmend ihren spezifisch religiösen Charakter und nähert sich moralisch-profanen Vorstellungsweisen. In diesem und durch diesen Prozeß werden die ersten repräsentativ bürgerlichen Züge bewußt entwickelt. Der Mensch beginnt, das Leben nach wohlerwogenen und erprobten Grundsätzen zu ordnen und zu gestalten. Nach etlichen Jahrzehnten besitzt das religiöse Sündenbewußtsein kaum mehr als den Rang einer Staffage. Immer häufiger wird die Rechtfertigung in sich selbst gefunden, in der Erfüllung der Aufgaben, in dem Erfolg, der dem Menschen hier, in der irdischen Welt, die er sich selbst erschlossen und geschaffen hat, zufällt, in der Arbeit für seine Familie, seine Kinder, seinem zufriedenstellenden Auskommen, wenn nicht gar seinem Wohlstand und all dem, was er seine Pflichten oder Tugenden nennt. An einem solchen Dasein mußte das Erlebnis der Sünde geradezu folgerichtig zunichte werden, weil es sich um ein Dasein handelte, das auf keine Vergebung angewiesen war, genauso wenig wie es der Gnade bedurfte. Schon das frühbürgerliche Leben bejahte sich voll in seinem Eigenwert.

Die große Meisterregel

In dieser Zeit wurde ein Konzept entwickelt, das nicht zuletzt wegen der Brillanz seiner literarischen Formung im ausgehenden 17. Jahrhundert außerordentlich gefeiert und bald darauf von keiner Seite so heftig bekämpft wurde wie von bürgerlicher Seite, nämlich die Klugheitslehre des spanischen Jesuiten Baltasar Gracián y Morales. Gracián lebte von 1601 bis 1658; sein erstes Buch – der »Héroe« – veröffentlichte er verhältnismäßig spät, mit 36 Jahren. Der schmale Band trug ihm mäßigen, doch soliden Ruhm ein. Durch weitere Bücher, »El Político« (1640), »El Discreto« (1646), durch sein »Handorakel« und schließlich den dreibändigen Roman »El Criticón« (1651–57) baute Gracián seinen Anfangserfolg rechtschaffen aus. Zu Lebzeiten wurde er in Spanien verhältnismäßig viel gelesen, doch insgesamt schien es sich um eine ephemere Berühmtheit zu handeln, und es überrascht kaum, daß die Resonanz nach seinem Tod fast gänzlich erlosch.
Ende des 17. Jahrhunderts avancierte Gracián jedoch schlagartig zu einem der berühmtesten Männer Europas. Heute zählt er zu den Hoheiten des Goldenen Zeitalters von Spaniens Literatur. In Frankreich

zirkulierten mehr als ein Dutzend Versionen seiner Bücher, in England war er bald genauso beliebt, in Deutschland wurde er – über den Umweg französischer Übersetzungen – geradezu Mode, vor allem nachdem ihn Christian Thomasius in seiner aufsehenerregenden Inauguralvorlesung von 1678 als Muster für die Deutschen gepriesen hatte, nicht ohne diese Empfehlungen durch heftige Ausfälle gegen das äffische Französisieren zu untermauern.
Graciáns abrupt einsetzender Ruhm ist nicht ohne weiteres zu erklären. Eine Vielzahl von Gründen wurde genannt: daß etwa die eleganten, gefälligen französischen Übersetzungen die vulgäre Direktheit des spanischen Originals ausgemerzt haben sollten und erst dadurch ein großes Publikum in ganz Europa gewonnen werden konnte. Ironischerweise nahm Thomasius gerade die französischen Übersetzungen zum Anlaß für seine Vorlesung. Er stellte deren Verzerrungen dem bestechenden spanischen Original gegenüber und bewertete als einer der ersten angemessen die stilistischen Qualitäten Graciáns, seine Brillanz, seine Lust an der Sprache, die wesentlich von dem Vergnügen an ihrer Doppelsinnigkeit lebte, seine Ausdruckskraft, zu der das kaum begrenzt scheinende Wortspiel genauso gehörte wie der eisige Lakonismus mit seiner Vorwegnahme des zynischen Prinzips, lieber auf einen Freund zu verzichten als auf eine Pointe.
Die plötzliche Hochschätzung Graciáns im ausgehenden 17. Jahrhundert verblüfft auf den ersten Blick deshalb so sehr, weil er – vordergründig – ein ausgesprochen aristokratisches Lebensideal vertrat und das zu einer Zeit, da der Aristokrat schon seit einem halben Jahrhundert in der Figur des Don Quichotte geistig ad absurdum geführt worden war. Gracián lehrte kluges Weltverhalten in einer Weise, die in ihrer unerkannten Verschlüsselung so eingängig war, daß sie den Vertretern der weltmännisch-höfischen Bildung für mehr als ein Jahrhundert noch einmal, und man möchte fast sagen: viel zu spät als praktisch-philosophisches Rüstzeug für gesellschaftliches Benehmen und Menschenbehandlung dienen konnte. Insofern lag ein Mißverständnis vor. Gleichzeitig diente diese Lehre den Feinden der entsprechenden Moral, den bürgerlichen Protagonisten, als unüberbietbares Muster und abschreckendes Vorbild für unchristliche, amoralische, skrupellose, schlechthin verwerfliche Lebenspraxis – ebenfalls ein Mißverständnis.
Gracián war Jesuit, er gehörte zeitlebens dem Orden an. Daran konnten auch die nicht eben harmlosen Differenzen mit seinen Oberen nichts ändern. Als Menschenkenner war Gracián ein unbestechlicher Realist,

und zwar weit über das Klischee des berüchtigten jesuitischen Habitus hinaus. Der Mensch, dessen Eigenschaften und Verhalten Gracián durchforscht, ist kein Wesen, das Gott geschaffen haben könnte. Ohne allzu große Vereinfachungen läßt sich sagen: Der Jesuit Gracián konnte sich nur deshalb in einer so erklärt untheologischen Weise der Erörterung profaner Probleme widmen, weil er den Begriff der doppelten Wahrheit zugrunde legt. Er scheidet die göttlichen Wahrheiten durch einen scharfen Schnitt von den irdischen Tatsachen. In dem Aphorismus 251 des »Handorakels« heißt es: »Man wende die menschlichen Mittel an, als ob es keine göttlichen, und die göttlichen, als ob es keine menschlichen gäbe.« Gracián sieht darin die »große Meisterregel, die keines Kommentars bedarf«.

Hier wird die Theologie in Höhen entrückt, welche die Verankerung ihres Fundaments auf Erden nicht mehr zulassen. Alles, was nicht zu ihr gehört, muß deshalb allein im Irdischen entschieden werden, und zwar mit der Wissenschaft der Lebenskunst, die Gracián entwickelt. Das Leitmotiv seiner Schriften besteht darin, daß die irdische Welt einzig und allein mit ihren eigenen, irdischen Mitteln zu bestehen und zu bewältigen ist.

Das setzt eine bestimmte Grundverfassung der Welt voraus. Der Mensch muß sich Gracián zufolge in Gefilden einrichten, die durchzogen sind von einer monströsen Mixtur echter und falscher Werte. Das Leben ist sowohl Komödie als auch entsetzliche Bedrohung. Für den Menschen kann es deshalb allein darum gehen, sein Inneres unter einem Mantel der Abwehr, des eleganten Durchkommens, unverletzt zu behaupten. Graciáns Interpretation der Welt als einer permanenten Bedrohung ist für ihn die Voraussetzung für ein Konzept der Persönlichkeit als eines Inbegriffs umfassender Formung mit dem Ergebnis: »Meister der Weltklugheit«.

Gracián wird auf diese Weise zum Muster eines Intellektuellen, der sich zu keiner Konzession versteht. »Man lebt mit dem Erkennen, und man lebt nur soweit, als man weiß«, schreibt er. Für kaum einen anderen Denker des 17. Jahrhunderts war Erkenntnis so ausgeprägt identisch mit Befreiung von jeglichem Wahn, Aufklärung, Blick hinter die Dinge, also in vollem Wortsinn Ent-täuschung, Ernüchterung – alles eingetaucht in eine bittere Lauge, weil das Erkennen nur dann sinnvoll sein kann, wenn es darauf ausgerichtet ist, den Weltentrug wahrzunehmen. Sofern sich mit dieser Beschäftigung irgendeine Befriedigung verbindet, dann lediglich diejenige, daß derartiges Erkennen die eigene Person davor bewahrt,

dem Trug der Welt zu verfallen. Gracián will sowohl vertraut machen mit der Korruptibilität der irdischen Dinge, als auch die rücksichtslosesten Anweisungen gewinnen, um das »Raubtier Mensch« – diese Einschätzung ist für ihn genauso unumstößlich wie für Machiavelli, Hobbes oder Swift –, das beständig seine eigene Gattung bekämpft, belauert und vor ihr auf der Hut sein muß, für diesen Kampf auszurüsten. Gracián beobachtet kalt, er formuliert schneidend; Menschenbehandlung und Selbstbehauptung sind für ihn so unsentimental wie ein chemisches Experiment.
Graciáns taktische Lebenslehre wird jeder praktischen Situation gerecht. Bei der Weltklugheit geht es um kein normierendes Soll, sondern um die angemessene Reaktion auf Verhältnisse, die so sind, wie sie nun einmal sind. Diese Art von Realismus hat wenig mit Pessimismus zu tun und noch weniger mit einer zynischen Perspektive. Sobald Leben gleichgesetzt wird mit Lebenskampf, erhält das Überleben unbestrittene Priorität. Lebenskunst muß dann aufgehen in der Kunst des Überlebens.

Vorrang der Interessen

Kein Wunder, daß in diesem Szenarium die Klugheit (prudentia) als Grundbegriff auftritt. Gracián unterstreicht freilich nicht dasjenige Moment in ihr, das seit alters im Vordergrund gestanden hat: die geistig-sittliche Intention. Er spricht fast durchweg von der Klugheit nur im Hinblick auf die Praxis, in der gehandelt und entschieden werden muß. Erst dadurch entsteht die Entsprechung von prudentia und *Welt-klugheit*: Klug ist, wer sich in der Welt richtig verhält. Ein solches Verhalten schließt nicht nur taktisch richtiges Anpassen ein, sondern ebensosehr das offensive Agieren. Die Lebenskunst befähigt zur Bewältigung und Überwindung, zur Reüssite.
An diesem Punkt kommt das Politische ins Spiel und beweist, daß dieser spanische Jesuit weit mehr geliefert hat als nur einen Mosaikstein zur europäischen Moralistik. Im Hinblick auf die Erfordernisse der Lebenstaktik identifiziert Gracián die Klugheit geradezu mit dem politischen Verhalten. Beide besitzen denselben Rang, den gleichen Wert. »Política« hat bei ihm zwei Aspekte: Zum einen handelt es sich um die Politik des einzelnen für seine eigene Person, und zwar gemäß solchen Prinzipien wie des Durchkommens oder des Erfolgs. Zum anderen bezieht sich das Politische auf die unerläßliche Angleichung, auf die Kunst des Kaschierens, bei ständig gespannter Aufmerksamkeit und rationaler

Berechnung. Dazu gehört auch und vor allem das umfassende Verständnis der menschlichen Dinge.

Gracián hat Machiavellis Gedankengängen nicht zugestimmt. Polemik gegen den florentinischen Staatsdenker war damals eine Frage der öffentlichen Moral und geltenden Mode. Die Geschichte des Machiavellismus trieb jahrhundertelang in der Gegenströmung eines theoretischen Antimachiavellismus einher. Auch Gracián entrichtete dabei seinen Tribut: Er distanzierte sich von Machiavelli, empfahl aber im wesentlichen dasselbe. Politik sah er substantiell verbunden mit Konvenienz und Verstellung. Politisches Verhalten schien ihm undenkbar ohne Vorsicht, Berechnung, Irreführung.

Er bezeichnete sein Werk als eine »höfische Philosophie« (filosofia cortesana). Gemeint war damit jedoch kein spezifisch begrenzter Bereich, sondern »Gesellschaft« im weitesten Sinn. Damals besaß die höfische Schicht in allen europäischen Staaten Repräsentativcharakter. Da sie den Anspruch auf allgemeine und vor allem auf normierende Haltung ihrer Lebensordnung erhob, wurde sie folgerichtig auch mit der »Welt« gleichgestellt. Noch heute wird mit einem »Mann von Welt« die disziplinierte Haltung genauso verbunden wie das Vermögen, über den Dingen zu stehen, und zwar aufgrund vielfacher Erfahrung mit den Dingen.

Da man von den Zeitvoraussetzungen her mit dem Begriff »politisch« generell das wechselseitige Verhalten der Menschen untereinander verstand, entpuppt sich die höfische Lehre Graciáns als eine ausgesprochen politische Lehre. Weil die Menschen von der Gesellschaft abhängig waren, wurden sie einerseits zu einem Dasein der öffentlichen Darstellung genötigt, andererseits dazu, unter dem Druck des Konformismus die eigene Persönlichkeit zu bewahren. Für beides will Gracián den Menschen präparieren. Die gesellschaftliche Realität zwingt dazu, bei einer Kollision der Interessen mit der Ethik im Sinne der Interessen zu entscheiden. Gracián tritt damit auf als eine Art Machiavelli der Privatpersönlichkeit. Spätere Opponenten erhoben deshalb den Vorwurf, daß sich mit solchen Lehren keine sittliche Würde des Menschen begründen lasse, allenfalls eine ästhetische; die ursprüngliche enge Verwandtschaft des Moralischen mit dem Ästhetischen wurde dabei ignoriert. Wir stehen aber bei Gracián auch keineswegs an der Wiege der bestürzenden Einsichten von der Hinfälligkeit unseres Tuns, die den Fortschrittseifer des Menschen bis heute so opferwillig begleiteten.

Weil das Höfische bei Gracián eine Form der Verbindlichkeit zwischen den vergesellschafteten Menschen darstellt, nimmt es so entschieden an der Expansion des Politischen teil. Mit Politik wird jetzt nicht mehr ausschließlich Staatskunst gemeint. Politik erhält bei Gracián einen neuen Inhalt. Sie wird zu angewandtem Wissen vom Menschen. Dafür allein besitzt der Hof eine exemplarische Bedeutung, nicht seiner realen Geltung nach. »Hof« ist für Gracián das Versuchsfeld, auf dem sich seine Lebenslehre der praktischen Prüfung aussetzt. Der Hof ist Testbereich, nicht Vorbild. So wie durch Gracián das Politische vom rein Staatlichen abgelöst wird, so entfernt er auch das Höfische aus der empirischen Lage.

Die Erweiterung des Politischen hatte schwerwiegende Folgen. Graciáns Lehren gelten für jeden einzelnen. Jeder kann sie in seinem Lebensbereich anwenden. Gracián kleidet das in die Feststellung: »Alle Handlungen des Menschen müssen, wenn sie nicht die eines Königs sind, eines Königs würdig sein, je nach seiner Sphäre, ein königliches Verhalten also in den wohlverstandenen Grenzen seiner Verhältnisse. Man wird die Größe nicht zu beneiden haben, wenn man ihr selbst das Vorbild geben kann.«

Damit erhält das Standesdenken aus inneren Gründen seinen Abschied. Graciáns Konzept gewinnt sein eigentlich historisches Schwergewicht erst durch die Intentionen des Bürgers, der von seiner gesellschaftlichen Basis aus übergangslos daran anknüpfen kann. Verstärkt wird dies durch einen weiteren Hauptbegriff Graciáns, den Geschmack (gusto). Dieser ließe sich geradezu als Ausgangspunkt für seine gesellschaftliche Idealbildung verstehen. Gracián will einen bestimmten Menschen formen. Sein Bildungsideal besteht darin, daß der Mensch in jeder Situation die Distanz zu den Dingen behält, daß er bewußt, daß er kritisch zu unterscheiden und dann zu entscheiden weiß.

Beginn einer Epoche

Aufgrund dieser Differenzierungen muß die konventionelle Deutung von Graciáns Lehre als eines aristokratischen Lebensideals korrigiert werden. Im Grunde handelt es sich keineswegs um ein höfisches Ideal, wie es in der ersten Hälfte des 17. Jahrhunderts vor allem in Spanien, in Frankreich und in der Habsburger Monarchie bestimmend war. Zweierlei hebt sich in dieser Epoche, die ihr äußeres Gepräge durch den Dreißigjährigen Krieg erhielt, deutlich ab: Die fortschreitende Emanzipation vom Christlichen als einer sämtliche Bereiche bestimmenden

Macht, seine Eingrenzung auf einen eigenen Raum und damit die Säkularisierung des Hauptterrains – und die Ausweitung der politischen Prinzipiengeltung über die Hofkreise, die Aristokratie hinaus auf die ganze Gesellschaft.
Mit dem Konzept des Menschen, das Gracián entworfen hatte, begann eine neue Epoche. Der christliche Hofmann trat in den Hintergrund. Das Wesentliche dieses Ablösungsprozesses liegt darin, daß Gracián die Distanzierung von den ständischen Vorgegebenheiten nicht nur einleitet, sondern sie auch nahezu abschließt. Es wäre ungenügend, dabei lediglich von dem Ideal einer Bildungsgesellschaft im weitesten Sinn zu sprechen, da im geläufigen und überwiegend auch im fachlichen Interpretationsverständnis »gebildet sein« nichts anderes heißt als »theoretisch gebildet sein« – im Gegensatz zum politisch nicht nur gebildeten, sondern auch tätigen Menschen.
Hält man sich an die äußere Perspektive, so decken sich Graciáns Richtlinien der Menschenbildung mit den Tendenzen des Absolutismus und seiner entschiedenen Zurückdrängung des selbständigen Adels. Innerhalb des umfassenderen politischen Kontextes läuft demnach der Einfluß Graciáns in Europa mit der Geschichte des Absolutismus parallel; er spielt jedoch eine ebenso bedeutsame Rolle in der Vorgeschichte des dritten Standes.
Unter diesem Gesichtspunkt erhält der erwähnte Begriff des gusto sein politisch-historisches Gewicht. Im Unterschied zur späteren Entwicklung allerdings betont Gracián fast ausschließlich seine moralisch-intellektuelle Seite, nicht die ästhetische. Vor allem macht er wiederholt darauf aufmerksam, daß Geschmack die Urteilsfähigkeit des Menschen darstellt und daß sich daraus die Konsequenz seiner praktischen Anwendung ergibt, das heißt entsprechendes gesellschaftlich-politisches Verhalten. Damit wird nicht etwa nur ein Ideal entworfen, das eine neue Gesellschaft für sich akzeptiert, sondern im Zeichen dieses Richtwertes des »guten Geschmacks« bildet sich jene Formation, die als »gute Gesellschaft« eigene Standards setzt. Nicht mehr Geburt, nicht mehr Privileg und Rang sind Legitimationen, sondern als gesellschaftlicher Index gilt nunmehr die Gemeinsamkeit der Urteile – die Vorform dessen, was einige Jahrzehnte später, im 18. Jahrhundert, für die bürgerliche Gesellschaft und ihre Forderungen zum Indiz schlechthin wird: die öffentliche Meinung.
Graciáns Richtlinien erhielten in kurzer Frist gesellschaftliche Verbindlichkeit. Das hebt die Klugheitslehre weit über einen privaten Verhal-

tenskodex hinaus, auch über alle persönlichen Zweckanweisungen und ebenso über jede Individualpsychologie; als solche wurde sie oft genug, bis hin zu Schopenhauer, mißverstanden. Am augenfälligsten wird das an dem Begriff des gusto. »Guter Geschmack« meint vor allem die Fähigkeit, von sich selbst und seinen persönlichen Neigungen zu abstrahieren. Das Distanzierungsmoment zeigt, wie wenig Privates sich mit dem »guten Geschmack« verbindet, in welch hohem Grad er mithin ein gesellschaftliches Phänomen darstellt. Im »guten Geschmack« drückt sich immer die Allgemeinheit aus, er kann sich deshalb sogar entschieden gegen die eigenen persönlichen Vorlieben wenden. Ginge es nur um Geschmack, dann stünde tatsächlich lediglich die private Neigung zur Debatte, diejenige also, über die sich – wie Kant richtig feststellte – nur streiten, nicht aber disputieren läßt. Doch der bürgerliche Geschmack ist »guter Geschmack«. Erst durch diese Attribution rechtfertigt sich die Unzweideutigkeit des Urteils, das seinerseits vom Normenanspruch der bürgerlichen Gesellschaft getragen wird. Der Geschmacksbegriff, wie ihn Gracián entwickelte, gewinnt gesellschaftsbindende Wirkung.

Die plötzliche Berühmtheit Graciáns nach seinem Tod hat ihren entscheidenden Grund darin, daß erst jetzt, in der zweiten Hälfte des 17. Jahrhunderts, das effektiv *politische* Zeitalter anbricht. Kaum nötig zu betonen, daß »politisch« damals eine andere Bedeutung hatte als heute. Gemeint war damit das Leben innerhalb des Staates, zumal in seiner Dienstverfassung – des Hofdienstes, des Verwaltungs- und Beamtendienstes – und das Verhalten in der Gesellschaft. Vor allem die letzte Bedeutung wurde von Gracián außerordentlich vertieft, er entwickelte Politik als eine allgemeine Menschenwissenschaft, der Sache nach und modern ausgedrückt handelte es sich um eine politische Verhaltenslehre.

Neuwertung der Welt

Graciáns Schriften gaben den Anstoß zur Abfassung einer kaum übersehbaren Menge von ähnlichen Kompendien praktischer Lebensführung. Bemerkenswert sind weniger die Differenzen des Niveaus, sondern die neue Wertung der Welt, die sich in den einschlägigen politischen Romanen und Handbüchern auszudrücken beginnt und die der Sicht Graciáns rundweg entgegenlaufen. Erhalten bleibt nur sein Impetus: Regeln zu geben für das politische Verhalten. Das reicht bis tief ins 18. Jahrhundert und hält sich länger als die Klugheitslehre selbst. Es

geht vor allem bruchlos über in den pädagogischen Impuls, in das Bildungsstreben der Aufklärung.
Charakteristisch dafür sind in Deutschland die verschiedenen politischen Romane; am besten läßt sich die Tendenz schon bei Christian Weise (1642–1708) verdeutlichen. Nach seinem Studium wurde Christian Weise Sekretär des Grafen von Leiningen, des ersten Ministers Herzog Augusts von Sachsen-Weißenfels. Bei dieser Tätigkeit sammelte er Erfahrungen in demjenigen Bezirk des öffentlichen Lebens, der für das Bürgertum in aller Kürze immer bedeutsamer werden sollte, dem politischen Leben im absolutistischen Staat. Weise wurde anschließend Hofmeister und Erzieher zweier junger Barone und avancierte zum Professor für Politik, Rhetorik und Poesie an einem Gymnasium, dessen Lehrplan sich an dem einer Ritterakademie orientierte. Die an diesen Anstalten vermittelte Bildung hatte nichts mehr zu tun mit derjenigen der theologischen Lateinschulen, sondern war rein politisch ausgerichtet. Ziel war nicht der Gelehrte, sondern der Kavalier; die Schüler kamen aus dem Adel und dem gehobenen Bürgertum, sie sollten für den Staats-, Hof- und Militärdienst herangebildet werden.
Christian Weise entwickelte seine Bildungsideen vor allem in seinen satirisch-politischen Werken »Die drey ärgsten Ertz-Narren in der gantzen Welt« (1672), »Die drey klügsten Leute in der gantzen Welt« (1675) und im »Politischen Näscher« (1678). Das Schema ist dasselbe wie in der gesamten einschlägigen Literaturgattung und hält sich an den Aufriß, den Gracián in seinem »Criticón« entwickelt hatte: Ein junger Mann soll sich in der Welt umsehen und Erfahrungen sammeln; er unternimmt in passender Begleitung eine große Reise. Die Erfahrungsdurstigen beobachten das Treiben der Welt, analysieren es und tauschen ihre Meinungen darüber aus. Absicht des Unternehmens ist die politische Belehrung.
Gegenüber dem spanischen Vorgänger ist der belangvollste Unterschied die gänzlich andere Bewertung der Welt durch Christian Weise. Die irdische Welt ist nicht von Grund auf böse und verwerflich, nicht von sich aus schlecht. Weise disqualifiziert sie nicht mehr in einem spezifisch christlichen Sinn. Sie hat nur deshalb den Anschein des Verwerflichen und Feindlichen, weil sich die Menschen in ihr nicht richtig benehmen. Erst aus diesem falschen, irrigen Verhalten ergibt sich alles Böse und Verwerfliche.
Diese Akzentverschiebung ist wesentlich, denn in einer Welt, die von Grund auf böse ist, müssen auch die gesellschaftlichen Verhältnisse so

gut wie irreparabel sein. Wenn das Verwerfliche tatsächlich aber nur von den Menschen abhängt, kommt es lediglich darauf an, das System des Zusammenlebens zu verändern. Bis zu diesen Konsequenzen führt Christian Weise noch nicht. Er konstatiert vorerst nur das fehlerhafte Verhalten der Menschen, ist aber davon durchdrungen, daß sich das meiste bei relativ gutem Willen verbessern ließe. Allerdings sieht er sich außerstande anzugeben, wo der Angelpunkt der fehlerhaften Konstruktion liegt, das heißt: seine verhaltene Gesellschaftskritik ist sich ihrer noch nicht sicher; noch fehlt ihr das, was erst für die Hochaufklärung charakteristisch wird, die radikale Distanzierung von der aristokratischen Welt und das feste Vertrauen zu den eigenen Normen.

Zur Zeit Christian Weises begann sich das Bürgertum erst allmählich zu formieren. Was damals »bürgerlich« war, hing noch von der Struktur des Absolutismus ab. Gegenüber dem älteren Territorialstaat bedeutete der absolutistische Staat eine Ausdehnung der Verwaltung, eine Vergrößerung der Staatsmaschinerie, die eine Zunahme des Beamtentums bedingte, und zwar in einem so hohen Maß, daß der Stand des Beamten sich überhaupt erst etablierte. Dadurch aber entwickelte sich ein vollständig neuer Lebensraum.

Der Absolutismus mußte zu seiner Konsolidierung zwangsläufig den Adel genauso in den Staat einbeziehen wie den Bürger. Das bedeutete für beide eine Reduktion der ständischen Autonomie. Für den Adel wurde dies identisch mit einer Depotenzierung, für den Bürger mit einer Aufhebung seiner regionalen Isolierung in der Stadt. Was beide Stände verband, war der Umstand, daß sich jetzt Staatsdienst als eine lebensumspannende Aufgabe präsentierte, die einen neuen, weltlichen Sinn enthielt, nämlich den der Vorsorge für das Diesseits, einer Vorsorge, die der Mensch selbst übernahm.

Dieselbe Vorsorge steht auch bei Christian Weise im Mittelpunkt. Der Mensch soll zum Leben in dieser Welt tüchtig werden. Das setzt eine Berechnung des zu Erwartenden voraus, den Versuch, mögliche Störungen durch prospektive Handlungen abzufangen und dadurch auszuschalten. Politisches Kalkül und Abschirmung gegen außermenschliche Schicksalskräfte befinden sich auf der gleichen Ebene. Dieselbe Tendenz tritt in einem Buch von Christian Thomasius hervor, demjenigen Mann also, der Gracián in Deutschland einführte. Es wurde 1705 veröffentlicht und trägt den ansprechenden Titel: »Kurtzer Entwurff der politischen Klugheit, sich selbst und anderen in allen menschlichen Gesellschaften wohl zu raten und zu einer bescheidenen Conduite zu gelangen«. Auch in diesem Werk umfaßt das »Politische« das ganze Leben, nicht nur einen abgespaltenen Bereich; auch hier ist von einer Verdammung der Welt keine Rede. Um sich in der gesellschaftlichen Welt zurechtzufinden, ist nichts weiter nötig als politische Berechnung. Kein Wunder, daß plötzlich Beruf und Arbeit eine nie gekannte Wertschätzung erhalten. Der Sinn der Welt, so wie er sich in bürgerlicher Sicht präsentiert, versteht sich aus immanenten Bedeutsamkeiten und Aufgaben – und nicht mehr aus den Wahrheiten des Glaubens.

Auf eine Formel gebracht: Im Absolutismus tritt das Bürgertum, aus dem sich auch der neue Beamtenadel rekrutiert, dem Feudaladel zum erstenmal in unmittelbarer Konkurrenz gegenüber. Es entdeckt seinen Eigenwert, und zwar im Sinne einer Ebenbürtigkeit. Dieser Bruch mit jahrhundertealten Traditionen wird ihm durch das rationale Naturrecht erleichtert. Nicht lange, und der Bürger bekämpft die traditionellen Verbindlichkeiten und Normen im Namen *der* Vernunft und damit meint er *seine* Vernunft. Ebenso schnell wird aus der kritischen Geste die fordernde Geste, werden Ansprüche erhoben, die man auch rechtlich zu fundieren in der Lage ist, genauso wie man sie normativ legitimieren kann.

Kritik ist weithin fast identisch mit »Aufklärung«. Sie stellt einen Sachverhalt ins rechte Licht, klärt den Nichtinformierten auf, vermittelt ihm ein besseres Wissen davon. Von hier bis zur Bildung – man braucht nur an Verbindungen wie Urteilsbildung, Meinungsbildung und ähnliche Zusammensetzungen zu denken – führt ein gerader Weg. »Bildung« war die oberste Norm, die der Bürger dem Adel entgegenstellte. Seine Vorgeschichte bis zum 17. Jahrhundert wirft nochmals ein Schlaglicht auf das, was Gracián an »politischer Bildung« lehrte.

Seit der Reformation hatte sich die Unterscheidung zwischen regnum spirituale und regnum politicum eingebürgert. Aber von Luther über Calvin bis zu Hobbes wird daraus der innerweltliche Gegensatz zwischen einer privatisierten Gesellschaft und einer politischen Obrigkeit, im englischen Bereich das Gegenüber von society und government. Hinter diesem Antagonismus steckt der Gegensatz von Innen und Außen, und sobald dieser Gegensatz einmal akzeptiert wurde, hatte man auch dem Postulat der Überlegenheit des Inneren zugestimmt. Schon Erasmus stellte der extravertierten Lebensweise des Adels die Beschäftigung mit inhaltsreicher Kontemplation entgegen. In einer Widmung wies er einen jungen Prinzen darauf hin: »Mögen andere Löwen, Adler, Stiere und Leoparden auf ihre Wappen malen, – mehr wahren Adel besitzen

die, welche auf ihren Schild das einzeichnen können, was sie in den artes liberales erworben haben.«
Was sich in der Zeit des 17. Jahrhunderts dem illiteraten Adel als der bis dahin herrschenden Öffentlichkeit entgegenstellt, enthält seinem Anspruch nach die entschlossene Intention, selbst Öffentlichkeit zu werden. Im 18. Jahrhundert wurde dies spätestens in dem Moment der Fall, in dem Kritik nicht mehr privates Geschäft blieb, sondern als öffentliche Meinung der herrschenden öffentlichen Gewalt opponiert.
Versucht man, von dieser Problemstellung aus das ganze 17. Jahrhundert unter eine einzige Perspektive zu bringen, so ergibt sich etwa das Ergebnis: Der große Krieg, der 1618 begann, hatte nach seiner ersten Phase kaum noch etwas mit den Religionskämpfen des vorherigen Jahrhunderts zu tun. Sein Ablauf war dadurch charakterisiert, daß die theologischen Probleme Zug um Zug in den Hintergrund gedrängt wurden und er sich immer unverhüllter als politischer Machtkampf zu erkennen gab. Deshalb bedeutet, von allen Einzelveränderungen abgesehen, das Ende des Dreißigjährigen Krieges die Ablösung der früheren republica christiana durch ein System gleichberechtigter, politisch weitgehend autarker Staaten. In der Strukturierung machen sich jetzt die Konsequenzen bemerkbar, zu denen Machiavelli und der große Staatstheoretiker Jean Bodin gekommen waren. Unter der Perspektive des Staates bedeutet die geforderte Souveränität und ihre Verwirklichung die Durchsetzung des Absolutismus. Unter der Perspektive der Aktion aber bedeutet es die Verselbständigung des Politischen.
Das Prinzip, das sich hier im staatlich-politischen Bereich etabliert, findet bald seine Entsprechung in den Bezirken der Einzelpersonen, zumal, wenn sie sich als Glieder und Repräsentanten von Gruppen, von einer gesellschaftlichen Klasse – eben der bürgerlichen – verstehen. Im 17. Jahrhundert handelt es sich mithin um komplementäre Bewegungen, Verhaltens- und Normierungsrichtungen, um Antriebe und Veränderungen im öffentlich-politischen Raum einerseits und im privaten Bezirk andererseits. Aus der Wechselwirkung entstand im Verlauf weniger Jahrzehnte ein Antagonismus. Denn die Antriebe waren zwar dieselben, nicht aber die Intentionen. Man darf mit triftigen historischen Gründen sagen, daß die spätere bürgerliche Revolutionierung der Sache nach in statu nascendi hier, bei Gracián und der Folgeentwicklung, aufzufinden ist. Dem objektiv gerichteten, klassischen Begriff der Revolution tritt im ausgehenden 17. Jahrhundert ein anderer zur Seite, bei dem die politischen Handlungen von den Personen nicht zu trennen

waren – Revolution also nicht als Naturereignis, sondern als Ergebnis handelnder Absicht und politischer Berechnung.
Damit war der Auftakt zur modernen Zeit gegeben. Der historischen Problemstellung und der prinzipiellen Frage nach hat die Ausgangslage bis heute kaum an Aktualität verloren, der Frage nämlich: Ob sich die Teilnahme des einzelnen am Gemeinwesen nicht nur rational begründen, legitimieren und theoretisch ausformulieren, sondern auch praktisch um- und durchsetzen läßt – wenn nicht maximal, so doch optimal.

Ernst Moritz Arndt – Das Entstehen des deutschen Nationalbewußtseins

Am zweiten Weihnachtsfeiertag des Jahres 1969 hätte man in der Bundesrepublik den 200. Geburtstag von Ernst Moritz Arndt feiern – oder, bei gelinderem Temperament, sich seiner erinnern können. Der Konjunktiv ist mit Absicht gewählt, denn man hat sich bei uns um dieses Datum herumgewunden, man hat das patriotische, nationale, ideologische, politische Phänomen Arndt in den ungefährlichen Bereich der Bundespost transferiert. Die Gedenkmarke hat die Konfrontation ersetzt. Daß man so wenig Notiz von ihm genommen hat, zeigt, wie brennend aktuell dieser Mann noch immer ist.
Ein solches Ausweichen ist nicht überraschend. Es ergibt sich zwangsläufig aus unserem Verhältnis zur jüngsten deutschen Geschichte, genauer: es handelt sich kaum noch um ein Verhältnis, ganz zu schweigen von einem Liebesverhältnis, sondern bestenfalls um die Peinlichkeit einer geschiedenen Ehe, bei der die Partner noch die gleiche Wohnung teilen müssen. Man könnte den Faden weiterspinnen und den Verdacht äußern, daß vielleicht – auf einer anderen Ebene – auch der Stacheldraht von der Lübecker Bucht über Thüringen bis zum Vogtland und Fichtelgebirge diese Trennung von Tisch und Bett versinnbildlichen soll.
Warum gerade Arndt? Steht uns eine solche Figur mit ihren vielen verqueren Reminiszenzen nicht so fern wie nur möglich, läuft das nicht zwangsläufig auf die Beschwörung eines Toten hinaus, den man nach seinem Ableben vor gut einhundert Jahren periodisch zu den Unsterblichen versetzt und periodisch wieder totgeschlagen hat? Arndt, der fanatische Patriot, der besessene Prophet eines deutschen Nationalbewußtseins in einem Einheitsstaat – was soll das zum gegenwärtigen

Moment, da wir uns erst ganz langsam an den Gedanken gewöhnt haben, bis auf weiteres zwei deutsche Staaten zu akzeptieren, und ein »Nationalbewußtsein« nur noch irgendwo zwischen Großmütterchens Märchen und rechtsradikalen Prügelknaben rangieren lassen? »Einheit der Nation«: bedeutet das für einen Großteil der Bewohner der Bundesrepublik massiv und greifbar etwas anderes als der flaue Briefwechsel zwischen hüben und drüben? Die Gleichgültigkeit, mit der wir derlei hinnehmen oder journalistisch intellektualisieren, wobei sich nichts bewegt außer den Tasten der Schreibmaschine, hat nur deshalb so unglaubliche Dimensionen, weil wir um eines höchst privaten Durchstehvermögens willen auf jedes überpersönliche Selbstbewußtsein verzichtet haben, weil wir der Geschichte nicht ins Gesicht sehen und diese engstirnige Abstinenz auch noch als rational und fortschrittlich bezeichnen.

Warum also Arndt? Ist er wirklich mehr als ein Kuriosum deutschen Bardentums? Gehört er etwa zu den großen Männern der Geschichte, zu den Helden, wie man früher sagte, hat er die Geschichte nicht nur beeinflußt, sondern auch wirklich gestaltet? Die Antwort darauf ist ein klares Ja, und diese Antwort ist völlig unabhängig davon, wie der einzelne sich dem Problem deutscher Nationalität stellt.

Jede Nation hat, bis heute, ihre Heroen, ihre großen Gestalten gehabt; sie mußten nicht gleich Nationalheilige sein. Die Selbstverständlichkeit aber, mit der die Franzosen ihr Panthéon besuchen oder die Engländer auf dem Trafalgar Square zu Nelson emporblicken, fällt den Deutschen bei ihrer Walhalla nicht ganz so leicht. Das hat wenig mit geographischen Schwierigkeiten zu tun; das Hochufer bei Donaustauf ist freilich nicht so zentral gelegen wie das Panthéon, dicht bei der Sorbonne, oder die Nelson-Säule im Herzen Londons. Es hat sehr viel mehr mit den Komplikationen des nationalen Innenlebens zu tun, die uns seit vielen Jahrzehnten zu schaffen machen und die inzwischen so chronisch geworden zu sein scheinen, daß man sie fast schon als spezifische Eigenart »des Deutschen« ansehen könnte, wie es sich in unserem Jahrhundert manifestiert hat.

Kurz gesagt: Die Walhalla wird bestenfalls als ein Bauwerk akzeptiert, dessen ehrwürdiges Alter von bald eineinhalb Jahrhunderten unserem empfindsamen Selbstverständnis nichts Unbilliges aufdrängt. Mit der Befreiungshalle bei Kelheim allerdings wird es delikat; sie ist nicht nur etwas jüngeren Datums, sie ist nicht wie die Walhalla ganz allgemein dem Gedächtnis der großen Deutschen gewidmet, sondern sie ist zur

Erinnerung an ein massives Politikum errichtet worden. Und deshalb
erinnert man sich ihrer so ungern.

Neutralisierung der Geschichte

So wie die Geschichtswissenschaft, unter anderem, die öffentliche und
organisierte Erinnerungsinstitution einer Gesellschaft ist, so kann jeder einzelne mit Hilfe der Geschichte selbst Bilanz ziehen, seine Vergangenheit resümieren. Die Gefühle der Herausforderung überwiegen
dabei heute die Chancen der Selbsteinsicht. Deshalb unterläßt man es
entweder ganz, oder man benützt den Trick der historischen Relativierung. Dem Kleist der »Hermannsschlacht« oder der Verse:

> Alle Triften, alle Stätten
> färbt mit ihren Knochen weiß,
> welchen Rab und Fuchs verschmähten,
> gebet ihn den Fischen preis; ...
> Schlagt ihn tot! Das Weltgericht
> fragt euch nach den Gründen nicht!

diesem Kleist konzedieren wir seinen Franzosenhaß nicht ohne Rücksicht auf seinen traurigen Tod am Wannsee. Fichtes »Reden an die
Deutsche Nation« interpretieren wir als »ideal gemeint« oder entschuldigen sie mit der geschichtlichen Situation. Vor allem in diesem
Kunstgriff sind wir Meister geworden: Gestalten oder Tatbestände
restlos aus der historischen Lage zu erklären, ihre Wirkungslinien so
kurz wie nur möglich zu halten, die Konnexe zur Gegenwart weitgehend zu verdünnen, keinerlei überzeitlichen, also womöglich noch
immer provozierenden Gehalt anzuerkennen und dadurch jedes Ereignis vor allem unserer politischen Geschichte keimfrei, also auch uninteressant zu machen. Nichts hat den Sinn für die Geschichte so sehr
abgestumpft wie diese Deutungen rein aus der geschichtlichen Lage,
diesem prächtigen Mittel zur Neutralisierung aller überschüssigen
Säure.
Auch bei Ernst Moritz Arndt drängt sich dieses Verfahren auf, gerade
bei ihm. Ein großer Deutscher, groß unter den Voraussetzungen und
Zwängen seiner Zeit, ansonsten etwas komisch mit seinem fülligrollenden Pathos, dieser Volksmann und Troubadour der Deutschheit,
wie er da am Rhein Wache hielt, beschützt und gesegnet von dem

Gott, der Eisen wachsen ließ. Schon weniger komisch erscheint es, daß viele seiner Lieder buchstäblich Volkslieder geworden sind. Nun war ja Arndt tatsächlich ein Mann des Volkes, er war es durch und durch. Das gilt mit allen Nebenassoziationen, die zu dem Begriff des Volkes und des Völkischen gehören, wie er von Herder und der Romantik geprägt worden ist, vor allem dem einfachen Volk mit seinen derben Sitten, seinem Brauchtum, seinen Spukgestalten, Vorurteilen, Beschränkungen. Ganz zutreffend schrieb der siebzigjährige Arndt: »Für die Bauern hatte ich meinen ersten Auslauf getan, für sie meine ersten Sträuße ausgeteilt und zurückempfangen. Sie sind auch bis auf den heutigen Tag ein immer ernsterer Gegenstand meines Nachdenkens geworden und werden es von Tage zu Tage mehr.«

Herkunft und Entwicklung

Ganz im Gegensatz zu fast allen Romantikern ist der Romantiker Arndt von demjenigen Volksboden her, den die Landwirte bearbeiten, zum romantischen Geist gelangt, und nicht umgekehrt wie die Schlegel, Tieck, Novalis über den Intellekt und den Geist zu Waldeslust und Erntefest. Arndt entstammt einem vorpommerschen Bauerngeschlecht, 1769 – im gleichen Jahr wie Napoleon – wird er auf der Insel Rügen geboren; er ist demnach gebürtiger Schwede.

Die Ahnen von Ernst Moritz Arndt sind keine Herren gewesen. Sein Großvater war ein leibeigener Schäfer, auch sein Vater war Leibeigener und wurde erst spät von seinem Herrn, dem Grafen Malte Putbus, freigelassen. Er avanciert zum Inspektor der südlichen Güter auf Rügen und wird schließlich Pächter. In dieser Umwelt wächst Ernst Moritz Arndt heran, er ist Hirtenjunge, Roßbube, Bote, später Jagdhelfer. Er kennt sich nicht anders als eins mit den Wiesen, den Äckern, Wäldern, dem Meer.

Sein Vater ist schließlich wohlhabend genug, um seinen Sohn von einem Hauslehrer unterrichten lassen zu können. Zum Abschluß wird er auf das Gymnasium in Stralsund geschickt. Für Arndt bedeutet das eine Zäsur. Nicht das Lernen, die Bücher drücken ihn. Die Art der kleinstädtischen Gesellschaft setzt ihm zu, sie quält ihn bis zum Ausbruch. An einem Herbstnachmittag des Jahres 1789 verläßt er die Stadt, übernachtet bei einem Hirten, wandert weiter nach Südosten, um Greifswald herum, und versucht, auf einigen Gütern als Schreiber unterzukommen. Er wird durch Zufall erkannt, sein Vater läßt ihn zurückholen und

stellt ihm frei, welchen Beruf er wählen und wo er leben will. Arndt bleibt noch eineinhalb Jahre daheim.
Das ist nicht als anekdotische Episode zu nehmen. Für Arndt war es eine charakteristische Reaktion bei diesem ersten Zusammenstoß mit der Welt, nicht nur der Welt außerhalb seiner Insel, sondern der gesellschaftlichen Welt schlechthin. Er hat in dieser Zeit auch mit den Kräften und Trieben seines Körpers fertigzuwerden, er macht tagelange Märsche, schläft unter freiem Himmel, auf Brettern, neben einem Heuhaufen. Andererseits ist die Flucht aus Stralsund für ihn doch auch eine Abqualifikation des Ranges von Bücherweisheit und Zerebralgelehrsamkeit. Unter sinnvoller Tätigkeit hat er etwas anderes verstanden, vor allem unter Tätigkeit, die mit Wirkung verbunden war. Später fällt sein Entschluß doch zugunsten des Studiums aus, es ist ein »Durchgangsstadium«. Auf die Universität Greifswald folgt Jena, er studiert Theologie, wird für eineinhalb Jahre Hauslehrer in Rügen, legt 1796 das theologische Examen ab. Dann gibt er dem nach, was er selbst als seinen damals mächtigsten Trieb bezeichnet hat, der »von Tag zu Tag leidenschaftlicher« wurde, nämlich »Kenntnis von Land und Menschen« zu gewinnen.
Vom Frühjahr 1798 bis tief in den Herbst 1799 reist er durch Europa, meistens zu Fuß, in einer großen Schleife durch Ungarn, Italien, Frankreich und Deutschland. Das war nicht die obligate Bildungsreise eines Kavaliers, so wie sie zehn Jahre zuvor der junge Freiherr Wilhelm von Humboldt unternommen hatte, es war nicht freiherrlich, schreibt Arndt, aber »doch zuweilen herrlich«, keine Wallfahrt zu Kunst und Kultur, er folgt nur seinem »naturhistorischen Trieb«, aber immerhin, er hält es auch für einen »Einfall von Gott«: »In mir lag ein dunkles Ziel, ich habe die Dinge, Menschen und Völker dieser Welt sehen und erkennen gelernt.«
In ganz Europa aber hat er auch, fast auf Schritt und Tritt, die Wirkung Napoleons kennengelernt. In einem kurzen Bogen spannt er die Erfahrungen weniger Jahre, in denen es für ihn kein anderes Thema und kein anderes Zentrum mehr gegeben hat, in ein paar Urteile zusammen – zunächst noch verhältnismäßig indifferent: »Ich sah die herrische Gestalt der Zeit sich schwingen und fortschwingen.« Hierin drückte sich noch nicht einmal Unmut aus. Arndt betrachtete sich damals noch weit mehr als Schwede, denn als Deutscher: »Aber nach der Schlacht von Marengo wandelte mich ein Grauen an vor dieser Gestalt... Es schien ein unbewußtes Grauen vor dem Jammer der nächsten zehn Jahre zu

sein.« Anläßlich des Friedens von Lunéville wurde Arndt schon von Zorn und Wut geschüttelt, nicht zuletzt wegen der Bestätigung der Rheingrenze. Und »die Jahre 1805 und 1806 rissen endlich die letzten Stützen nieder«, so die Worte Arndts. Damit resümiert und spiegelt er die ganze innere Situation Deutschlands; erst jetzt, da nun alles »in einem großen gemeinsamen Jammer über- und untereinander hingeworfen« war, »als Österreich und Preußen nach vergeblichen Kämpfen gefallen waren –, da erst fing mein Herz an, sie und Deutschland mit rechter Liebe zu lieben und die Welschen mit rechtem treuen Zorn zu hassen.« Arndts Fazit: »Als Deutschland durch seine Zwietracht nichts mehr war, umfaßte mein Herz seine Einheit und Einigkeit.«

In diesen beiden Jahren entsteht der erste Teil der berühmtesten Schrift Ernst Moritz Arndts, der »Geist der Zeit«, ein Buch, in dem es geradezu kocht und dessen Wirkung in Deutschland weit stärker gewesen ist als die der vielberufenen »Reden an die Deutsche Nation«, die Fichte eineinhalb Jahre später in Berlin hält. In der Diktion der Zeit »entzündete das Buch Flammen der Begeisterung«. Im Sommer 1806 fließt das erste, aber auch das einzige Mal das hitzige Arndt-Blut zur höheren Ehre der Nation; er duelliert sich mit einem schwedischen Offizier, der sich abfällig über das deutsche Volk geäußert hat. Arndt wird so schwer verletzt, daß er zwei Monate liegen muß.

Das Verhängnis Napoleon

Diese wenigen Etappen dürften als paradigmatisch gelten. Vor allem aber ist die eben zitierte Bemerkung Arndts von zentraler Bedeutung: »Als Deutschland durch seine Zwietracht nichts mehr war, umfaßte mein Herz seine Einheit und Einigkeit.« Der Auslöser der Zwietracht wird hier nicht genannt, er gehörte aber trotzdem zu diesem Bekenntnis, das sich schnell in ein Programm verwandelte. Denn Ernst Moritz Arndts ganzer Lebenssinn ist ex negativo entstanden. Seine Kräfte, seine leidenschaftlichen Kämpfe für die politische Veränderung und nationale Vereinigung haben sich durch und in der Abwehr entwickelt, im Kampf gegen Napoleon. Was wäre Arndt ohne ihn gewesen, diesen höllischen Widersacher, den »Satan mit seinen banditischen Rotten«, wie er ihn genannt hat? Nichts wäre er gewesen, nicht mehr als ein heiliger Antonius ohne Versuchungen.

Für Arndt und die deutsche Freiheitsbewegung war der französische Kaiser weit mehr als nur ein militärischer Usurpator, er ist von ihnen zur

Symbolfigur erhoben worden. Es hat seine ungeheuren geschichtlichen Folgen gehabt, daß das nicht nur für Arndt gilt, nicht nur für die preußischen Reformer und die vaterländischen Akteure der Freiheitskriege, sondern auch für den Patriotismus und das Nationalgefühl in ganz Deutschland.

Napoleon drückt allem, was die Initiatoren und Agitatoren der deutschen Erhebung tun, seinen Stempel auf. Das ist nicht nur rein äußerlich zu verstehen, auch wenn alles, was bis zur Verbannung nach St. Helena geschieht, von Bonaparte in Gang gesetzt wird. Es ist auch vom Inneren her so zu sehen, denn wir kommen nicht an dem Tatbestand vorbei, daß deutscher Patriotismus, deutsches Nationalbewußtsein, deutsche Staatsgesinnung, deutscher Freiheitswille erst durch Napoleon erzeugt worden sind.

Deshalb ist auch Arndts Ablehnung des Kaisers kein Problem persönlicher Gefühle; niemals hat er in diesem Widerpart die Größe geleugnet, und keiner der bedingungslosesten Verehrer Napoleons hat ihn jemals besser geschildert als sein bedingungslosester Gegner Arndt. Er verdammt den Kaiser mit einer Leidenschaft, die von schrankenloser Bewunderung nicht mehr zu unterscheiden ist: »Man darf den Fürchterlichen so leicht nicht richten, als es die meisten tun in Haß und Liebe. Die Natur, die ihn geschaffen hat, die ihn so schrecklich wirken läßt, muß eine Arbeit mit ihm vorhaben, die kein anderer so tun kann. Er trägt das Gepräge eines außerordentlichen Menschen, eines erhabenen Ungeheurs, das noch ungeheurer scheint, weil es über und unter Menschen herrscht und wirkt, welchen es nicht angehört ... Bonaparte, der Ernste, Strenge und Fürchterliche, stand da wie eine fremde Kraft außer dem Volke, wie ein mächtiges Verhängnis, was seiner nicht zu bedürfen schien, aber durch gewaltige Erinnerung mit ihm zusammenhing. Abgeschieden wie ein Gott, ernst und schimmernd, stellte er sich hoch über alle, und keine Stufen führen von dem Schemel seines gebückten Sklaven zu seinem kolossalischen Thron.«

Preußen

Das zweite, wesentliche Moment ist der preußische Staat gewesen. Kein Zweifel, man konnte gegen Preußen haben, was man wollte, und Arndt hatte eminent viel gegen die friderizianische Beamtenmaschine. Aber sogar nach Jena und Auerstedt (1806) ist Preußen noch immer der einzige bedeutende *deutsche* Staat gewesen und deshalb wohl oder übel auch der einzige Punkt, an dem sich der Hebel politischen Handelns ansetzen ließ. Neben Napoleon bildet Preußen das zweite große Faktum für Arndt und die Freiheitskämpfer. Preußen gibt aber gewissermaßen nur das Terrain her, auf dem als Antwort auf die napoleonische Herausforderung das deutsche Nationalkonzept seine Konturen gewinnt, mit dessen Rückendeckung Arndt, wie er selbst sagt, »seine hochpolitischen und hochmenschlichen Ideen eines eigenen, einigen Volkes entwickelt«. Napoleon bleibt dabei bis zum Ende die Achse, das Zentrum nicht nur von Arndts Denken und Agieren. »Der Mensch ist am Boden«, sagte der Freiherr vom Stein höchst unsentimental, nachdem Paris erobert worden war. Aber mit diesem Sieg lagen sie selbst am Boden, Stein, Arndt, Gneisenau, Görres, Jahn und wie sie alle hießen, die seit 1813 mit jedem Sieg, der gegen Napoleon erfochten wurde, sich auch dem Zusammenbruch der eigenen Hoffnungen, Pläne, Wünsche und Träume unwiderruflich Schritt um Schritt näherten.

Der Weg Arndts und der Freiheitskämpfer ist tatsächlich bis zur letzten siegreichen Schlacht nur eine Serie von Niederlagen. 1808 kapituliert Preußen vollständig; Stein muß nach einem Jahr auf Befehl Napoleons gehen; die preußischen Reformen werden nur in ihren Ansätzen verwirklicht; Napoleon bricht mit Hilfe deutscher Truppen den letzten Widerstand Österreichs; Tirol wird von bayerischen Soldaten gebändigt. 1812 sind die Träger der Freiheitsidee als Flüchtlinge über ganz Europa zerstreut, die Hauptakteure mit Stein und Arndt an der Spitze sitzen in Rußland; gegen dieses Rußland und damit gegen sie, die überwiegend zu Preußen gehören, zieht das komplette preußische Heer unter napoleonischen Fahnen.

Wie sieht es im Sturmjahr 1813 aus, ist es das Jahr der großen Umkehr? Es kann keine Rede davon sein, daß sich auch nur ein Bruchteil von dem verwirklicht, was Arndt und seine Freunde sich erhofft hatten, nämlich der »große Aufstand über ganz Deutschland« hin. Der Geist der Erhebung ist nur an zwei Orten wirklich konkret geworden: in der damaligen schlesischen Armee und Jahrzehnte später in den deutschen Schulbüchern. Man muß daran erinnern, daß der so hochgepriesene Entschluß zur Konvention von Tauroggen durchaus nicht die Tat eines »Helden« gewesen ist, die um so etwas wie einer höheren preußischen oder gar deutschen Pflicht wegen begangen wurde. Vielmehr hat dieser General Graf Yorck, der Befehlshaber der preußischen Truppen, mühselig von Clausewitz dazu überredet werden müssen. Yorck schrie noch Minuten vor dem endgültigen Ja Clausewitz ins Gesicht: »Bleibt mir vom Leibe, ich will nichts mehr mit euch zu tun haben!« Sicherlich, der Entschluß war schwer, er wog um so schwerer, als für Yorck der Sache nach nicht die Franzosen die Todfeinde waren, sondern die Männer der preußischen Reform und der deutschen Erhebung.

Die folgenden drei Jahre ändern nichts an diesen inneren Fronten. In der Schlacht bei Belle-Alliance (Waterloo) wurde nicht nur Napoleon unwiderruflich vernichtet, sondern dieser Sieg der Verbündeten bedeutete zugleich die Vernichtung der deutschen Freiheitsbewegung. Es gehört zu den merkwürdigsten Paradoxien der damaligen Zeit, daß die stärksten Hasser Napoleons weit mehr zu seiner Welt gehörten als zu derjenigen, die schließlich über ihn triumphierte und die auf dem Wiener Kongreß Europa wieder in den vorrevolutionären Zustand des Ancien régime zurückzuversetzen versuchte. Dort, in Wien, hatten sich die Repräsentanten des Radikal-Restaurativen zusammengefunden, und es ist von einer beklemmenden Ironie, wie Gneisenau und seine Mitarbeiter – als ihnen klar wird, was in Wien geschehen soll –, den bitterernsten Plan entwerfen, Napoleon schleunigst von Elba zurückzuholen, um mit ihm zusammen dieses Wiener Gespensterfest, auf dem sie ihre wirklichen Erbfeinde entdecken, auseinanderzutreiben. Arndt verfaßt zur gleichen Zeit die Flugschrift »Der deutsche Bund wider das deutsche Reich«; als letzte Chance bleibe den Deutschen nur noch die Gewalt: »Was ihr hoffen könnt ist Krieg, weil von nun an der Streit über die Oberherrschaft in Deutschland beginnen kann und wird und muß!«

Den Schlußstrich unter die mörderische Haßliebe zwischen den deutschen Freiheitskämpfern und Napoleon zieht der Kaiser selbst auf St. Helena mit der melancholischen Feststellung: »Hätte mich das Geschick zu einem deutschen Fürsten gemacht, dann hätte ich dieses Volk aus den Stürmen unserer Tage unter *ein* Zepter gerettet. Dreißig Millionen Deutsche umstanden meinen Thron, und wie ich sie zu kennen glaube, so hätten sie mich, wenn ich einmal von ihnen erhoben und gewählt worden wäre, nicht verlassen. Als ihr Kaiser würde ich nicht nach St. Helena gekommen sein.« Dazu gehört die parallele Klage Arndts: »Weil der Nationalgeist fehlt, ist ein Volk von 30 Millionen Menschen der Spott Europens geworden.«

Daß es so kommen würde, war für Arndt schon längst vor dem Wiener Kongreß abzusehen. Er hat als einer der ersten begriffen, daß die Früchte der deutschen Erhebung diplomatisch schon unwiderruflich verloren waren, noch bevor man sie überhaupt militärisch gepflückt hatte. Steins

Plan einer Zentralverwaltung aller befreiten und zunächst herrenlosen deutschen Gebiete bleibt ein Phantasieprodukt, und damit wird das Konzept eines deutschen Staates, der alle Länder außerhalb Preußens und Österreichs mit umfaßte, zu einer Chimäre. Auch über Steins Entwürfen steht als Motto das Hohnwort des preußischen Königs, mit dem er das Aufstandsprojekt Gneisenaus vom August 1811 abtut: »Als Poesie gut!«
Gneisenau hat sich zu einer berühmt gewordenen Replik hinreißen lassen, die in ihrer zornigen Bravour von Arndt hätte stammen können: »Religion, Gebet, Liebe zum Regenten, zum Vaterland, zur Tugend sind nichts anderes als Poesie, – keine Herzenserhebung ohne poetische Stimmung. Wer nur nach kalter Berechnung handelt, wird ein starrer Egoist. Auf Poesie ist die Sicherheit der Throne gegründet.«

Die herrschenden Stände

Tatsächlich existierte ja auch die deutsche Nation zunächst nur in den Köpfen von Stein und Arndt und einer Handvoll anderer, in den Köpfen und in ihren Sinnen. Insofern hatte auch der König recht: Als Poesie gut – das galt in verletzender Treffsicherheit auch für Arndt und die ganze deutsche Nationwerdung. Wie bezeichnend ist es doch, daß Arndt nur so lange der gewaltige Publizist, der große Sänger und Poet war, solange er es durch den fremden Zwang noch nicht »bei sich selbst« sah und vor allem: solange er noch glauben konnte, daß der Todfeind des Deutschtums Napoleon war und nicht, wie er ab 1813 zu begreifen begann, die fürstliche Obrigkeit.
Von allen Freiheitskämpfern hat Arndt die schonungslosesten, die direktesten Worte gebraucht. Er hat schon wegen der gegebenen Distanz am unbefangensten und heftigsten über die Herrscher geurteilt, lange bevor er mit Stein oder Gneisenau bekannt geworden und dadurch in einen engeren Kontakt zum Geist der Höfe gekommen ist. In Arndts Formulierungen drückt sich vollkommen die Stimme des Untertanen aus, der sich nicht mehr als Untertan fühlt, sondern als freier Mann. »Es ist Zeit«, schreibt er nach Jena und Auerstedt als Flüchtling in Schweden an die Adresse der Fürsten, »es ist Zeit, daß das Geburtsrecht verrufen werde und das Naturrecht herrsche, weil die Welt sonst untergeht ... Jedes Große und Tapfere, wo es sich findet, muß aus dem Volke frei ausgehen und den geradesten und geschwindesten Weg zu seiner Herrlichkeit laufen dürfen. Ich sage, die Aristokratie der Geburt ist veraltet,

sie ist ein Verbrechen an dem Zeitalter, sie ist eine Hilflosigkeit in der Not, sie ist die Hemmung der letzten Anstrengungen, welche die Gegenwart zu ihrer Erlösung machen könnte.« Noch schärfer hatte er schon im »Geist der Zeit« geurteilt: »Deutsche Fürsten, ihr schreiet in eurer Not zur deutschen Nation, ihr gebärdet euch, als wenn ihr an eine solche glaubtet. Verbrecher an ihr, ihr habt sie nie geglaubt, sie nie geliebt noch gekannt! Daß keine mehr da ist – es ist euer Werk.«
Das deckt sich mit den Urteilen der späteren Freunde Arndts. Auch für Stein und Gneisenau liegt in der inneren Korruption der herrschenden Stände das entscheidende Hindernis für die Einigung der Nation. Es gibt eine klassische Szene dafür: Die Franzosen ziehen aus dem niedergebrannten Moskau ab. Auf einem Festbankett zur Feier dieses Rückzugs sagt die Zarenmutter, die frühere Prinzessin Dorothea Auguste von Württemberg, zum Freiherrn vom Stein: »Wenn jetzt noch ein französischer Soldat durch die deutschen Grenzen entrinnt, so werde ich mich schämen, eine Deutsche zu sein.« Stein erhebt sich, »im Gesichte rot und längs seiner großen Nase vor Zorn weiß«, er verneigt sich und antwortet: »Ew. Majestät haben sehr unrecht, solches hier auszusprechen, und zwar über ein so großes, treues, tapferes Volk, welchem anzugehören Sie das Glück haben. Sie hätten sagen sollen, nicht des deutschen Volkes schäme ich mich, sondern meiner Brüder, Vettern und Genossen, der deutschen Fürsten. Ich habe die Zeit durchlebt, ich lebte in den Jahren 1791, 1792, 1793, 1794 am Rhein; nicht das Volk hatte schuld, man wußte es nicht zu gebrauchen: hätten die deutschen Könige und Fürsten ihre Schuldigkeit getan, nimmer wäre ein Franzose über die Elbe, Oder und Weichsel, geschweige über den Dnjestr gekommen.« Nach einem kurzen Moment sagt die Zarenmutter: »Sie mögen vielleicht recht haben, Herr Baron; ich danke Ihnen für die Lektion.«
Die deutschen Fürsten haben anders über solche Lektionen gedacht als Maria Feodorowna. Für Friedrich Wilhelm III. waren seine Reformer nur die »passionierten Herren«, die ihn mit ihrem lästigen Drängen und ihrer unverständlichen Besessenheit aus seiner nüchternen Ruhe brachten. Ihr Eifer mochte lobenswert sein, für das Land aber schien er bedenklich gefährlich. In den Jahren 1812 und 1813 verschärft sich die Abneigung zwischen beiden Lagern bis zu Extremen. 1812 formuliert Ernst Moritz Arndt unter Anspielung auf das spanische Fiasko Napoleons: »Auch wir werden unser Spanien haben und beweisen, daß wir Männer sind und nur von unseren elenden Fürsten verraten und verkauft.«

Der gleiche Ton in Steins Prager Denkschrift vom August 1813. Stein fordert eine deutsche Verfassung, anmaßend, in einer feierlichen Arroganz: »Fünfzehn Millionen Deutsche sind der Willkür von 36 kleinen Despoten preisgegeben, und man verfolge die Geschichte der Staatsverwaltung in Bayern, Württemberg und Westphalen, um sich zu überzeugen, wie es einer Neuerungssucht, einer tollen Aufgeblasenheit und einer grenzenlosen Verschwendung gelungen ist, jede Art des Glücks der beklagenswerten Bewohner dieser einst blühenden Länder zu zerstören.«

Hier die sechsunddreißig Despotenhäuptlinge – dort die, wie Stein sagt, »Bedürfnisse und Wünsche der Nation«. Wenn aber Arndt den Freiherrn wegen des Aplombs seiner radikalen Forderungen als einen »im Lichte des Gedankens schwebenden deutschen Diktator« bezeichnet, dann dürfte das viel von einer Selbstcharakteristik enthalten, denn auch Arndt, der entschiedene Monarchist, ein zutiefst konservativer Mensch, entdeckt in Petersburg schließlich das menschliche Ur-Recht auf Revolution, denn – so heißt es in einem Brief – »ohne einen großen Aufstand kann nichts werden«. Diese Überzeugung treibt ihn dann im April 1813 in Dresden, angeekelt von der jämmerlichen Entschlußlosigkeit der Regierungen, zu dem Ausbruch: »Wir ringen um die Wiedererschaffung eines deutschen Volkes aus den Völkchen. Unsere Fürsten und Herren (aber) bekehren sich nicht wieder zur Treue – der Teufel hole sie!«

Bis dahin war für Arndt Napoleon der »Teufel« gewesen; er hat die Fürsten nicht geholt. Trotz seines unerschütterlich festen, eckigen Weltbildes, in dem der Monarch einen zentralen Platz besetzt hielt, war Arndt doch weit revolutionärer, als er selbst zu sein glaubte. In einem Satz zu Gneisenau, ebenfalls aus dem Jahr 1813, ist das nicht zu überhören: »Man muß diese Könige als Instrumente gebrauchen, aber sich nicht zum Instrument machen lassen.« Gneisenau hatte schon zwei Jahre zuvor dem Sinn nach das gleiche behauptet: »Unser Schicksal wird uns erreichen, wie wir es verdienen. Mit Schande werden wir untergehen; denn wir dürfen es uns nicht verhehlen, die Nation ist so schlecht als ihr Regiment.«

Der »Jakobiner« Arndt

Wenn damals von allen dynastisch und restaurativ empfindenden Männern in den politischen Forderungen und der aufsässigen Eigenwilligkeit

solcher Volksprediger und -redner wie Arndt das prinzipiell Revolutionäre empfunden worden ist, so hat das seinen guten Grund. Die Bezeichnung »Demagogen« hat im Vormärz ihre Berechtigung gehabt. Sie war angebracht unter den Gesichtspunkten derjenigen, die das Wort benützten. Schon vom Wiener Kongreß hatte Talleyrand seinem König scharfsichtig geschrieben: »In Deutschland sind überall revolutionäre Gärungsstoffe verbreitet; der Jakobinismus herrscht hier nicht in den mittleren und unteren Klassen wie bei uns in Frankreich (sondern in gewissen oberen). Mit ihnen im Bunde sind die Männer der Universitäten, die von ihren Theorien erfüllte Jugend und diejenigen, welche der Kleinstaaterei Deutschlands die Leiden zuschreiben, die sich von jeher über dieses Land ergossen haben. Die Einheit des deutschen Vaterlandes ist ihr Geschrei, ihr Glaube, ihre bis zum Fanatismus erhitzte Religion.«
Nach solchen Überzeugungen und Normen handelte es sich bei einem Mann wie Arndt tatsächlich um einen Jakobiner, Aufrührer, Umstürzler. Der Irrtum lag nur darin, daß Arndt eben kein Antimonarchist war, sondern – einer Bemerkung Goethes entsprechend – an den Königen und Fürsten den Mißbrauch ihrer selbst durch sich selbst so verächtlich fand. Die Alternative Monarchie – Republik hatte für ihn überhaupt keine Aktualität. Und trotzdem war er in dieser Frage doch ganz von Grundanschauungen der Aufklärung und der Französischen Revolution bestimmt. Denn für einen Legitimisten christlicher Prägung war das königliche Amt von Gott gestiftet, und deshalb ließen sich Thron und Inhaber des Thrones, ließen sich Amt und königliche Person nicht voneinander trennen. In der Diktion der späteren Hochkonservativen Preußens: »Auch der wunderliche Herr bleibt Herr, bleibt immer König von Gottes Gnaden.« Derartiges wischt Arndt mit einer Handbewegung fort, auch jeder Konservativismus spätromantischer Prägung reizt ihn nur zu einem Achselzucken: »Die Schwächlichen und Elendigen fliehen zu dem Alten zurück, wo ihrer Furcht vor dem Neuen graut ... Die Toren! oder die Narren! denn viele sind auch Narren. Die Zeit hat die alten Rittersporen abgeschnallt, ihr Rost hat sie durchfressen; vergoldet sie euch so viel ihr wollt, sie bräunen sich immer wieder. Die Zeit hat den ehrwürdigen Priestermantel verkürzt und verschnitten; ihr möget daran lappen und nähen, wieviel ihr wollt, man wird den neuen Ansatz von dem alten unterscheiden. Das Alte, wenn es auch zu seiner Zeit herrlich war, wird nicht wieder jung, die Toten stehen nicht wieder auf.«
Das soll natürlich nicht heißen, als wäre der Geist, der in den Freiheits-

kriegen wehte und der so gemeinverständlich aus dem Mund Arndts ertönte, Geist vom Geist Voltaires gewesen. Aber er hatte doch mehr Berührungspunkte mit ihm als mit dem Geist, der 1816 wieder das Klima zu färben begann. Sobald Napoleon geschlagen war, sobald das alte Europa mit seinen alten Herrschern sich wenigstens der Fiktion nach als wiederhergestellt betrachten konnte, gab es auch kein Pardon mehr für diejenigen, welche durch ihren Kampf die Restauration überhaupt erst ermöglicht hatten, obgleich ihr Einsatz auf ganz andere Ziele gerichtet war. Genauer: Ihre Kaltstellung war eine Voraussetzung für das Gelingen der Restauration. Die Protagonisten beim Militär suchten um ihren Abschied nach, sie gingen von selbst, sie wurden zwangsweise entlassen; die andern wurden beschattet, drangsaliert, verhaftet.

Es klingt vielleicht zu pauschal, aber in dem Moment, in dem Napoleon St. Helena betritt, wird fast mit einem Schlag aus Arndt »der alte Arndt«. Im Herbst 1817 heiratet er zum zweiten Mal, eine Halbschwester Schleiermachers. Am Polterabend erscheint eine Abordnung Berliner Turner, von Jahn persönlich angeführt. Man überreicht Arndt einen Silberpokal mit der Widmung: »Dem deutschen Lehrer, Schreiber, Sänger und Sprecher.« Fast gilt diese Ehrung schon einer historischen Figur.

Ein Jahr später wird Arndt zum Professor der Neueren Geschichte an der Universität Bonn ernannt. Seine Freunde raten ihm, jetzt wirklich mit der Geschichte Ernst zu machen und alles zu lassen, wovon er sich eine Wirkung auf die so fragwürdig gewordene Gegenwart erhoffe. Er aber denkt nicht daran. Im Winter 1818 erscheint der vierte Teil vom »Geist der Zeit«. Das bringt ihm eine patriarchalische Verwarnung des Königs ein. Mit der Ermordung Kotzebues durch den Studenten Karl Ludwig Sand ist auch Arndts Schicksal besiegelt. Am 14. Juli 1819, also noch vor den Karlsbader Beschlüssen und auf den Tag genau dreißig Jahre nach dem Bastille-Sturm, wird er verhaftet und ein Verfahren gegen ihn eingeleitet. Im November 1820 enthebt man ihn seiner Professur, zahlt aber das Gehalt weiter. Bis in den Februar 1821 hinein muß er sich fast täglich Verhören unterziehen. Drei Jahre nach der Verhaftung läßt man die Sache einfrieren, ohne Verurteilung, ohne Freispruch, ohne Begründung.

Wirkung, nicht Weltbild

Arndt hat dazu gesagt, daß ab dem Augenblick, da ihm die Vorlesungen verboten wurden, »die langsame Zerreibung und Zermürbung seiner besten Kräfte« einsetzte. Die folgenden zwanzig Jahre sind wie ein Halbschlaf: »Ja, ich bin ein geborener Träumer, ein Fortschweber und Fortspieler, wenn nicht irgend ein festes Ziel, irgend eine Arbeit oder Gefahr, die plötzlich kommt und plötzlich reizt und treibt, mich aus den nebelnden Träumen herausreißt. Ich kann auch nach dieser meiner Natur, wenn ich mich als Gelehrten oder Schriftsteller betrachte, zu fast gar nichts kommen, wenn mir nicht gegeben wird, durch irgend ein bestimmtes Handeln, Reden und Vortragen einige helle und klare Funken der Erkenntnis und des Verständnisses hervorzulocken. Ich bin so geboren, daß ich sprechen und reden muß, damit meine Gefühle und Gedanken sich ordnen; ich bedarf der umrollenden und gegeneinander Funken schlagenden Kieselsteine des Gesprächs und der Rede, damit mein bißchen Geist aus mir herauskomme. Die Sperrung meines Katheders war für die Universität wohl kein Verlust, aber für mich ein Unglück; für mich, für einen Menschen, der in persönlicher Eigentümlichkeit stecken blieb und es nimmer bis zur vollen Gegenständlichkeit brachte; das heißt zu dem ruhigen, sicheren, bewußten Stande den Sachen gegenüber und zur immer heiteren und sonnenhellen Beschauung des Allgemeinen, sondern der nur in dem Besonderen, Eigenen seine einseitige Stärke hat.«
Diese Selbsteinsicht relativiert jeden möglichen Versuch, Arndts Weltbild von seinen Ursprüngen und Wurzeln her deutlich zu machen. Denn sein Weltbild war nicht in sich geschlossen; es wurde maßgeblich von den wechselnden Tagesereignissen bestimmt. Arndt wollte immer eine Wirkung erreichen, kein Werk geben. Er wollte verändern, nicht schreiben, und wenn er schrieb, dann um dieser Veränderung willen. Deshalb steht jede seiner Zeilen im Dienst dieser Wirkungsabsicht, und deshalb ist so vieles darin, was sich – scheinbar – miteinander nicht verträgt. Vor allem an dieser Stelle gehört Arndt ganz zur Romantik, die nicht zuletzt darin so groß war, das miteinander Unverträgliche in sich austragen zu können. Fast ist es ein Stück romantischer Ironie, daß Arndt durch und durch Romantiker war, daß er aber trotzdem der romantischen Bewegung nur am Rande angehörte.
Auch die Romantik wollte wirken, wollte den Menschen bilden, aber auf einem anderen Weg, mit einem anderen Ziel als Arndt. Die Romantiker

waren, mit einem respektlosen, aber nicht ganz unzutreffenden Wortwitz, nicht so sehr national, als vielmehr: halluzinational. Arndts Schriften sind demgegenüber fast durchweg Zweckschriften, sie wollen politisch erziehen, den Leser zur Aktion drängen. Sie entstehen ad hoc und tragen alle Merkmale dieser besonderen, immer wechselnden Situationen. Arndt hat sich darüber keinen Täuschungen hingegeben, immer spürt er den heftigen »Atem der Zeit« in sich, er will die entsprechende Resonanz geben. So schreibt er einmal: »Es gibt wohl manche Menschen, die nur so Instrumente sind eines unbekannten Gottes. Möge ich nur immer die Kraft behalten, daß nichts Böses auf mir spielt.« Dieser unbekannte Gott, wir wissen es heute, das war damals ein höchst realpolitisch orientierter Gott. Seine Forderung – und nicht nur Arndt hat das so empfunden – war auf den konkreten Staat gerichtet, der die Gesamtheit des Volkes umschloß, ein lebendiger Organismus, der durch und durch von nationalem Bewußtsein erfüllt war. Diesem »Gott« hat Arndt gedient, sonst niemandem. Er hat ihm in einer faszinierenden, oft peinlich rücksichtslosen Einseitigkeit gedient, er war Interpret seines Auftrags, Interpret seiner Zeit, ihrer Forderungen, Hoffnungen, Nöte und jämmerlichen Enttäuschungen.

Von Goethe ist er tief beeindruckt gewesen; er hat dessen Indifferenz der Befreiungsbewegung gegenüber beklagt, aber voll respektiert: »Welch ein Mensch, der ohne Volk, ohne Helden und Könige, ohne Glorie und Glanz des Lebens solche Kraft, Heldentum und Blüte darstellen darf! Welch eine Natur, die mit solcher Milde und Fülle beinahe vierzig Jahre sich schon behauptet hat! – Und was würde der Göttliche gewesen sein, wäre ihm ein Volk geworden, ein großes, tapfres, eignes Volk, das ihn hätte erkennen und anerkennen können? Wo sind die Hunderttausende gewesen, die ihn als ein unsterbliches Kleinod, als ein Denkmal ihres Daseins für die kommenden Zeiten, hoch auf ihren Schultern gen Himmel emporgehoben und der Welt gezeigt hätten, daß sie sich seiner freute?« Gerade deshalb hat er die politisch gleichgültigen Jungen als »Goethebrut« weggewischt, »jenes takelnde und schnatternde Geschlecht der Vielseitigen«.

Arndt war, als homo politicus, penetrant einseitig. Anders hätte er keine Wirkung gehabt. Es gehört zu seiner Souveränität, es macht seine Anmaßung aus, es gibt seinen Urteilen und seinen Schriften die Gewalt, das Feuer, den Erfolg. Es hat den Nerv politischen Handelns in seiner Zeit begriffen wie kein anderer: »Die Deutschen sind Kosmopoliten geworden und verachten die elende Eitelkeit, ein Volk zu sein; feine, leichte und aufgeklärte Gesellen sind es, ohne Vaterland, Religion und Zorn, die nur von Barbaren für etwas Großes gehalten wurden ... Und die Schriftgelehrten und Propheten? Es sind Zeitungsschreiber und Kritikaster geworden oder sublime Ästhetiker, die, auf Hellas' und Hispaniens Fluren wandelnd, den stinkenden Mist der Politik verachten; oder himmelstürmende Philosophen, welche ewig feste Staaten bauen, während sie die irdischen mit einem höhnisch stolzen Lächeln unter sich vergehen lassen. Von diesen ist nichts zu hoffen.«

Die Bemerkung Arndts: »Als Deutschland durch seine Zwietracht nichts mehr war, umfaßte mein Herz seine Einheit und Einigkeit« wurde als Schlüsselwort bezeichnet. Es ist tatsächlich ein Schlüssel für Arndt, wie es auch ein Schlüssel für die Zeit ist, in der sich das deutsche Nationalbewußtsein entwickelte. Die deutsche Einheit und Einigkeit konnte damals nur in der doppelten Frontstellung gegen Napoleon, gegen Frankreich, gegen die Fremdherrschaft einerseits und gegen die eigenen Obrigkeiten andererseits durchgesetzt werden, gegen Feinde von außen und Gegner von innen. Es war ein politisches Problem von höchster Brisanz, es war nur mit militärischen Mitteln zu lösen und nur mit geistigen zu sanktionieren. Im Mittelpunkt mußte ein neues Selbstverständnis stehen, demzufolge sich der einzelne nicht mehr als Untertan begriff, sondern als freier Bürger in einem Staat, in dem er selbst politisch mündig und tätig war. Das ist die hochmoderne, hochaktuelle Forderung, die Ernst Moritz Arndt damals erhoben hat; eine zu generelle, zu selbstverständliche Forderung, könnte man heute meinen. Damals war sie das nicht, sie war Sprengstoff. Daß aber dieses Selbstverständnis zu jener Zeit nur ein nationales Selbstverständnis sein konnte, das ist unabhängig vom Recht der Forderung. Arndt hatte die großartige Fähigkeit, diesem Selbstverständnis eine volksgemäße, eine publikumsgerechte Form zu geben, Begeisterung zu wecken, mitzureißen; kein Wunder, daß die Inschrift auf der Fahne der Deutschen Legion, die in britischem Dienst bis 1815 gegen Napoleon kämpfte, aus seiner Feder stammt. Ein Freund, Graf Gessler, ein Vertrauter von Stein, Schiller und Theodor Körner, war überzeugt, daß die Wirkung der Arndtschen Kampfschriften und Pamphlete gar nicht überschätzt werden könnte. In belustigter Hochachtung schreibt er Arndt im Dezember 1813: »Ich freue mich über alles Zuckerbrot, das Sie backen. Lassen Sie aber vor allen Dingen ihre russischen Anecdota zur Erbauung des

Publikums drucken. Ich weiß recht gut, was dieses langöhrige Tier frißt. Ich kanns nur nicht zurichten.«
Eben, Ernst Moritz Arndt konnte es zurichten. Er hat das, was bei den Akteuren der Befreiungsbewegung entweder nur als zielstrebiger Wille oder als fragmentarisches Situationsbewußtsein vorhanden war, in Worten ausgedrückt, mit allen seinen inneren Gegensätzen ausgedrückt, er hat den Sinn der Kämpfe deutlich gemacht, hat die ideellen Zielpunkte der politisch-militärischen Aktionen sichtbar werden lassen.

Der Mut zum Sündigen

Doch war es nicht so, als hätte Arndt nur Funken schlagen müssen, um die nationale Flamme zu entzünden. Nationales Bewußtsein, das hieß zugleich Zerstörung der uralten Beziehungen des Untertanen zum Landesherrn. Und dies war nur eine von den vielen anderen Zwangssituationen, aus denen Arndt einen Weg zu finden versuchte. Das hat dazu geführt, daß er in seinen rücksichtslosesten Formulierungen selbst Stoff zur Fehlinterpretation seiner Absichten geliefert hat. Das gilt für ihn in gleicher Weise wie für die gesamten deutschen Bemühungen um die Nation: Sie tragen nun einmal das Signum entweder des Aufrührerischen, Usurpatorischen nach innen oder des Vernichtungsstrebens gegen einen äußeren Widersacher. Das Unerquickliche, das damit in den Formulierungen verbunden ist, braucht weder entschuldigt noch gerechtfertigt zu werden; man muß es schlicht akzeptieren als Indiz für die Lage, in der Nationen entstehen.
Das klingt nüchtern, beziehungslos. Aber wir wissen nur allzu gut, was für Gewalten dabei aufeinanderprallen. Bis heute haben in einer solchen Situation die rationalen Kontrollen durchweg versagt. Arndts Formulierungen damals sind ihrerseits Bestandteil einer dieser Gewalten gewesen. Der politische Publizist Arndt war maßlos, er hat maßlos viel gefordert, er hat sogar den »Mut zum Sündigen«, er hat aber auch fanatischen Haß gefordert.
Im Herbst 1813 erscheint sein Pamphlet »Über Volkshaß und über den Gebrauch einer fremden Sprache«. Da heißt es: »Den Haß, der aus eingeborenen Verschiedenheiten der Völker entspringt, möchte ich einen äußerlichen Haß nennen: innerlich wird er, wenn ein Volk sich einmal des Frevels unterstanden hat, seine Nachbarn unterjochen zu wollen: dann brennt er bei edlen Völkern unauslöschlich. So muß bei den Deutschen jetzt der Haß brennen gegen die Franzosen ... Dieser

Haß wird uns wie ein heller Spiegel sein, worin wir unsere Herrlichkeit wie unser Verderben werden sehen können; dieser Haß wird uns und unseren Enkeln und Urenkeln nach uns immer ein Aufschüttler sein, daß wir im Glück und in der Sicherheit des Friedens nicht einschlafen können; dieser Haß wird uns gerade durch die Verschiedenheit zeigen, was uns und unserm Gemüte gleich und gerecht ist.«
Das ist der Volkstribun, das hört sich heute übel an, das sind schrille Dissonanzen, *heute* sei ausdrücklich betont, denn es gibt keine Phantasie, die sich ernsthaft vorstellen könnte, daß die Schlachten der Befreiungskriege gegen Napoleon hätten eingeleitet werden können mit leidenschaftlichen Appellen, dem Frieden, der Versöhnung, der Nächstenliebe zu dienen – und deshalb die Musketen nicht zu laden. Die wirkliche Lage umreißt Gneisenau in zwei Sätzen aus Paris: »Bei unserem Einmarsch in die Hauptstadt setzte ich alle diplomatischen Rücksichten beiseite. A bas le tyran! rief ich dem Volke zu und à bas le tyran hallte es wider.«
Diesen Sieg, diesen Triumph meint Arndt in seinen eifernden Flugschriften: »Ja, ich hasse, es ist meine Luft und mein Leben, daß ich noch hassen kann, ich hasse innig und heiß. Wie sollte der Mann nicht hassen, der in der Welt etwas tun und wirken will, denn welcher Mensch kann lieben ohne Haß? und ich liebe mein Vaterland und seine Ehre über alles. Darum rufe ich meinen Zorn aus vor Göttern und Menschen, darum will ich Haß auf Leben und Tod, Haß den einzigen, gewaltigen Retter und Helfer, o euch alle, euch alle deutschen Männer fordre ich noch einmal auf, fordre euch auf zum letzten Mal, daß ihr unserer bitteren Not gedenket und des schönen Hasses gedenket, der uns allein befreien kann.«
Wir haben hier das Faktum des Krieges, ein schauerliches Faktum natürlich. Von den vielen, seit 1813 bis heute geführten Kriegen sind einige ganz ohne Haß geführt worden, die Tendenz zum Krieg ohne Haß hat sich im Lauf der Zeit sogar verstärkt. Und man sollte sich exponieren mit der kalten Feststellung, daß diese Kriege ohne Haß – im Gegensatz etwa zu den Befreiungskriegen, die immerhin ihren (möglicherweise fragwürdigen) Sinn hatten – daß also diese modernen Kriege ohne Haß die widerlichste Schlächterei sind; sie haben überhaupt keinen Sinn.
Es geht heute so schwer über die Zunge, dieses Wort Haß, Völkerhaß vor allem. In der Zeit der deutschen Erhebung und bei Ernst Moritz Arndt hatte der Haß seine Funktion im inneren Gesamthaushalt. Er sagt es selbst, in der oben zitierten Flugschrift: »Jedes Volk hat seine Tugenden und Gebrechen, ja wie der Zustand der menschlichen Dinge ist, liegen

gewisse Tugenden desselben sogar notwendig gewissen Mängeln ganz nahe.« Einige Zeilen später unterstreicht er scharf die lediglich schützende, punktuell wirkende Funktion des Hasses als eines heiligen Wahns des Volkes. Denn »was durch Tugend, Wissenschaft und Kunst bei dem einen Volke in seiner Art vortrefflich ist, das Große und Menschliche, was die erhabene Einheit und Göttlichkeit der Welt ausmacht, wird auch dem andern Volk angehören und als Gemeingut der Menschheit angenommen werden. Die echten Franzosenhasser, die Engländer, kennen sie etwa nicht die Namen St. Bernhard, Ludwig der Heilige, Pascal, Montesquieu und beten sie sie nicht an? Auf dieser Höhe hört der Volkshaß auf; da beginnt die große Gemeinschaft der Völker, die allgemeine Menschheit, und wird die Menschlichkeit und Liebe nimmer fehlen, die uns alle zu Kindern eines Gottes und einer Erde macht. Jede Tugend und Größe durchbricht von selbst die Schranken, welche zwischen Menschen und Völkern stehen; wer da noch hassen kann, der ist ein Barbar oder ein Tier. Das bin ich nicht, wenn sie auch sagen, daß ich es bin.«
Arndts geistiges Format hat nicht an dasjenige eines Stein oder Gneisenau herangereicht. Allerdings gibt es niemanden in diesen beiden ersten Jahrzehnten des 19. Jahrhunderts, der in Beredsamkeit, öffentlicher Wirkung, Leidenschaftlichkeit, Ausdauer, Gläubigkeit und Liebe zu seinem Volk und seinem Vaterland repräsentativer gewesen wäre als er, repräsentativer aber auch für die ungeheuren Spannungen, unter denen sich das deutsche, das politische Nationalbewußtsein in seiner ersten Phase zu entwickeln versuchte. Er wäre das aber auch nicht gewesen ohne seinen eifernden Zorn, seinen wuchernden Haß, seine grellen Töne, seine Apokalyptik; dies alles gehört zum ganzen Phänomen, denn das deutsche Nationalempfinden hätte sich gar nicht anders entwickeln können.
Wie man heute zu einem solchen Nationalempfinden steht, ist eine zweite Frage, wenn auch durchaus keine sekundäre Frage. Nicht so sehr das Nationale selbst ist uns problematisch geworden; weit problematischer ist der Tatbestand unserer überwältigenden Unsicherheit gegenüber dem Nationalen. Schockiert lassen wir alle heißen Eisen unserer Geschichte – meistens links – liegen. Das gehört zum Klima deutscher Schizophrenie seit 1945: Entweder ignorieren wir unsere Gesamtgeschichte, oder wir schütteln, sieben, filtern sie ununterbrochen. Wir sortieren als Aschenputtel Europas all unsere Taten, Handlungen, Ideen

nach dem Spruch: »Die guten ins Töpfchen, die schlechten ins Kröpfchen.« Wir sind inzwischen so indifferent, daß wir uns nicht einmal darüber wundern, daß diese hilfreich fleißigen Tauben unserer sogenannten Vergangenheitsbewältigung an so vielen Linsen nicht schon längst erstickt sind. Mit Willkür hat das freilich nur bedingt etwas zu tun. Denn auch diese Bemerkungen sind ihrerseits ein Bestandteil des strapazierenden Geschäfts, geschichtlich mit sich selbst ins reine zu kommen.
Gehört nun, gerade in diesem Fall, zu einer historischen Persönlichkeit auch die Geschichte ihrer Nachwirkung? Sicherlich nicht so, daß sie noch zusätzlich, postum die Profilierung verändert. Eine derartige Nachgeschichte ist nicht so sehr für Arndt bezeichnend, als vielmehr von Bedeutung für unsere Gegenwart. Vor allem aber muß man sie als commentarius perpetuus zu dem verstehen, was im Vormärz, was 1848, was nach 1866 in der Donaumonarchie, was 1870/71, ja selbst was nach 1918 in ganz Europa geschehen ist, da sich die Völker *gegen* den Widerstand ihrer Fürsten oder gegen den feindlichen Nationalwillen ihrer Nachbarvölker als Nationen etablierten oder eben zu etablieren versuchten.
Was sich in dem Jahrhundert nach den Befreiungskriegen als neue historische Kraft entwickelt und behauptet und bis tief ins 20. Jahrhundert hineingewirkt hat, das alles ist in seinen ersten, aber auch in seinen entscheidenden Impulsen in der Gestalt von Ernst Moritz Arndt verkörpert gewesen. Nicht nur unsere politische Geschichte mit ihren vermeintlichen Siegen und ihren faktischen Zusammenbrüchen, unser ganzes, so oft wechselndes Verhältnis zu Volk, Staat, Nation und schließlich Gesellschaft sind ununterbrochene Paraphrasen des Themas, das Arndt so wuchtig, so gewaltig, so fanatisch intoniert hat.
Wir haben später diesen »deutschen Lehrer, Schreiber, Sänger und Sprecher« nicht bei seinen lorbeerbekränzten, adagio-handelnden, sich mit der Obrigkeit arrangierenden Zeitgenossen, unseren Olympiern, einziehen lassen. Das wäre auch ungerecht gewesen, eine Kränkung Ernst Moritz Arndts. Denn gerade ihm ist die gleichgültige Reverenz nicht zuzumuten, mit der wir schon so lange die herausragenden Figuren unserer Geschichte sterilisieren und festgerahmt an die Wände der Museen hängen.

Im Zeichen der Einheit.
Das Hambacher Fest 1832

Von Zeit zu Zeit meldet sich das Bedürfnis, an die Wiege unseres demokratischen Gemeinwesens zu denken. Wer es genauer nimmt, wird lieber von weitverzweigten Wurzeln sprechen statt von einer Wiege. Es trifft zwar zu, daß demokratische Traditionen wie Einheits- und Freiheitswille, ja daß unsere wesentlichen politischen Begriffe, an denen wir uns heute und morgen orientieren, in den Revolutionsjahren 1848/49 im Frankfurter Parlament der Paulskirche abgehandelt worden sind – aber auch diese deutsche Revolution hat ihre Vorgeschichte.
Sie beginnt nicht nur in einem weithergeholten Sinn bei den preußischen Reformern der napoleonischen Zeit, bei Scharnhorst und Gneisenau, Clausewitz und Humboldt, bei dem Freiherrn vom Stein und Ernst Moritz Arndt. Zu ihr gehören die Befreiungskriege 1813–15, und vor allem gehört auch das Hambacher Fest Ende Mai 1832 dazu. In Rheinland-Pfalz wurde die 150. Wiederkehr am 27. Mai 1982 wie ein Staatsakt begangen; das Echo war in der ganzen Bundesrepublik zu hören. Die Vorbereitungen dazu liefen schon viele Monate vorher, die Regierung, die Parteien und Gewerkschaften, die Jugendverbände und Medien waren darauf eingestimmt. Den Auftakt bildete eine Festsitzung des Landtages, den Höhepunkt der Feierlichkeiten markierte der Ministerpräsident selbst mit einer Rede.
Warum dieser Aufwand? Was geschah damals? Da rufen vor 150 Jahren die Publizisten und Politiker Johann August Wirth und Philipp Jacob Siebenpfeiffer zu einer friedlichen Festversammlung auf. Anlaß ist der 14. Jahrestag der bayerischen Verfassung vom 26. Mai 1818 – die obere Rheinpfalz gehört seit dem Wiener Kongreß als linksrheinische Exklave zu Bayern; sie hat sich aber seit der französischen Besetzung eine Fülle von liberalen Freiheiten erhalten können. Trotzdem soll das geplante »Allerdeutschenfest« nicht dankbar einer rückliegenden Errungenschaft gewidmet sein. In dem Aufruf zum Hambacher Fest heißt es vielmehr: »Zu solcher Feier ist kein Anlaß vorhanden. Für den Deutschen liegen die großen Ereignisse noch im Keim, will er ein Fest begehen, so ist es ein Fest der Hoffnung, nicht gilt es dem Errungenen, sondern dem zu Erringenden, nicht dem ruhmvollen Sieg, sondern dem Kampf für Abschüttelung innerer und äußerer Gewalt, für Erstrebung gesetzlicher Freiheit deutscher Nationalwürde.«

Die Massendemonstration

Der Aufruf erscheint am 20. April in einer Zeitung, er wird durch Flugblätter und Plakate verbreitet, macht in ganz Deutschland, das heißt in den achtunddreißig souveränen Staaten des Deutschen Bundes, die Runde. Vier Wochen später ist die Sensation perfekt. In Neustadt an der Weinstraße strömen Hunderte, Tausende, Abertausende aus allen Gegenden Deutschlands zusammen. Die meisten kommen zwar aus der bayerischen Rheinpfalz, aber es treffen auch Abordnungen und Gruppen aus allen Himmelsrichtungen, selbst aus Stralsund ein. Es kommen Franzosen, Italiener, Polen, sogar aus Manchester wird eine Grußadresse geschickt. Insgesamt dürften etwa 20 000 Menschen schon im Laufe des 26. Mai, am Pfingstsamstag 1832, in Neustadt sein.

Der Zuzug starker Fußgruppen, die unübersehbar langen Reihen von Wagen reißen auch in der Nacht nicht ab. Fast alle sind mit den alten Farben Schwarz-Rot-Gold geschmückt, viele Wagen mit Eichenlaub bekränzt, die meisten Teilnehmer tragen dreifarbige Kokarden, Bänder, Abzeichen, Armbinden, Schärpen. Am Pfingstsonntag, dem 27. Mai, versammeln sich auf dem Marktplatz Handwerker, Bauern, Studenten, Arbeiter, Bürger, Winzer, Lehrer, erstaunlich viele Frauen und Mädchen – Menschen aus dem ganzen Volk, aus allen Kreisen und jeden Alters.

Wenn man die damaligen Verhältnisse bedenkt, die Bevölkerungszahlen – Frankfurt am Main zählte 45 000 Einwohner –, wenn man sich an die Schwierigkeiten der Nachrichtenvermittlung erinnert, an die Beschwernisse der Anreise durch die vielen Zollgrenzen, dann degradiert die Beteiligung am Hambacher Fest alle Demonstrationen der letzten Jahre bei uns zu kleinen Versammlungen. Was sich damals in einem riesigen Zug hinauf zum Hambacher Schloß formierte, ist die erste große Volks- und Massenversammlung der deutschen Geschichte.

Das Hambacher Fest hat nichts mit nationalem Eifertum zu tun. Das zeigt schon die große Zahl ausländischer Teilnehmer. Voran zieht eine Gruppe der Bürgergarde mit Musik, an der Spitze trägt ein junger Mann eine große Fahne mit drei gleich breiten Streifen Schwarz-Rot-Gold, im Mittelstreifen die Inschrift »Deutschlands Wiedergeburt«. Dieses dreifarbige demokratische Symbol der Deutschen flattert in Hambach zum erstenmal als Fahne.

Während des Zuges werden Lieder gesungen, vor allem immer wieder die Strophen angestimmt, die Siebenpfeiffer für das Fest geschrieben hat:

»Hinauf! Patrioten! zum Schloß, zum Schloß!
Hoch flattern die deutschen Fahnen.
Es keimet die Saat und die Hoffnung ist groß,
Schon binden im Geiste wir Garben.
Es reifet die Ähre mit goldenem Rand,
Und die goldene Ernt' ist das Vaterland.«

Das Lied hat sieben Strophen. Sie geben in aller Kürze fast das ganze Programm Hambachs wieder, die Hoffnungen, Sehnsüchte, Forderungen der Abertausenden: Freiheit – das heißt Meinungs-, Presse- und Wirtschaftsfreiheit, Freiheit der politischen Willensbildung und -formierung, also verfassungsmäßig verankerte Demokratie, soziale Gerechtigkeit und Deutschlands Einheit. Das Lied endet mit dem Vers: »Frisch auf, Patrioten, den Berg hinauf! / Wir pflanzen die Freiheit, das Vaterland auf.«

Die Reden

Die Außenmauern der Burg haben einen so gewaltigen Umfang, daß die vielen Tausend ohne weiteres Platz finden an den Tischen und auf den Tribünen, die man vorbereitet hat. Mittags sind die letzten des Festzuges auf dem Burggelände. Nach dem Verlesen der Grußadresse eröffnet Dr. Hepp aus Neustadt als erster Redner die Kundgebung. Seine kurze Begrüßung ist ein Appell, die Einheit aller nationalen und demokratischen Kräfte zu verwirklichen. Nach ihm sprechen als Hauptredner die beiden Initiatoren Siebenpfeiffer und Wirth. Es sind leidenschaftliche, temperamentvolle, ungeschminkte Reden; auch ein drohender Unterton ist nicht zu überhören.
Sie beklagen die Zerrissenheit Deutschlands in achtunddreißig Staaten, die Widersinnigkeit des Deutschen Bundes, wie er auf dem Wiener Kongreß entgegen dem Willen der Deutschen konstruiert worden sei, sie klagen die Polizeigewalt, die Unterdrückungspraxis des Metternichschen Herrschaftssystems, die Willkür der Gerichtsverfahren an, sie verlangen Abschaffung der Zollschranken, Volkssouveränität statt Fürstenherrschaft, sie fordern die Gleichberechtigung der Frauen, eine

Reform der Schulen und Universitäten; diesen Katalog beendet eine brüderliche Solidaritätserklärung mit allen europäischen Völkern, die wie das deutsche Volk um ihre Einheit und Freiheit kämpfen.
Zwanzig Reden wurden gehalten. Ihr Pathos wirkt heute größtenteils fremd, die Wortwahl ungewohnt. Trotzdem ist der Stil den Sachen, um die es dabei gegangen ist, nicht schlechter und nicht besser angemessen, als es unsere Nachfahren den Reden der Zeitgenossen des Jahres 1983 in 150 Jahren bescheinigen werden.

Die Unterdrückung

Die Fakten allein können uns heute noch interessieren. Am Abend des ersten Tages formiert sich wieder der Festzug, die Abertausende ziehen hinunter nach Neustadt. Der Regierungspräsident hatte im ganzen Gebiet starke Truppenverbände zusammengezogen, allein in der Nähe Hambachs standen tausend Soldaten in Bereitschaft. Aber auch am 27. Mai kommt es zu keinerlei Ausschreitungen oder Unruhen, so wenig wie am Vortag. Bei allen herrscht eine festlich-ausgelassene Stimmung. Die Versammlung von fünfhundert Vertrauensmännern im Schießhaus von Neustadt, die am Pfingstmontag berät, bringt keine Ergebnisse. Ein Teil setzt sich für revolutionäre Aktionen ein, die Mehrheit ist für den Weg einer allmählichen Reform. Es wird auch versucht, den von Wirth und Siebenpfeiffer gegründeten »Preß- und Vaterlandsverein«, den ersten deutschen Journalistenverband, zu reorganisieren und eine gemeinsame Tageszeitung zu gründen. Wie es politisch weitergehen soll, bleibt unklar.
Bei den Behörden dagegen gibt es keine Unklarheiten. Bis zum 1. Juni versammelt sich immer wieder eine riesige Menge auf dem Schloßgelände. Dann wird das Fest offiziell beendet, die Fahne vom Turm eingeholt und nach Neustadt gebracht. Sie hängt noch heute im Heimatmuseum, nachdem ihr einige Jahre die Ehre zuteil wurde, Heimstatt im Bonner Bundeskanzleramt zu erhalten.
In den folgenden Tagen werden in vielen Städten Deutschlands ähnliche Demonstrationen veranstaltet, ähnliche Reden gehalten und Freiheitsbäume aufgerichtet. Bayerns König Ludwig I. schickt den Oberbefehlshaber der Armee, Feldmarschall von Wrede, als außerordentlichen Hofkommissar in die Rheinpfalz, an der Spitze von 8500 Soldaten – nahezu der Hälfte der bayerischen Armee. Die wichtigsten Anführer werden verhaftet, alle Unruhen rücksichtslos unterdrückt. Weitere

Massenverhaftungen folgen. Hunderte fliehen ins Ausland, Ungezählten wird die Existenzbasis vernichtet.
Die Regierungen Preußens und Österreichs einigen sich rasch auf ein gemeinsames Vorgehen. Ende Juni beschließt der Bundestag in Frankfurt, die Rechte der Landtage einzuschränken. Unter anderem wird ihnen das Recht entzogen, über das Budget zu beraten. Dann werden »Maßregeln zur Aufrechterhaltung der gesetzlichen Ordnung« erlassen: Verschärfung der Pressezensur, Verbot aller Vereine mit politischen Zielsetzungen, Aufhebung der Versammlungsfreiheit, Sperrung des Staatsdienstes für national eingestellte Demokraten, Verbot des Aufrichtens von Freiheitsbäumen, Verbot der Farben Schwarz-Rot-Gold, verschärfte Überwachung aller Universitäten und Ausschaltung der oppositionellen Gruppen. Politische Flüchtlinge erhalten in keinem Bundesland Asyl, sondern müssen ausgeliefert werden. Für kritische Situationen sichern sich die Regierungen aller Länder »gegenseitig auf Verlangen die prompteste militärische Assistenz zu«.
Das Hambacher Fest hat keine Revolution beabsichtigt. Es war eine bloße Kundgebung des politischen Willens, allerdings von so vielen Deutschen aus dem ganzen Land, daß man sie als Stimmung des deutschen Volkes werten darf. Die Fürsten und Behörden sahen es genauso. Ihre Gegenmaßnahmen waren deshalb so drakonisch, weil sie in der Hambacher Versammlung einen Gegenpol der offiziellen Vertretung des Bundestages in Frankfurt sahen, ihr also den Rang einer vom Volk getragenen Nationalversammlung der Deutschen zubilligten und befürchteten, daß sich die Stimmung von Hambach wie ein Flächenbrand ausbreiten könnte.
Die Anklage gegen Wirth und Siebenpfeiffer lautete auf Hochverrat. Der Prozeß endete allerdings mit einer gewaltigen Überraschung. Nach einer glänzenden Verteidigungsrede Wirths entschieden die Geschworenen auf Freispruch: Von Hochverrat könne keine Rede sein.
Trotzdem blieben beide in Haft. Die neue Anklage lautete auf Beamtenbeleidigung. Nach der Verurteilung floh Siebenpfeiffer aus dem Gefängnis in die Schweiz, wurde Professor für Straf- und Staatsrecht, 1840 erster Sekretär des Justizdepartements und starb 1845. Wirth lehnte die Flucht ab und wurde 1836 freigelassen. Da aber Polizeiaufsicht fortbestand, entschloß er sich jetzt ebenfalls zur Flucht. Im Jahr 1847 kehrte er nach Deutschland zurück, erlebte den Beginn der 48er Revolution und hatte die Genugtuung, ins Frankfurter Parlament gewählt zu werden. Kurz darauf starb auch er.

Wem gehört Hambach?

So spektakulär, so vielversprechend – und für die Regierungen so unheildrohend – das Hambacher Fest zu sein schien: Mißt man es an den unmittelbaren Ergebnissen, so gleicht es mehr einem Schlag ins Wasser als einer sogenannten erfolgreichen politischen Aktion. Was würde dann den Aufwand rechtfertigen, der um Hambachs willen getrieben wurde? Geschieht alles nur deshalb, weil wir Schwierigkeiten mit unseren demokratischen Traditionen haben? Wird Hambach nur aus solchen Gründen zu einem großen Ereignis stilisiert?

Das Fest des Jahres 1832 war eine gewaltige Manifestation des deutschen Einheitsgedankens, getrieben und getragen von demokratischen, freiheitlichen, republikanischen Kräften und Ideen. So friedlich die Demonstration verlaufen ist: Allein die Idee der deutschen Einheit war durch und durch revolutionär. Und als Revolution wurde deshalb von den Herrschenden zu Recht alles bekämpft, was diese Ideen bekräftigte.

Um das Erbe von Hambach und die Ansprüche darauf wird schon lange gestritten. Das wird auch in Zukunft so bleiben. Mehr denn je sollten wir aber daran denken, daß die Forderungen der Hambacher keine Feiertagsbekenntnisse waren, sondern die politische Wirklichkeit ihres Alltags ins Wort brachten.

Theodor Heuß, unser erster Bundespräsident, bezeichnete bei der 100-Jahr-Feier im Jahre 1932 Hambach als eine Fanfare. Bei den Vorbereitungen zur 125-Jahr-Feier im Jahre 1957 warnte er: »Macht mir keinen Wurstmarkt draus!« Das heißt, Hambachs Erbe sollte nicht in Traditionsschnipsel zersäbelt werden, die jedem Interessenten etwas und uns allen zusammen nur ausgewaschene Redensarten bringen.

Das Vermächtnis Hambachs zu beschwören bedeutet, den Forderungen der Abertausenden zuzustimmen, die damals für das deutsche Volk sprachen: Einheit, Freiheit, Volkssouveränität – also Selbstbestimmung, soziales Recht, und zwar für das ganze deutsche Volk. Festredner zu Ehren Hambachs sind daran zu messen, ob diese heute wieder deprimierend aktuellen Forderungen die höchsten Ziele ihrer politischen und pädagogischen, sozialen und gesellschaftlichen Arbeit sind. Den Hambachern war dies nicht nur eine Reise, sondern ihre ganze Existenz wert.

König Ludwig II. von Bayern

Die Verklärung und Mythologisierung König Ludwigs II. von Bayern hängt nicht nur mit der außergewöhnlichen Persönlichkeit des Monarchen zusammen, sie ist auch nicht allein durch das private Schicksal motiviert. Mit seinem Namen verbindet sich die letzte Epoche der Geschichte Bayerns und der Wittelsbacher, die mit vollem Recht als glanzvoll und groß bezeichnet werden darf, eine Epoche, in der München seine Entwicklung zur kulturell-künstlerischen Metropole des Deutschen Reiches vollendete.
Die charakteristischen Eigenschaften des Königs sind im Ansatz schon bei dem Knaben zu registrieren gewesen: Verträumtheit, gelegentliche Schüchternheit und Verkrampfung als Ausdruck starker Introversion, Menschenscheu, Überempfindlichkeit, Stolz. Mit Vierzehn hat er leichte Halluzinationen, hört Stimmen, wendet sich an unsichtbare Gesprächspartner. Die Gefahren der adligen Inzucht kommen aus dem Erbe der Mutter; der Großonkel, König Friedrich Wilhelm IV. von Preußen, endete in geistiger Umnachtung. Insgesamt aber wogen diese Risiken nicht viel schwerer als in jeder anderen Familie des europäischen Hochadels, zumal seine Mutter eine mehr als gesund-robuste Frau war, deren »prosaische Natur« den Sohn mit einem verständlichen Schrecken erfüllte.
Harmlos, wenn auch nicht belanglos für ein Psychogramm, war die zunehmende Eitelkeit des jungen Königs. Man wird auch ihre überspannten Formen als Manifestation seines königlichen Selbstbewußtseins deuten müssen und der faszinierenden Kraft, mit der Ludwig II. bis zu seiner letzten Minute Imaginiertes als Realität begriffen hat. So, wenn er als kaum Zwanzigjähriger darauf bestand, daß der Friseur täglich sein Haar in leichte Locken zu legen habe – sonst schmecke ihm das Essen nicht, wie er sagte. Bei all seinem Sinn fürs Exklusive, für das Besondere seiner Person und seines Königtums ist es aber doch höchst bemerkenswert, daß sich Ludwig II. mit einfachen Leuten ausgezeichnet verstand; die Bauern haben ihn trotz allen Geredes bis zu seinem Tod heiß geliebt. Kein anderer Herrscher Bayerns besitzt noch heute unverändert so viel Kredit des Herzens wie Ludwig II.
Der blutjunge König erschien dem Volk als reiner Märchenprinz, zweifellos zunächst nur wegen seiner unerhörten Schönheit. Das Urteil eines Zeitgenossen steht für tausend andere: »Er war der schönste Jüngling, den ich je gesehen habe. Seine hohe, schlanke Gestalt war vollkommen

symmetrisch. Sein reiches, leicht gelocktes Haar und der leichte Anflug eines Bartes verliehen seinem Kopfe Ähnlichkeit mit jenen großartigen antiken Kunstwerken, durch welche wir die ersten Vorstellungen von dem Begriffe gewonnen haben, den die Hellenen von männlicher Kraft hatten. Selbst wenn er ein Bettler gewesen wäre, hätte er sich meiner Aufmerksamkeit nicht entziehen können. Kein Mensch, alt oder jung, reich oder arm, konnte von dem Zauber unberührt bleiben, der von seinem Wesen ausging.«
Von den Beiworten, mit denen man ihn bedacht hat, treffen nur wenige zu. Er war kein bayerischer Hamlet, kein königlicher Shelley, kein Schwanenritter Lohengrin. Und Apoll oder Narziß war er in keinem symbolischen, sondern höchstens optisch-realen Sinn. Er war auch nicht unbedingt ein Romantiker auf dem Thron, wie es Friedrich Wilhelm IV. nachgesagt wurde. Ungewöhnlich wie sein Leben, wie er selbst, war auch seine Nachgeschichte. Nicht nur sein mysteriöser Tod im Starnberger See hat ihn bis heute zu demjenigen Herrscher der jüngsten Zeit werden lassen, um den die meisten Legenden gesponnen worden sind.

Der König und die Politik

Politisch spielte Bayern in dieser Zeit von 1864 bis 1886 eine zweitrangige Rolle. Das ist alles andere als nur ein Ergebnis der zunehmenden Gleichgültigkeit des Königs gegenüber der Politik schlechthin gewesen, sondern eine Folge der Dominanz Bismarcks und Preußens in den Jahrzehnten der Reichsgründung. Die Vermutung, daß hier ein Wechselspiel zwischen der objektiven politischen Lage des Landes und dem persönlichen Verhältnis des Königs zur Politik vorliege, ist nicht abwegig.
In der ersten Zeit verhielt sich der junge Monarch entsprechend den Zuversichten seiner Minister und der Regierungsbürokratie. Pünktlich fand er sich morgens an seinem Schreibtisch ein, die Sekretäre gaben ihre Berichte. Der König war aufmerksam, schien unermüdlich, wich keinen Entscheidungen aus, befaßte sich pflichtgemäß mit den Staatsgeschäften. Seine Intelligenz, Auffassungsgabe, Menschenkenntnis, Urteilspräzision waren außergewöhnlich. Bald genug zeigte sich auch – bei einer überraschenden, einschneidenden Kabinettsveränderung –, daß der König durchaus eigene Vorstellungen von der Art Staatskunst hatte, die in Bayern praktiziert werden sollte. Ludwig II. hatte einen

hochentwickelten politischen Sinn. Noch 1883 sagte Bismarck von ihm, der König verstünde vom Regieren mehr als irgendeiner seiner Minister. Von der praktischen Tagesarbeit eines Monarchen hatte er allerdings bald genug, und die Abneigung dehnte er auf die ganze Politik aus; Staatsgeschäfte erschienen ihm mit der Zeit als Albernheiten, als »Fadaisen«, wie er sagte. Auch seine scharfe Abschätzung der politischen Verhältnisse und Verwicklungen konnte ihm diese Tätigkeit nicht mehr versüßen. Die Details des Regierens überließ er seinen Ministern, die Zusammensetzung des Kabinetts aber behielt er fest in der Hand. Ludwig II. verstand es, mit Hilfe des Kabinetts eine Politik zu machen, die seinem Konzept von Bayerns Rolle und seinen begrenzten Möglichkeiten entsprach. Daß der König dabei nicht selbst in den Vordergrund drängte, entsprach seiner Grundhaltung: sich in politicis auf das unumgänglich Notwendige zu beschränken.

Politik ödete ihn »nur« an, alles Militärische aber haßte er zutiefst. Nicht aus körperlicher Bequemlichkeit – Ludwig II. war ein ausgezeichneter Reiter und hervorragender Schwimmer, scheute keine Strapazen, liebte endlose und auch anstrengende Bergwanderungen. Das Offizierskorps reagierte auf die Verachtung des Königs notgedrungen mit derselben Abneigung. Dem Monarchen allerdings war die Stimmung der Säbel-Herren, der »geschorenen Igelköpfe«, reichlich gleichgültig. Bei ihm rangierte das elementar Menschliche weit über allen Diensträngen. Nichts ist bezeichnender für seine Einstellung als diese Szene: Einem Gardisten, der in der Residenz Wache stand und dem König ermüdet schien, ließ er ein Sofa bringen.

Die Verachtung des Königs für Politik hat immer wieder zu dem Urteil verleitet, er sei ein ganz unpolitischer Mensch gewesen, er hätte überhaupt kein Verständnis, kein Sensorium dafür gehabt. Das ist falsch. Die Geschäfte des Regierens setzten ihm lediglich bis zum körperlichen Unbehagen zu. Wenn er auch nie ein Hehl daraus machte, welche Zumutung das für ihn bedeutete, so war er trotzdem immer bestens informiert und verfügte über ein verblüffend sicheres Urteil. Im Jahre 1866 begriff er sofort, daß der Krieg zwischen Preußen und Österreich die Souveränität Bayerns aufs äußerste gefährdete. Bei Frankreich war nur unter Aufgabe der Rheinpfalz Rückendeckung zu finden; deshalb trat er von dem Projekt zurück. Sehr zum Behagen Bismarcks, der dem König bescheinigte: »Ich habe jederzeit von ihm den Eindruck eines geschäftlich klaren Regenten von national deutscher Gesinnung gehabt.« Das »national Deutsche« traf auf Ludwig II. allerdings genauso wenig zu wie auf Bismarck, oder zumindest in einem anderen Sinn als dem damals vordergründig üblichen.

Ludwig hätte 1866 sein Bayern am liebsten neutral gehalten. Das scheiterte an Preußens zugreifender Entschlossenheit. Es hätte vor Bayern nicht haltgemacht. Fürst Hohenlohe-Schillingsfürst – von 1867 bis 1870 bayerischer Ministerpräsident und Minister des Auswärtigen –, dessen kleindeutsche Sympathien dem König versichern ließen, Preußen habe nur in Norddeutschland Interessen, bekam von Ludwig II. die richtige Antwort: »Jetzt, aber später werden sie auch noch mehr verlangen.« 1870 war es so weit. Und wenn auch Ludwig II. den Krieg zutiefst verabscheute, diesmal versuchte er kein Ausscheren, denn diesmal hatte Bayern nicht die geringste Chance, neutral zu bleiben. Mit Sympathien für Preußen hatte das nichts zu tun. Zwar bewunderte der König den preußischen Ministerpräsidenten, aber Bayern war ihm so wichtig, wie es seinem Großvater Ludwig I. wichtig gewesen war. So konnte er einmal sogar ein Treffen mit seiner Mutter ablehnen, weil er nicht in der Stimmung sei, »eine preußische Prinzeß zu sehen«. Zu dem vielgerühmten Kaiserbrief, in dem der bayerische König seinen Onkel Wilhelm I. aufforderte, den Kaisertitel anzunehmen, mußte Ludwig II. geradezu gepreßt werden.

Ob Ludwigs wirkliche Meinung in Berlin bekannt war oder nicht: Bismarck hat ihm jedenfalls diese Hilfestellung nie vergessen und ist ihm stets dankbar dafür geblieben. An seinen Bruder Otto schrieb der König: »Könnte Bayern allein, frei vom Bunde stehen, dann wäre es gleichgültig. Da dies aber geradezu eine politische Unmöglichkeit wäre, da Volk und Armee sich dagegen stemmen würden und die Krone mithin allen Halt im Lande verlöre, so ist es, so schauderhaft und entsetzlich es immerhin bleibt, ein Akt politischer Klugheit, ja von Notwendigkeit, im Interesse der Krone und des Landes, wenn der König von Bayern jenes Anerbieten stellt. Jammervoll ist es, daß es so kam, aber nicht mehr zu ändern.« Wenige Jahre zuvor hatte er noch gehofft: »Vor Preußens Krallen wolle Uns Gott bewahren!« Jetzt formuliert er das Ergebnis dieses Krieges und der Reichsgründung so und umreißt exakt seine eigene Rolle: »Ach, es ist wirklich kein Wunder, daß seit dem vorigen Jahr [1870] mir das Regieren und die Leute verhaßt wurden, und doch ist die königliche Stellung und das Herrscheramt das Schönste, Erhabenste auf Erden. Wehe mir, daß ich in eine solche Zeit hineingeschneit wurde, in der mir alles vergällt wird!«

In der Sicht des Königs war das äußerlich Politische nicht zwangsläufig auch das Bedeutende und Entscheidende. So extravagant Ludwigs II. verächtliche Urteile manchmal auch sein mochten: Immer enthalten sie einen Funken Wahrheit, sind ein gesundes Korrektiv des überspannten Hochgefühls, mit dem in jenen Jahren vieles politisch höchst Flüchtige und Unwesentliche gefeiert worden ist.

Richard Wagner

Zu den stärksten Eindrücken des jungen Kronprinzen hatten die Musikdramen Richard Wagners gehört. Schon in den ersten Wochen seiner Regierung hatte er sich entschlossen, derjenige zu werden, den Wagner völlig verzweifelt suchte und herbeisehnte: »Ein Licht muß sich jetzt zeigen: Ein Mensch muß mir erstehen, der jetzt energisch hilft – dann habe ich noch die Kraft, die Hilfe zu vergelten; sonst nicht, das fühle ich!« Im Mai 1864 bat der König Wagner nach München, der große Künstler kam zu seinem großen Mäzen. Wenn Ludwig II. später an den Komponisten schrieb: »Und wenn wir beide längst nicht mehr sind, wird unser Werk noch der spätern Nachwelt als leuchtendes Vorbild dienen, das die Jahrhunderte entzücken soll«, war die Wendung »unser Werk« nicht übertrieben. Ohne den König und seine Kasse hätte Wagner nie den »Ring«, »Parsifal« oder »Tristan und Isolde« auf die Bühne gebracht. Und zutreffend war auch, was der Monarch nach Wagners Tod 1883 notierte: »Den Künstler, um welchen jetzt die ganze Welt trauert, habe ich zuerst erkannt und der Welt gerettet.«
Diese Rettung bestand zunächst und vor allem in einer fast grenzenlosen finanziellen Sicherung Wagners. Der König nahm dabei nicht die geringste Rücksicht auf die Meinung des Kabinetts oder der Münchner Bevölkerung. Was Lola Montez für Ludwig I. gewesen war, dazu schien sich jetzt Wagner für den jungen König zu entwickeln. Treffend wurde Richard Wagner deshalb von den Einheimischen »Lolus« getauft. Allerdings verursachte der Meister keine Regierungskrise, sondern nur eine Krise des Monarchen. Genauer: Ende 1865 beugte sich der König dem energischen Drängen seiner Ratgeber, auch seine politische Vernunft sagte ihm, daß die Liebe zu Wagner nicht ein unheilbares Zerwürfnis mit dem Kabinett, seinem Hof, seiner Familie, dem Adel und Klerus rechtfertigen könne. Gleichzeitig aber entschied sich der König unwiderruflich, künftig nur noch in seinem eigenen Reich zu leben, sich abzuwenden »von der heillosen Außenwelt, die mir so wenig bietet«.

Um »meinem treuen Volke zu zeigen, daß sein Vertrauen, seine Liebe mir über alles geht«, trennt er sich von Wagner und läßt ihn bitten, das nächste halbe Jahr außerhalb Bayerns zu verbringen. Das ist nur eine erzwungene Konzession. Ende 1866 gelingt es Ludwig II., indirekt durch Wagner zwei seiner wichtigsten und nicht nur dem König unsympathischen Beamten loszuwerden, Minister von der Pfordten und den Kabinettssekretär Pfistermeister, »Pfo« und »Pfi« im Kürzelsystem des Königs.
Ludwig begründet den Entschluß gegenüber von der Pfordten zwar mit der Feststellung, der Minister besitze wegen des unglückseligen Verlaufs des 66er Krieges nicht mehr das Vertrauen des Landes. Tatsächlich aber erkundigt er sich sanft bei ihm, ob er – der bei der Vertreibung an exponierter Stelle stand – persönlich Bedenken gegen eine Rückkehr Wagners habe. Der Minister begreift die Alternative und quittiert. Daß sich der Wechsel auch noch mit objektiven Erfordernissen der bayerischen Politik deckt, ist eine Gunst der Lage.
Die ironische Anmerkung, Ludwig II. hätte gar kein wirkliches Musikverständnis gehabt und wäre unfähig gewesen, zwischen einem Walzer von Strauß und einer Beethoven-Sonate zu unterscheiden, geht am Kern dieses Verhältnisses vorbei. Auch Richard Wagner wollte nicht nur »einfach« komponieren, er wünschte durch seine Musikdramen »die Welt zu erlösen«, und hier – wenn schon nicht auf der rein musikalischen Ebene – traf er sich mit dem König und konnte berechtigt in ihm einen der so seltenen Bewunderer sehen, die das Ziel seiner Ideen und seiner Kunst vollständig begriffen hatten. Andererseits ging es bei diesem berauschten Mäzenatentum durchaus nicht nur um das Schaffen Wagners, sondern auch um das, was Ludwig selbst dadurch für sich zu realisieren versuchte. Wagner war im Bezirk des Musikfestspiels für den König ein Medium zur wirklichen Welt, nämlich einer imaginierten, die für Ludwig II. zugleich die wahre Wirklichkeit bedeutete.
Diese komplexe Situation wiederholte sich in einem anderen Bereich noch einmal, in den Bauten des Königs – oder wurde vielmehr hier fortgesetzt. Die berühmt-berüchtigten Schlösser, die Ludwig II. errichten ließ (Neuschwanstein, Linderhof, Herrenchiemsee), zeichnen sich gegenüber allen anderen Schlössern Europas dadurch aus, daß es im genauen Sinn des Wortes Luft-Schlösser sind, Schlösser, die ganz der hochgespannten, erregt leuchtenden Phantasie des Königs entstammen. Als Bauherr schafft er seinem unbändigen Stolz und absoluten Majestätsgefühl denjenigen architektonischen Ausdruck, der schon so vielen

Königen vor ihm, wenn auch unter ganz anderen Bedingungen, selbstverständlich gewesen war. Gleichgültig, wie die Bauten Ludwigs unter vorgeblich überzeitlichen Kunstkategorien eingeschätzt werden: Es gibt im Europa dieser Epoche keine Architektur, die so überzeugend und vollkommen das künstlerische Konzept eines einzelnen wiedergibt und in der sich gleichzeitig die künstlerische Intention der Zeit manifestiert.

Welt außerhalb der Welt

Die Wirklichkeit des Königs mochte unter Tagesaspekten eine Welt des Traumes sein, in die er flüchtete. Für ihn aber war diese seine Welt und Wirklichkeit alles andere als irreal. Deshalb ist es irreführend, von König Ludwigs Traumwelt zu sprechen. Sie hat mit Erträumtem genauso viel oder genauso wenig zu tun, wie alle und jede Kunst eine »Träumerei« ist und der Künstler in einer geträumten Welt lebt. Daß ein Monarch, ein Herrscher, dessen Zuständigkeit sich auf das Politische und Öffentliche erstreckt – zumal im 19. Jahrhundert –, in der Kunst den Zugang zur »wahren« Wirklichkeit sieht, unter Zurücksetzung des Politischen und der meßbaren Realitäten, das hat Ludwig II. zu Lebzeiten viel Verachtung und Elend eingebracht und nach seinem Tod Verklärung und Liebe.

Er fand sich nicht mit den Dingen ab, so wie sie waren. Aber seine Tragik bestand darin, daß es ihm auch nicht möglich war, die Dinge so zu verändern, daß er sich mit ihnen hätte abfinden können. Zu seiner Tapferkeit und seinem großen Charakter gehört es, daß er sich weigerte, seine Gedanken und Vorstellungen zu Konzessionen an das materiell Wirkliche erniedrigen zu lassen. Deshalb seine spöttische Gleichgültigkeit gegen eines der wichtigsten Merkmale des neuzeitlich-modernen Menschen: gegen die Angst, als nicht modern zu gelten. Deshalb auch sein unbedingtes Ja zu seiner Exponiertheit. Wäre er naiv gewesen, dann hätte Don Quichotte von fern gegrüßt. Aber der König besaß eine sublime, trainierte Vernunft. Es gehört ein enormer Mut und unerschütterliches Selbstbewußtsein dazu, ohne jede Konzession an Umwelt und fremde Meinungen nur »selbst« zu sein und nichts an Neigung zu unterdrücken, keinen Affekt zu konservieren. Nicht in der Reduktion, sondern im Vollzug verwirklichte der König seine Persönlichkeit. Er hat die Zumutung, die erschreckend breite Skala seiner psychischen Möglichkeiten zu beschneiden, als eine radikale Verstümmelung seiner Wirklichkeit abgelehnt.

Ludwig II. sah sein Königtum nicht als etwas Zufälliges an, sondern als seine gegebene Existenz. Das monarchische Prinzip war im 19. Jahrhundert in sich eine Denunziation des Menschseins schlechthin. Keiner der übriggebliebenen Herrscher aber, nicht einmal der Zar, fühlte sich so selbstverständlich, so unbeschränkt und bis in die letzte Faser hinein identisch mit dem Monarchischen wie Ludwig II. Neben diesem majestätischen Selbstrecht wirkt die verschreckte Gottergebenheit, mit der etwa Wilhelm I. seine Krone trug, bieder und treuherzig und überlistet auch den fortschrittlichsten Bürger dieser Zeit zu gönnerhaftem Wohlwollen. Das eine hat dem Kaiser Popularität eingebracht und das andere dem Bayernkönig die zärtliche Zuneigung des Volkes und endlose Legenden.

Ab der Mitte der siebziger Jahre wird der König für seine Untertanen praktisch unsichtbar. Die Bayern wissen zwar kaum, wie er jetzt aussieht, sie nörgeln und schütteln den Kopf über seine Bauwut, aber sie verehren ihn. Hart, wie er selbst geworden ist, distanziert er sich von der Menge. Er hält die Gattung Mensch für »eine boshafte, schwunglose, ideal-bare Spezies«, die Amplitude ihrer Vorstellungskraft begrenzt sich auf ihre nur minimal entwickelten fünf Sinne. Ludwig entzieht sich allen Feiern, Banketten, öffentlichen Auftritten: »Ich kann nicht! Ich kann nicht! es ist entsetzlich, aber ich kann es nicht mehr ertragen, mich von Tausenden anstarren zu lassen, tausendmal zu lächeln und zu grüßen, Fragen an Menschen zu richten, die mich gar nichts angehen, und Antworten zu hören, die mich nicht interessieren!« So sind seine langen letzten Jahre: Fast lebt er nur noch nachts, ein ruhelos getriebener Geist, ein mächtiger, ungeschlachter Riese, kurzsichtig, ein gewaltiger Esser, aber ohne Zähne wegen seiner Sucht nach Süßigkeiten, Liköre und schwere Weine konsumierend, denn Alkohol erschöpft und betäubt ihn nicht, sondern steigert seine Klarheit und Phantasie. Da reitet er Stunden um Stunden, wirft sich in bitterkalten Winternächten in den Schlitten zu endlosen Fahrten durchs Gebirge, steigt überraschend bei Bauern ab, unterhält sich mit Holzfällern und Jagdgehilfen. Von der Landbevölkerung wird er nur der Märchenkönig genannt, ein abgründig trauriger, warmherziger, gütiger König, der kommt und geht, als wäre er wirklich nur zufällig in diese Welt »hineingeschneit«.

Das ewige Rätsel

Ludwigs Entmachtung und Sturz sind nicht die Folge einer Geisteskrankheit, sind nicht die dramatische Konsequenz daraus, daß er angeblich Bayern an den Rand des Staatsbankrotts gebracht habe, sondern das Ergebnis von Machenschaften, die man nachweislich als Verschwörung bezeichnen darf. Man brauchte einen Beweis, daß der Herrscher unzurechnungsfähig sei, und dazu mußte sein besessenes Bauen herhalten, dem er ohne Rücksicht auf die eigene Börse und den Beifall anderer frönte. Nach dem Tod seines Großvaters, 1868, hat sich sein Anteil an der Zivilliste, der Krondotation, die ihm verfassungsmäßig zustand und über die er frei verfügen konnte, wesentlich erhöht. Erst diese Aufstockung ermöglichte es ihm, seine Baupläne zu verwirklichen.

Allerdings baute er seine Schlösser unabhängig von den Summen, die sie verschlangen, und den Summen, die ihm zustanden. Jährlich erhielt er 4,5 Millionen Gulden, bei einem Staatshaushalt von dreihundert Millionen. Im Frühjahr 1884 war er bei der Kabinettskasse mit 7,5 Millionen verschuldet, ein Jahr später hatte sich dieser Betrag fast verdoppelt, weil Ludwig, obgleich man ihn auf das Defizit eindringlich hingewiesen hatte, seine Baupläne ausschweifender denn je verfolgte. Dem König sind diese persönlichen Schulden egal; er verlangt von seinem Finanzminister neue Darlehen. Als ihm diese abgelehnt werden, verlangt er einen neuen Finanzminister. Und er verlangt gegen Ende 1885 für weitere Schloßbauten den Betrag von zwanzig Millionen. Wegen der drängenden Gläubiger wird erwogen, Linderhof und Herrenchiemsee zu beschlagnahmen. Da droht der König in einem Wutanfall mit Selbstmord, Revolution von oben, Emigration oder Staatsstreich. Er schickt zum König von Schweden, zum Sultan, zum Schah, zum Kaiser von Österreich, nach Brüssel und Brasilien, zu Rothschild. Er liebäugelt mit Bankeinbrüchen in großen Städten Europas.

Der Ministerpräsident und seine Vertrauten entschließen sich zur Entmachtung des eigenbrötlerischen Herrn mit Hilfe eines psychiatrischen Gutachtens. Das Papier, zusammengestellt von Professor Gudden, einer Kapazität der Universitätsmedizin, gleichzeitig Direktor der Kreis-Irrenanstalt von Oberbayern, diagnostiziert als Krankheit Paranoia – diagnostiziert es aufgrund von Aussagen Dritter, von Briefexzerpten, Aktennotizen, Tagebuch-Fragmenten, Papierkorb-Dokumenten. Der König selbst wird nicht untersucht. Wozu auch, da man nur eine Krankheit beweisen will, die man benötigt und deshalb voraussetzt.

123

Alles, was an Argumenten und sogenannten Beweisen vorgetragen wurde und wirklich stichfest ist, zeigt einen gesunden Menschen: Der König hat die Macht, für seine Vorlieben Geld auszugeben; also gibt er es aus. Er will allein sein, weil ihn Menschenmassen stören; also weicht er ihnen aus, befiehlt Sondervorstellungen des Theaters für sich allein. Festivitäten und Empfänge verabscheut er; also meidet er sie. So zu handeln, sich nicht an die Regeln einer Normalpsychologie von erfüllten Bedingungen zu halten, setzt Mut und Vernunft voraus, vor allem aber den Mut zur Vernunft. Selbst wenn alle Sachvorwürfe zuträfen: Verschwendungssucht, Regierungsunlust, Menschenscheu, ausschweifende Phantasie, Sensibilität, Überschwang – solche Eigenschaften sind schlimmstenfalls Zeugnisse einer ungewöhnlich ausgeprägten Persönlichkeit, eines amüsanten Einzelgängers, niemals aber Charakteristika einer »originären Verrücktheit«, wie der bestellte Psychiater konstatiert hatte.

Wie normal, wie klug der König tatsächlich ist, bekommt Gudden in einer bestürzenden Weise am eigenen Leib zu spüren. Nach einigen Schwierigkeiten hat man den König festgesetzt, nach Schloß Berg am Starnberger See gebracht, die Irrenwärter immer in Sicht- und Reichweite. Ludwig schätzt seine aussichtslose Lage ab, erkennt, daß man ihn jetzt gewaltsam zu einem »normalen« Leben ohne durchwachte Nächte, Einsamkeit, Schlittenfahrten, Bücher und Baukunst zwingen wird. Binnen Stunden entschließt er sich zur einzigen Konsequenz, die ihm möglich erscheint. Er wird still, treibt scheinbar in einem potenzlosen Kummer dahin, ist von gefährlicher Konzilianz. Der Psychiater triumphiert. Ohne Bedenken läßt er sich von seinem Patienten zu einem Spaziergang am Seeufer überreden; keine Wachen, keine Wärter. An einer entlegenen Stelle springt Ludwig plötzlich ins Wasser. Der Professor stürzt ihm nach, ein Kampf entwickelt sich, Gudden wird unter Wasser gedrückt, festgehalten, stirbt. Dann ertränkt sich der König selbst.

Daß »diese unglaublichste aller Katastrophen der Neuzeit«, wie sie der preußische Diplomat Philipp zu Eulenburg bezeichnete, sich so abgespielt hat, darf man heute aus den Indizien folgern. Trotzdem behält auch hier eine der charakteristischsten Bemerkungen Ludwigs II. ihr Recht. Der Schauspielerin Maria Dahn-Hausmann schrieb er einmal: »Ein ewiges Rätsel will ich bleiben mir und anderen.«

Dieses Rätsel zu lösen oder wenigstens etwas zu klären, haben eine stattliche Reihe von Forschern versucht. Die Skala reicht von seltsamen

Lobgesängen bis zu herablassend vordergründigen Skizzen, von mystischen Verzückungen bis zu kalktrockenen Berichten. Psychoanalytische Studien fehlen genausowenig wie die Schilderungen subalterner Geschichtsfrisöre, die an der sozialistischen Parteilinie »Ludwig II., einer der korruptesten deutschen Fürsten« entlangschreiben.

Der größte Sektor der Literatur über den Bayernkönig wird von der Diskussion seiner vermuteten, unterstellten, tatsächlichen Geisteskrankheit erfüllt. Heute sind sich die Fachleute unschlüssiger denn je über die Demarkationen zwischen Normalität und Psychopathie oder Psychose. Die seelische Abweichung läßt sich auf keinen Begriff bringen, wenn man die »Normalität« zum Richtmaß nimmt. Denn Normalität ist eine statistische Größe – das traditionell-konventionelle Verhalten einer überwiegenden Mehrheit –, sie hängt von historischen und gesellschaftlichen Veränderungen ab, ist also wesentlich Mode, wechselt ununterbrochen. Ein anderes Richtmaß fehlt. Mit Sicherheit kann der Psychiater deshalb nur sagen, welche seelische Anomalität sich gemeingefährlich auswirkt. Das gesellschaftliche Kriterium der Sozialschädlichkeit ist heute einer der anerkannten Grenzzäune zwischen seelisch Gesunden und Erkrankten. Daß man sich über seine elementare Fragwürdigkeit einig ist und trotzdem unerbittlich an ihm festhält, sagt nichts über den Zustand der Psychiatrie aus, wohl aber etwas über den Zustand der Gesellschaft.

Ludwig II. wurde entmündigt und zum Irren erklärt, weil die amtierende Regierung es für notwendig fand, nicht aber wegen einer tatsächlich nachweisbaren Erkrankung. Die einzige Frau, die ihm etwas bedeutet und die er unverbrüchlich geliebt hat – wenn man Liebe nicht einfältig als Kopulationsbedürfnis definiert –, war die Kaiserin Elisabeth von Österreich. Bei der Todesnachricht sagte sie: »Der König war kein Narr, nur ein in Ideenwelten lebender Sonderling. Man hätte ihn mit mehr Schonung behandeln müssen!« Ähnlich tolerierte Bismarck seine »berechtigten und unberechtigten Eigentümlichkeiten« als »Schrullen«, und welcher Mensch des 19. Jahrhunderts, der etwas auf sich hielt, hatte keine Schrullen? Bei Bismarck angefangen. Die Apanage des preußischen Königs belief sich auf jährlich achtzehn Millionen Taler. Er verwendete diese Summe freilich so, daß die bürgerlichen Kaufmannserwartungen nicht enttäuscht wurden. Anders also als Ludwig II., der weniger als ein Viertel dieses Betrags zur Verfügung hatte, die Millionen aber »verschwendete«.

Aus all diesen Gründen ist es den Fachleuten nicht möglich gewesen, effektiv Klärendes zur angeblichen Geisteskrankheit des Königs beizubringen. Auch das Studium seiner Briefe führte nicht weiter, so wenig wie die Veröffentlichungen eines Teils seiner »Tagebuch-Aufzeichnungen« im Jahre 1925. Die Authentizität ist umstritten; viele Forscher halten die Texte für original. Es handelt sich um Abschriften, die der bayerische Ministerpräsident Lutz 1886 selbst durchgeführt hatte, um Material für das Irresein des Königs beizubringen. Lutz' Stiefsohn veröffentlichte die Papiere, ein Vergleich mit dem Original wurde nie durchgeführt und läßt sich nicht mehr durchführen, weil die wichtigsten Teile vernichtet worden sind.

Heute ist es möglich, das ungewöhnliche Leben einer ungewöhnlichen Persönlichkeit ohne Bedrückungen durch zergliedernde Reflexionen einfach zur Kenntnis zu nehmen. Das schließt nicht die skeptische Frage aus, was denn so unverändert an einer Gestalt wie Ludwig II. fasziniert. Handelt es sich nur um die ewig frische Empfänglichkeit für das Außergewöhnliche, das wir so schätzen, auch wenn es sich der außergewöhnlichsten Manifestationen bedient? Vergnügen und Verständnis bei der Betrachtung einer durch und durch einmaligen, unvergleichlichen Persönlichkeit, einer Hochschätzung auch des hypertroph Individuellen in einer Zeit, die bei aller Möglichkeit der Luxurität doch im Kern auf Breite und dämpfendes Nivellement angelegt ist? Eine Antwort auf diese Frage muß auch die Tatsache bedenken, daß die Beliebtheit und Verehrung des genialsten und schwierigsten aller Wittelsbacher gerade bei den Bauern, beim einfachen, das heißt direkt und unverbildet empfindenden Volk Oberbayerns schon zu Lebzeiten des Königs durch nichts zu erschüttern, durch nichts auszurotten war, eines Königs, dessen Volkstümlichkeit noch immer so fest gegründet ist wie vor hundert Jahren und alles in den Schatten stellt, was jemals einem Herrscher in Bayerns Geschichte entgegengebracht worden ist.

Die effektive Bedeutung eines Menschen, seine Antriebe, seine Spiritualität und Nachwirkung, sein historischer Rang bestimmen sich nicht allein innerhalb der Dimensionen des rein Politischen. Das wäre nur eine der vielen und bestimmt nicht die geringste der Einsichten, zu denen die Betrachtung des Lebens Ludwigs II. verhilft.

Teils Zentrum, teils Vakuum.
Deutschland im Mittelfeld Europas

Gibt es so etwas wie eine »deutsche Neurose«? Ist die Identität der Deutschen heute tatsächlich beschädigt? Jeder Ausländer, der die Sozialverhältnisse, die Währungsstabilität, den Lebensstandard, die Wirtschaftskraft zumindest der Bundesrepublik kennt, und insbesondere derjenige, der mit aller Macht und allen seinen Möglichkeiten hierher drängt, könnte bei Gesprächen über eine deutsche Neurose nur den Kopf schütteln – es sei denn, er würde sich dialektisch helfen und mit gewissen Sparten unserer Kultur- und Gesellschaftspsychiatrie eben diese bundesrepublikanische Prosperität und industrielle Spitzenreiterei als untrügliches Indiz unserer Neurose ansehen. Das wäre zweifelsohne möglich, auch wenn es umgekehrt etwas schwerfiele, diejenigen Völker als gesund oder zumindest als nicht-neurotisch zu bezeichnen, deren Wirtschaft darniederliegt und deren Auslandsschulden, Inflationsraten und Arbeitslosenzahlen sich gegenseitig den Rang ablaufen.

Wie steht es jedoch mit der oben erwähnten beschädigten Identität der Deutschen, falls man zwei Sätze mit geradezu unhöflicher Apodiktik zugrunde legt: 1. Die Deutschen von heute leben in einer besonderen, nicht-normalen Situation; 2. diese Situation ist durch die Epoche der Weltkriege und ihre Interpretation bestimmt.

Mit diesen Feststellungen ist einiges gewonnen. Erstens wird durch sie das kräftig kolorierte Ölgemälde von der Bundesrepublik aus den internationalen Schaukästen entfernt – dieses theatralische Prunkbild Westdeutschlands, dem Land, in dem seit Jahrzehnten Milch und Honig fließen und deren Fett- und Zuckergehalt nichts durch die bittern Tränen der deutschen Gesellschaftskritiker einbüßen, die an den Ufern dieses Milch-und-Honig-Stromes sitzen. Die Situation der Bonner Republik ist schließlich nur ein Teil der apostrophierten, »besonderen, nicht-normalen Situation«, in der die Deutschen zur Zeit leben, denn auch die Bürger der DDR sind Deutsche und ebenso die Bewohner der Republik Österreich.

Zweitens zwingen die Eingangssätze wenn schon nicht zu einer Definition, so doch zu relativ genauen Abgrenzungen zwischen einer normalen und einer besonderen Situation. Das bietet keine übermäßigen Schwierigkeiten, weil die Richtung mit dem zweiten Satz gegeben ist: Wenn die Situation der Deutschen durch die Epoche der beiden Weltkriege und ihre Interpretation festgelegt ist, dann muß die Lage der nicht-deutschen

Völker, der nicht-neurotischen, durch einen anderen Bezug zu den Weltkriegen charakterisiert sein. In der Tat: Die Deutschen haben sowohl den Ersten als auch den Zweiten Weltkrieg verloren. Sie haben die Kriege – und so wurde es in beiden Fällen von ihren Feinden, den Siegern und einem Teil der Deutschen selbst interpretiert und behauptet – entweder allein verschuldet oder bewußt vom Zaun gebrochen. Mit dieser Kriegsverschuldungsthese sind sowohl 1918 als auch 1945 abgründige Konsequenzen verknüpft worden, Konsequenzen der Art, daß sich die Situation der Deutschen aus einer normalen in eine nicht-normale verwandelt hat.

Die Versuche, unsere Lage durch eine andere Darstellung und Auslegung der Weltkriege von dem Odium der Anomalität zu befreien, bilden inzwischen selbst einen wesentlichen Bestandteil unserer besonderen Situation nach den verlorenen Kriegen, und sie müssen dementsprechend eingeordnet und bewertet werden. Nicht unwesentlich dürfte im übrigen der Hinweis darauf sein, daß die Deutschen mit ihrer Neurose made in Germany keineswegs den Anspruch auf irgendeine Exklusivität verbinden können. Keines der vergleichbaren Völker befindet sich in einer normalen Situation, selbst wenn wir uns hüten werden, ihre Beschwernisse mit demselben Freimut als neurotisch zu bezeichnen, wie sie es in unserem Fall tun. Die Neurosen ergeben sich bei anderen Völkern aus anderen Zusammenhängen.

Solche Randbemerkungen dürften deshalb nicht unwichtig sein, weil wir uns dadurch freihalten von unangebrachten Rücksichten, kaum viel anders als der sich seiner – öffentliches Ärgernis verhütenden – bürgerlichen Kleidung entledigende Patient vor dem Arzt. Ohne falsche Scham können wir uns mit den Symptomen und Einzelheiten unseres Defekts, den Etappen der Krankengeschichte befassen, immer unter dem Gesichtspunkt der Anomalität, die schließlich in der Tat die politischen und territorialstaatlichen Spezifika der Deutschen bereits lange vor dem Ersten Weltkrieg eingefärbt hat.

Die Vorgeschichte

Schon zu Zeiten des »Heiligen Römischen Reiches Deutscher Nation« war die zentraleuropäische Lage der deutschen Gebiete, waren die geographischen Bedingungen ein wichtiges Konstitutivum ihrer politischen Situation, zumal im Hinblick auf die Beziehungen zu den benachbarten Mächten. Für diese Verhältnisse gewann zusätzlich derselbe

Faktor größte Bedeutung, der auch für das Reich selbst und seine Gliederung erhebliches Gewicht besaß: die Vielzahl von Fürstentümern, die vom Reichsverband umschlossen wurde. Der Zerfall des Heiligen Römischen Reiches in den Jahren 1803 und 1806 – so häufig und zu Unrecht mit dem Einsturz eines rettungslos morschen Gebäudes verglichen – war lediglich die Folge eines Einwirkens äußerer Mächte, vor allem seit dem Dreißigjährigen Krieg und dem Westfälischen Frieden (1648), und der zunehmenden Verlagerung der politischen Kräfte und ihrer Dynamik auf die einzelnen deutschen Staaten.
Der bekannte Dualismus Österreich-Preußen erhielt durch die Ideen der Französischen Revolution und aufgrund der unerhörten Veränderungen Europas durch Napoleon eine Explosivkraft, die ihm als einem bloßen Machtkampf alter Konvenienz niemals zugeströmt wäre. Zwei Phänomene gewinnen in diesen Jahrzehnten ihr Profil: Die Vorstellung, daß Politik und politisches Handeln das Ziel besitzen, einen Zustand des Gleichgewichts der Kräfte und Mächte herbeizuführen. Zweitens die Verlagerung der politischen Führung aus den Händen der Fürsten in die Hände derjenigen, die bis dahin als Untertanen bezeichnet wurden und die auch so lebten.
Beide Phänomene besitzen ihre Vorgeschichte. Schon seit Machiavellis Grübeleien über die Natur der politischen Tätigkeit drangen zunehmend Begriffe aus der neuen Naturwissenschaft, zumal der Mechanik und Astronomie, in das Gebiet des Historisch-Politisch-Staatlichen ein und durchsetzten das Vokabular: Ausdrücke wie Kräftespiel, Gleichgewicht, Gravitation, Vakuum – vor allem Machtvakuum, Beharrung, Opposition, Revolution. Von solchen Vorstellungen samt den dazugehörigen Begriffen wurde im 18. und 19. Jahrhundert nicht nur weithin die politische Ideenwelt geprägt, sondern sie übten ihre Wirkung auch auf das praktische Verhalten der Staatsmänner aus. Wieviel sich davon bis heute hielt, läßt sich täglich durch einen Blick in den weltpolitischen Teil der Presse überprüfen. Allerdings konservierten sich nur die Einzelbegriffe; ein zusammenhaltendes System besteht nicht mehr.
Von größter Bedeutung war die Vorstellung von der Machtbalance, die Idee vom Gleichgewicht der Kräfte. Das Stichwort »Kräfte« liefert die Verbindung zu dem zweiten Phänomen. Die Französische Revolution markiert endgültig diejenige Stelle, an der die überlieferten, legitimen Rechte der Herrscher von den Völkern selbst beansprucht und an sich gezogen wurden, und zwar kraft anderer Legitimationsbezüge: Naturrechte, Menschenrechte, Grundrechte der Völker, Unantastbarkeit der

ethnischen Individualität, Nationalsprache – Nationalkultur – Nationalstaat als autonome Werte und Größen und, als jüngste Variante, das Recht auf Identität. Diese wenigen Begriffe genügen, um deutlich zu machen, welche neuartigen Vorstellungen und Ansprüche damals und seitdem auf die politische Bühne drängten.

Beide Phänomene griffen im 19. Jahrhundert ineinander; teils ergänzten sie sich wechselseitig, teils führten sie auch, zumal dort, wo sich die Traditionen früherer Machtkonstellationen stärker erwiesen als es den Fürsprechern der neuen Ideen lieb war, zu heillosen Spannungen und praktisch unauflöslichen Widersprüchen. Wer die Koalitionen und Parteiungen, Beistandspakte und Verträge der letzten zwei Jahrhunderte in Europa unter diesem Gesichtspunkt überprüft, kann nur mit Mühe die Vermutung unterdrücken, daß Politik die Kunst des Unbegreiflichen sei.

In Mitteleuropa endete der Impetus zur Bildung eines deutschen Nationalstaates in der Reichsgründung Bismarcks 1871. Unter den Merkzeichen des in Europa inzwischen prinzipiell akzeptierten Rechtes der Völker, ihre Nationalität politisch auch durch die Bildung eines entsprechenden Staates auszudrücken, konnte die Reichsgründung als ein natürlicher Prozeß betrachtet und hingenommen werden. Dieses vergleichsweise gelassene Gefühl, dem etwa in England dieselben Sympathien korrespondierten, mit denen knapp ein halbes Jahrhundert vorher liberalerseits dem griechischen Freiheitskampf applaudiert worden war, konnte nicht entfernt die düsteren Empfindungen der Angst und Bedrohung mildern, die ihre Wurzeln in den Räumen des anderen Vorstellungsbezirks hatten: Die Entstehung des zweiten Deutschen Reiches bedeutete nämlich eine radikale Veränderung der Landkarte Europas, sie zerstörte das mühsam gewahrte Gleichgewicht der Kräfte nachhaltiger, als die Revolutionen von 1848 die europäische Balance zerstört hatten, die vom Metternichschen System garantiert worden war.

Am empfänglichsten für die Bedeutung der politischen Machtverlagerung und ihre Auswirkungen war man in Großbritannien, wobei die besorgten Staatsmänner in London ohne Beschwernisse den Vorrang der britischen Staatsräson unbezweifelt ließen und ebenso die Tatsache übergingen, daß England erst kurz zuvor den mörderischen Kampf um die Weltmeere für sich entschieden hatte und das größte Imperium der Neuzeit, wenn nicht überhaupt der Weltgeschichte regierte. Die Reichsgründung wurde auf der Insel als die eigentliche Revolution des ganzen Jahrhunderts empfunden.

Das traf den Kern des Sachverhaltes. Das Gleichgewichtskonzept hatte sich in den Jahren 1870/71 bar aller Substanz erwiesen, insbesondere in britischer Sicht, da die Reichsgründung die Rangordnung der europäischen Mächte grundlegend veränderte. Auch in der Perspektive der direkten Nachbarn hatte seit 1871 der Stellenwert Mitteleuropas, also Deutschlands in der Mitte Europas, kaum noch etwas mit früher zu tun. Wenn Frankreich die Situation vor zweihundert Jahren als Maßstab für die Gegenwart betrachtete, dann war die Veränderung tatsächlich katastrophal. Damals bildeten die deutschen Gebiete des Reiches ein Konglomerat kleiner Fürstentümer, dessen lockerer Zusammenhang den linksrheinischen Anrainer geradezu dazu ermunterte, die politischen Vorstellungen von der angemessenen Macht des absoluten Staates und seines Königs auch territorial auszudrücken, das heißt konkret: seine Westgrenze an den Rhein zu verlegen. Dieses Ziel bildete eine der traditionellen Konstanten europäischer Wunschpolitik; ähnliches bedeuten die Dardanellen den Russen. Nach dem Ersten Weltkrieg konnten die Amerikaner und Engländer nur unter großem Einsatz die Franzosen daran hindern, das linksrheinische Gebiet, so wie es Marschall Foch in manischer Hartnäckigkeit forderte, zu annektieren. Selbst General de Gaulle hatte zeitweilig ähnliche Versuchungen heroisch in sich niederkämpfen müssen.

Das Wilhelminische Reich

Die Reichsgründung von 1871 bedeutete in der Tat die Entstehung eines neuen Gravitationszentrums, durch das zwar – orientiert man sich an den Kategorien übernationaler und überstaatlicher Natur – der politische Raum des alten Kontinents in einer Form durchgegliedert wurde, die der Funktion des mitteleuropäischen Bereichs im Gefüge Gesamteuropas in etwa so entsprach, wie es nur in den ausgeglichensten Zeiten des »Heiligen Römischen Reiches« der Fall gewesen war, bei dem jedoch die Anrainer und Nachbarn bestenfalls während der Jahre, in denen Bismarck die deutsche Außenpolitik bestimmte, ein Gefühl der geordneten Ruhe besaßen – mit Ausnahme freilich des französischen Nachbarn. Bismarck selbst zählte zu den wenigen, die ein klares Bewußtsein davon besaßen, daß die weitgehende Realisierung der nationalstaatlichen Wünsche und Rechte der Deutschen das neugeschaffene Reich in das eigentliche Gravitationsfeld Europas verwandelt hatte. Diese durchgreifende Veränderung der kontinentalen Staatenordnung mußte Frank-

reich wohl oder übel als eine unerträgliche Bedrohung auslegen, abgesehen von den Empfindungen des verletzten Stolzes, der gekränkten Ehre und dergleichen mehr. Bismarck schloß daraus nicht unzutreffend auf eine unversöhnliche Gegnerschaft. Deshalb rangierte Frankreich in seiner Außenpolitik gewissermaßen als negative Größe. Sein verwickeltes Bündnissystem lief auf eine möglichst lang währende Isolierung Frankreichs hinaus.
Allerdings hatte er die Kräfte unterschätzt, durch die in Deutschland die industriell-wirtschaftliche Entwicklung vorangetrieben wurde und die bei den Nachbarn Deutschlands die Sorgen wegen der Verlagerung der politischen Schwergewichte in den mitteleuropäischen Raum noch erheblich steigerten, bis hin zu berechtigten oder imaginierten Existenzängsten. Im Jahr 1879 gab es nicht mehr als vierzehn deutsche Kartelle; zwanzig Jahre später zählte man bereits über dreihundert. Von 1871 bis zum Beginn des Ersten Weltkriegs wurde die deutsche Eisenförderung nahezu vervierfacht. Die Roheisen- und Stahlerzeugung wuchs um das Zehnfache. 1914 stand das Deutsche Reich ohne Konkurrenz an der Spitze der europäischen Eisen- und Stahlerzeugung. Großbritannien wurde nicht nur hier, sondern auch im Welthandel von Deutschland überflügelt. Das Reich nahm schon um die Jahrhundertwende den zweiten Platz hinter den Vereinigten Staaten von Amerika ein. Mit dem Export stand es ähnlich; nach den Gesamtzahlen war Großbritannien bereits 1895 von Deutschland in der Industrieproduktion überholt worden. Mit dieser Wirtschaftsexpansion der Deutschen begann der erste kalte Krieg des 20. Jahrhunderts.
Die Lage des Deutschen Reiches innerhalb Europas mit seinem wirtschafts-imperialistischen Eindringen in das Export-Import-Geflecht, dessen Struktur bis dahin von Großbritannien bestimmt worden war, gehörte zu den tiefgreifendsten Folgen der Reichsgründung. In diesem Zusammenhang kommt es auf die Analyse einzelner politischer Maßnahmen, Vorhaben oder Fehler nicht an; ebensowenig auf mehr oder weniger glückliche Ansprachen Wilhelms II. oder die revanchelüsterne Schnauzbärtigkeit Clemenceaus. Die politische Klugheit, den Nachbarn einiges nachzusehen, fehlte vollständig.
War diese Lage des Deutschen Reiches, das nach dem Zerfall des Koalitions- und Vertragsgespinstes von Bismarck nur Österreich-Ungarn als verläßlichen Partner hatte, anomal? Eine stattliche Reihe deutscher Historiker – spezialisiert auf deutsche Fehler – entschied sich für ein kaum eingeschränktes »Ja, die Lage war anomal«. Sie erläuterten

allerdings nicht, auf welche Weise Deutschland seine Nachbarn und Konkurrenten hätte beruhigen können? Durch Drosselung seiner Exporte? Durch Veränderungen seiner Stahlproduktion und Kohleförderung? Durch Orientierung seiner Handelsbilanz an einer gedachten roten Marke, deren Überschreitung die bevorstehende Verwandlung der Wirtschaftskonkurrenz in Militärbedrohung angezeigt hätte?
Selbst der ständig wiederholte Hinweis auf die unkluge kaiserliche Flottenpolitik erntet den meisten Beifall bei uns selbst. Ein Marinefachmann wie Winston Churchill, der immerhin soviel politischen Sinn besaß, um Vorwand und Ursache voneinander trennen zu können, und auch den Zynismus hatte, dasselbe im geeigneten Moment vergessen zu können, Churchill zuckte nur die Achseln: Die deutsche Flottenrüstung allein sei für Großbritannien kein zureichender Kriegsgrund gewesen. Und was schließlich vor 1914 die Deutschen selbst betraf, so hielten sie weder ihre Lage noch sich selbst für anomal, neurotisch oder krank, jedenfalls nicht mehr und nicht weniger als vergleichbare Völker – bei aller Großmannssucht, politischen Hybris und Überheblichkeit der Wilhelminischen Zeit.

Die These von der Kriegsschuld

Normal schien auch der Erste Weltkrieg zu beginnen, mit patriotischen Reden, mit Abertausenden von Freiwilligen in den kriegführenden Staaten. Normal waren selbst die betroffenen Reaktionen der Staatsmänner und Diplomaten, als feststand, daß es kein »Zurück« gab. Das reichte von der Klage über die in Europa ausgehenden Lichter bis zu dem Resignationswort, daß alle Staaten in den Krieg hineingeschlittert seien. Wer mit Spekulationen nichts zu tun haben will, muß davon ausgehen, daß sich die Frage nicht beantworten läßt, wer oder was nun eigentlich den Ersten Weltkrieg verursacht hat.
Die in den sechziger Jahren unseres Jahrhunderts neu entfachte Debatte über die deutsche Kriegsschuld erbrachte als haltbares Ergebnis nur die Einsicht, daß anhand der Bejahung oder Verneinung der Kriegsschuld Deutschlands eine politisch-ideologische Etikettierung der Kontrahenten, unter Mißachtung aller Argumente, vorgenommen wurde. Man kann auch ruhigen Gewissens auf die Erörterung solcher Probleme verzichten: Gab es damals bereits eine generelle Ächtung des Krieges? Kannte man die Unterscheidung von (gerechtem oder ungerechtem) Angriffskrieg und (stets gerechtem) Verteidigungskrieg, und zwar au-

ßerhalb der rein theoretischen, also politisch unverbindlichen Diskussion?

Doch so »normal« in einem traditionellen Sinn der Erste Weltkrieg auch begann, so rasch entwickelte er sich zu einer Auseinandersetzung völlig neuer Art. Neu war nicht nur, daß die moderne Technik den Kämpfen, der Taktik und Strategie das Gepräge gab, sondern daß die Richtung auf den totalen Volks- und Existenzkrieg auch neue Begriffe auftauchen ließ und neuen Kategorien Gültigkeit verschaffte.

Die Kriegsursachen, über die sich keiner der Staatsmänner und Politiker schlüssig zu werden vermochte, verwandelten sich schon im Verlauf der Julikrise 1914 während der hektischen Verhandlungen der europäischen Diplomaten zur Kriegsschuld, die von einem Regierungsschuh in den anderen geschoben wurde. Von der Veröffentlichung der Verhandlungen der einzelnen Staaten bereits zu Beginn des Krieges wanderte die wechselseitige Schuldbezichtigung in die Kriegspropaganda. Sie wurde quasi offiziell, als die Entente in ihrer Antwortnote auf Präsident Wilsons Friedensofferte vom 18. Dezember 1916 die These von der alleinigen Kriegsschuld der Mittelmächte als politisches Beweismittel ins Spiel brachte. Spätestens zu dieser Zeit waren sich die Beteiligten darüber klar, daß über die Verantwortung für den Krieg, über die Kriegsschuld, keine Instanz entscheiden würde, die sich außerhalb der Parteiungen befand, sondern daß sie der Sieger dem Besiegten aufbürden würde.

Die Kategorie der Kriegsschuld war in dieser Form etwas gänzlich Neues. Sie schloß eine sittlich-moralische Disqualifikation des Kontrahenten ein, und zwar grundsätzlicher Art: Der militärische Gegner verwandelte sich in den Verbrecher. Die volle Härte dieser Entgegensetzungen zeigte sich erst nach Beendigung des Krieges, denn bis dahin stand noch nicht fest, wer Sieger und wer Verlierer sein würde. Ebenso wurde erst im Verlauf der Jahre 1914/1918 der letzte Schritt vollzogen vom klassischen Kabinettskrieg zum ausschließlichen Volkskrieg, zur Ineinssetzung des Volkes mit seiner Regierung und der militärischen Führung; auch die Trennung zwischen kämpfender Truppe und Zivilbevölkerung wurde zunehmend unpräziser. Die deutschen Zeppeline über London zeichneten Richtungslinien des Luftkrieges vor, die ohne Umwege bis zu den westalliierten Bomberflotten des Zweiten Weltkrieges führten. Zwischen 1914 und 1918 wurden jedenfalls wesentliche Markierungen angebracht für den Weg, auf dem sich die Einstufung des Krieges als einer militärischen Auseinandersetzung zweier oder mehrerer Mächte verwandelte in ein kriminelles Unternehmen, das von langer Hand vorbereitet, bewußt geplant und schonungslos durchgeführt wurde und für das ausschließlich der Unterlegene verantwortlich war.

Das Diktat von Versailles

Unter dem Aspekt des Neurosen-Themas ist das Problem der Kriegsschuld weit mehr als nur ein Sujet für akademische Denkspiele. Sobald Regierung und Verfassung zu Repräsentanten des Volksganzen werden, wie das in allen demokratischen Verfassungsstaaten der Moderne der Fall ist, steht die äußere Situation eines Staates mit seinen inneren Verhältnissen in einem nicht zu durchbrechenden Bedingungszusammenhang. Deshalb mußte sich das Kriegsschuldproblem massiv auf die innenpolitischen Zustände und genauso stark auf die Selbsteinschätzung der Deutschen auswirken. Daß es sich beim Kriegsschuldartikel des Versailler Vertrages keineswegs nur um eine nebensächliche Beleidigung handelte, ergibt sich aus dem Text selbst. Der Artikel 231 lautete zwar lediglich: »Die alliierten und assoziierten Regierungen erklären und Deutschland erkennt an, daß Deutschland und seine Verbündeten als Urheber aller Verluste und aller Schäden verantwortlich sind, welche die alliierten und assoziierten Regierungen und ihre Angehörigen infolge des ihnen durch den Angriff Deutschlands und seiner Verbündeten aufgezwungenen Krieges erlitten haben.« – Doch dieser lapidare Satz ist vor dem Hintergrund der Mantelnote vom 16. Juni 1919 zu lesen, die das Schuldproblem aus alliierter Sicht nochmals zusammenfaßte.
Die Note war dem Ultimatum beigegeben, mit dem die deutsche Regierung gezwungen wurde, den Friedensvertrag zu unterschreiben. Das Fazit lautete: Der Weltkrieg von 1914 bis 1918 sei das größte Verbrechen gegen die Menschheit und gegen die Freiheit der Völker gewesen, das jemals von einer Nation mit Bewußtsein begangen worden sei. Die Regierenden des Deutschen Reiches hätten, wie es alte preußische Tradition sei, seit langer Zeit die Vorherrschaft in Europa angestrebt, um dieses Europa genauso zu tyrannisieren, wie sie das Deutsche Reich selbst tyrannisiert hätten. Ihren Untertanen hätten sie die Lehre eingeschärft: Gewalt ist Recht. Unablässig hätten sie militärisch zu Wasser und zu Lande gerüstet, um ihre Nachbarn im geeigneten Augenblick mit höchster Sicherheit und Leichtigkeit zu zerschmettern. Als diese Vorbereitungen abgeschlossen gewesen seien, habe das Deutsche Reich seinen Verbündeten – das von ihm in Abhängigkeit gehaltene Österreich-

Ungarn – dazu ermuntert, Serbien innerhalb von achtundvierzig Stunden den Krieg zu erklären; daraufhin habe das Deutsche Reich, allen Versuchen der Versöhnung zum Trotz, den Weltkrieg entfesselt. Dieses Verhalten des Deutschen Reiches sei ohne Beispiel. Die schreckliche Verantwortlichkeit lasse sich in der Tatsache zusammenfassen, daß mindestens mehr als sieben Millionen Tote in Europa begraben lägen, während mehr als zwanzig Millionen durch ihre Wunden und Leiden Zeugnis davon gäben, daß das Deutsche Reich durch den Krieg seine Leidenschaft für Tyrannei habe befriedigen wollen. Dieser Krieg sei nicht nur ein Verbrechen gegen die Menschheit gewesen, sondern auch gegen das Recht. – Der englische Premierminister Lloyd George bekräftigte am 3. März 1921 erneut, daß für die Alliierten die deutsche Verantwortung für den Krieg grundlegend sei; sie bilde das Fundament, auf dem sie den Bau von Versailles errichtet hätten. Wenn dies abgelehnt oder aufgegeben werden würde, sei der Vertrag zerstört.

Die Feststellung des Kriegsschuldartikels war mithin nicht deklamatorischer Art, sondern die faktische Grundlage der Einzelbestimmungen des Versailler Vertrages, angefangen von der radikalen Minderung der Souveränität in praktisch sämtlichen Bereichen, also der Gebiets- und Wehrhoheit, der Finanz- und Gerichtshoheit des Staates; hinzu kamen die Sanktionsklauseln, die alle Möglichkeiten der militärischen Intervention offenließen. Zwei Sachverhalte wirkten sich besonders destruierend aus: 1. Da alle Bestimmungen des Friedensvertrages und ebenso alle Maßnahmen, die seinem »Vollzug dienten, Vorrang vor der Reichsverfassung beanspruchten, war die Verfassungsautonomie der deutschen Republik aufs schwerste beeinträchtigt ... Die dauernde einseitige Unterwerfung der Weimarer Republik unter die Bestimmungs- und Einmischungsmacht einer Gruppe hegemonialer Mächte stellte mit der Souveränität auch die Verfassungsautonomie der Weimarer Republik vom Anfang bis zum Ende ihres Bestehens in Frage« – so die Feststellung des Staatsrechtlers Ernst Rudolf Huber. 2. Dem deutschen Volk wurde das Selbstbestimmungsrecht, wie es in den vierzehn Punkten Präsident Wilsons proklamiert und allen anderen Völkern konzediert wurde, verweigert.

Hält man sich an den Buchstaben, so läßt sich zwar behaupten, daß auch für die Weimarer Republik das Grundrecht auf nationale Existenz und autonome Verfassung dem Prinzip nach Geltung besaß; doch man kann andererseits nicht behaupten, daß mit dem Friedensvertrag von 1919 den besiegten Deutschen eine überzeugende, haltbare Grundlage gegeben

wurde, auf der sich eine staatliche Erneuerung durchführen und Selbstbehauptung politisch erfolgreich praktizieren ließ, von Selbstbestimmung ganz zu schweigen.
Korrekt sind die Friedensvereinbarungen als »Versailler Vertrag« zu bezeichnen. Doch die einseitigen Verhandlungen, die Ultimaten, mit denen die deutsche Regierung zur Unterschrift genötigt wurde, der Kriegsschuldartikel und eine Fülle weiterer Umstände rechtfertigten für die Deutschen die Bezeichnung »Diktatfrieden«. Aus der Kausalkette, in die der Kriegsschuldartikel gestellt wurde, wird begreiflich, warum sich der Kampf gegen die Vertragsbestimmungen von Anfang an in einen Kampf gegen die Schuldbehauptung, die »Kriegsschuldlüge« entwickelte, wie sie im offiziellen Sprachgebrauch der deutschen und österreichischen Regierung schon während der zwanziger Jahre genannt wurde; Österreich mußte in dem Artikel 117 des Vertrages von Saint-Germain denselben Wortlaut unterschreiben wie die Deutschen in Artikel 231. Vom »Diktatfrieden« sprachen überdies zur selben Zeit auch nachdenklichere Politiker der Siegermächte, so etwa der US-Staatssekretär Robert Lansing.
Wer die spätere Vertragsbrüchigkeit des Deutschen Reiches im Zusammenhang mit dem Nationalsozialismus und dem Zweiten Weltkrieg beanstandet, sollte dies nicht tun, ohne zu berücksichtigen, was der deutsche Außenminister Graf Brockdorff-Rantzau nach der ersten Lektüre des Vertragstextes bemerkte: »Er steht in schroffstem Widerspruch mit der vereinbarten Grundlage für einen dauerhaften Rechtsfrieden. Nahezu keine einzige Bestimmung des Vertragsentwurfes entspricht den vereinbarten Bedingungen, und der Entwurf fordert in territorialer Hinsicht die Annexion rein deutschen Gebietes und die Unterdrückung des deutschen Volkstums. Er bringt die völlige Vernichtung des deutschen Wirtschaftslebens. Er führt das deutsche Volk in eine in der Weltgeschichte bisher nicht gekannte finanzielle Sklaverei. Die Verwirklichung dieses Vertragsentwurfs würde für die ganze Welt ein neues Unglück bedeuten.«
Graf Brockdorff-Rantzau trat wenig später aus Protest zurück, kurz darauf erfolgte die Gesamt-Demission des Kabinetts. Bevor die neue Reichsregierung Bauer die Abmachungen unterzeichnete, ließ sie am 23. Juni 1919 durch den Gesandten von Hamiel, den neuernannten Leiter der Friedensdelegation, in Versailles folgende Note überreichen: »Die Regierung der Deutschen Republik hat aus der letzten Mitteilung der alliierten und assoziierten Regierungen mit Erschütterung ersehen,

daß sie entschlossen sind, von Deutschland auch die Annahme derjenigen Friedensbedingungen mit äußerster Gewalt zu erzwingen, die, ohne eine materielle Bedeutung zu besitzen, den Zweck verfolgen, dem deutschen Volke seine Ehre zu nehmen. Durch einen Gewaltakt wird die Ehre des deutschen Volkes nicht berührt. Sie nach außen hin zu verteidigen, fehlt dem deutschen Volk nach den entsetzlichen Leiden der letzten Jahre jedes Mittel. Der übermächtigen Gewalt weichend, und ohne damit ihre Auffassung über die unerhörte Ungerechtigkeit der Friedensbedingungen aufzugeben, erklärt deshalb die Regierung der Deutschen Republik, daß sie bereit ist, die von den alliierten und assoziierten Regierungen auferlegten Friedensbedingungen anzunehmen und zu unterzeichnen.«

Formaljuristisch ist Vertragstreue zweifelsohne die Voraussetzung jedes sinnvollen Vertragsabschlusses, wobei allerdings offen bleibt, inwiefern »auferlegte Friedensbedingungen«, die unter so vehementem Protest angenommen und unterzeichnet werden, eine Basis derartiger Vertragstreue zu bilden vermögen. Was der so oft und mitunter recht schwierig zu erfassende Geist der Verträge bedeutet, der einer Vereinbarung erst das Leben gibt, scheint im Fall des Versailler Vertrages deutlich zu sein. Kein Dokument der deutschen Geschichte, ausgenommen möglicherweise der Westfälische Frieden, hatte bis dahin tiefer in die politische Wirklichkeit der Deutschen eingegriffen. Schließlich ging es in Versailles nicht um belanglose Paragraphen. Wie es mit den Sanktionsklauseln stand, wurde von den Franzosen bereits im Ruhrkampf demonstriert. Jeder Deutsche bekam es drastisch zu spüren, daß die Sieger entschlossen waren, den Vertrag mit allen Mitteln zu verwirklichen; Brockdorff-Rantzaus Befürchtungen schienen keine Schwarzmalerei gewesen zu sein. Die militärischen und politischen Sanktionsklauseln gestatteten es, jederzeit in deutsches Staatsterritorium einzumarschieren und Gebiete zu besetzen, und zwar nach Gutdünken der Siegermächte; der Vertrag berechtigte sie, falls Deutschland die Bedingungen in irgendeinem Punkt nicht erfüllte, sämtliche Maßnahmen zu ergreifen, »die den betreffenden Regierungen durch die Umstände geboten erscheinen könnten«, wie es in Teil VIII des Vertragstextes festgelegt worden war.

Der Einmarsch ins Ruhrgebiet war eine praktische Demonstration dieser Bestimmung. Gemäß dem Vertrag stand den Siegern auch das Recht zu, nach Aufhebung der Rheinlandbesetzung sich zu einem erneuten Einmarsch zu entschließen, falls die zuständige Kommission Unregelmäßigkeiten beim Erfüllen der deutschen Reparationsverpflichtungen feststellte. Die Sanktionsklauseln galten zeitlich unbefristet, das heißt bis zur Tilgung der deutschen Reparationsschulden, also entsprechend den damals realistischen Erwartungen auf Jahrzehnte hinaus.

Reaktion der Deutschen

Wenn man den Versuch unternimmt – den zögernden, durchaus nicht selbstsicheren Versuch –, so etwas wie eine Rangordnung der Belastungen zu gewinnen, kann man nicht umhin festzustellen, daß der Versailler Vertrag in erster Linie deshalb nicht zur Grundlage einer europäischen Friedensordnung wurde, weil der Kriegsschuldartikel 231 die historische Wahrheit genauso versehrte wie die deutsche Selbstachtung. Wie wir das heute beurteilen, spielt eine nebengeordnete Rolle, denn für die Deutschen damals handelte es sich nicht um einen Point d'honneur aus dem Katalog einer überholten Satisfaktionsfähigkeit. Selbst derjenige, der dies nunmehr aufgrund späterer Erfahrungen so einschätzt, wird dem Artikel 231 sein außerordentliches Gewicht für die damalige Lage Deutschlands nicht bestreiten können, wenn er sich ohne Voreingenommenheiten bemüht, über die Komplikationen und Ausweglosigkeiten der Weimarer Jahre und des – sich vor dem Hintergrund der Folgen von Versailles bündig anschließenden – Dritten Reiches Klarheit zu gewinnen.

Die Parteiungen, die politischen Kämpfe, die gesamte Innenpolitik seit 1919, die Inflation, alle außenpolitischen Aktivitäten, die Versuche, sowohl durch Kooperation mit dem Osten als auch durch Ausgleich mit dem Westen Freiräume zurückzugewinnen, in denen souveränes politisches Handeln möglich war – der ganze Alltag der Weimarer Republik wurde durch Versailles und seine Auswirkungen geprägt.

Daß wir heute, nahezu nach einem dreiviertel Jahrhundert, noch in anderen Dimensionen zu denken vermögen, wenn es um die Natur und das Gewicht politischer Lasten, um Beschädigungen und Demütigungen geht, relativiert die Bestimmungen von Versailles bestenfalls vor der Meßlatte einer fiktiven Absolutheitsskala des Unzumutbaren. Den Deutschen jener Zeit war mit einem Philosophentrost aus dem Einsiedlerstübchen nicht geholfen. Auch wer Hunderte von zeitgenössischen Texten, Tagebüchern, Zeitungen, politischen Reden durchforstet, wird in Weimar keine ernstzunehmende Stimme entdecken, die den Versailler Vertrag nicht als maßgebende Dominante eingeschätzt hätte, von seinen Auswirkungen tief verstört gewesen wäre und etwas von der »Axt an der Wurzel des Baumes« gefühlt hätte. Ein Zitatenkaleidoskop der Meinungen wäre dem Sachgehalt nach nicht abwechslungsreich. Die Spannweite läßt sich durch zwei Urteile andeuten. Der achtzigjährige Ernst Jünger beantwortete in einem Interview die Frage, welche Reaktion der Versailler Vertrag ausgelöst habe, mit einem kurzen: »Gegen so etwas gab es nur eines: kämpfen, und zwar mit jedem Mittel.« In den zwanziger Jahren selbst notierte der Politiker August Winnig: »Deutschland harrte der Dinge wie ein Verdammter des Gerichts.« Historisch läßt sich zur »deutschen Neurose« ohne Versailles kaum etwas Stichhaltiges sagen, und zwar sowohl im Hinblick auf die Verletzungen, die sich für die Deutschen damit verbanden, als auch im Hinblick auf die politischen Statusveränderungen Deutschlands innerhalb der supranationalen Gesamtordnung der europäischen Einzelstaaten; hier wurzelten die Vorbehalte und das tiefe Mißtrauen gegenüber dem Völkerbund.

Die Verletzung, das Trauma, hing mit dem prinzipiellen Unterschied des Versailler Vertrages im Vergleich zu allen früheren Friedensschlüssen zusammen. Bis zu diesem Epochenbruch hatte sich selbst durch sämtliche Kriege hindurch ein Minimum an sakrosankten Normen gehalten, das den verfeindeten Partnern den Fortbestand einer gemeinsamen Grundlage garantierte, die sie nie verließen und auf der sie sich nach Beendigung der Feindseligkeiten wieder friedlich arrangieren konnten; programmatisch dafür war die Schrift von Hugo Grotius »De iure belli ac pacis« aus dem Jahr 1625. Nur dadurch war stets eine fast überraschend komplikationslose Rückkehr auf das Fundament der alle Staaten einbeziehenden Friedensordnung möglich gewesen. Ferner lag in früheren Friedensbedingungen niemals auch nur entfernt die Intention einer Vernichtungsabsicht, die den Krieg verkappt außerhalb der militärischen Auseinandersetzung fortgeführt hätte. Das galt nicht einmal für den besonders harten Frieden von Tilsit (1807). Friedensschlüsse dokumentierten den Willen der Kontrahenten, also der Sieger und der Besiegten, allen Beteiligten in der wiederhergestellten Staatengemeinschaft eine befriedete Existenz zu ermöglichen.

Deshalb bildet der Friedensvertrag eine grundlegende Voraussetzung der staatlichen Ordnung beider oder aller beteiligten Partner: Der Sieger gewann größere Sicherheit und größere Möglichkeiten der Selbstentfaltung. Der Besiegte dagegen erhielt trotz der Opfer, zu denen er sich bereit fand, einen ausreichenden Boden für seine staatliche Restitution und Regeneration. Das Wesen des klassischen Friedensvertrages in der Ägide des neuzeitlichen Völkerrechts bestand für den militärisch Unterlegenen in erster Linie in der Respektierung seines Rechts auf staatliche Existenz; das schloß auch seinen Anspruch auf Verfassungsautonomie ein.

Deshalb spricht ein Vergleich des Versailler Vertrages mit den Beschlüssen des Wiener Kongresses oder des Friedens nach dem Deutsch-Französischen Krieg von 1870/71 für sich, ebenso der Umstand, daß der Zweite Weltkrieg nicht mit einem Friedensvertrag beendet wurde, was gänzlich zu Lasten der unterlegenen Deutschen geht. So erheblich für sie die Datendifferenz zwischen 1945 und 1918 ist, so unbestreitbar bleibt es, daß der Versailler Vertrag Deutschland nicht als ebenbürtigen Völkerrechtspartner anerkannte, daß ihm die gleichartigen Rechte vorenthalten wurden und deshalb zwischen den internationalen Bindungen und der nationalen Souveränität kein Angemessenheitsverhältnis bestand, sondern eine Disqualifikationsentsprechung: hier die kraft weltrichterlicher Unantastbarkeit strafenden Siegermächte von den USA bis Uruguay – dort der zu bestrafende Staat »Deutsches Reich«.

Nicht nur der Kontrast zu den klassischen Friedensverträgen und dem klassischen Völkerrecht, sondern auch die unterschiedliche Stufung der Vertragspartner, das Hineinspielen von sittlichen, allgemein-humanitären, historischen, ja auch geschichtsphilosophischen Momenten in die Begründungen und Rechtfertigungen der Vertragsbestimmungen zeigt die Tiefe der politischen Zäsur des Jahres 1919. Sub specie aeternitatis und ähnlich abgeklärten Perspektiven scheint es zweckmäßig zu sein, sowohl die wütende Energie der Sieger, die von genausoviel Kraft wie Angst gespeist wurde, etwas kopfschüttelnd zu registrieren, als auch zu staunen über die Wut der Deutschen, die Erbitterung über die zugefügte »Schmach«, über die Beleidigungen und Kränkungen, die in Paragraphen eingekleidet und mit Waffengewalt praktiziert wurden.

Die Reaktionen würden sich leichter in die Gebiete von Michael Kohlhaas abschieben lassen, wenn nicht so außerordentlich viel Haß und Verachtung dabei eine Rolle gespielt hätten. Selbst im Rückblick erscheint die hilflose Resignation eines so kritischen Zeitgenossen wie Arthur Koestler noch beklemmend genug, als er nach dem Zweiten Weltkrieg in seinem biographischen Bericht »Der Pfeil ins Blaue« schrieb: »Wir kämpften gegen die sinnlosen Reparationsforderungen der ehemaligen Alliierten und ihren scharfen Kurs gegen die Weimarer Republik, der den deutschen Chauvinisten und Revanchepolitikern Wasser auf die Mühlen leitete. Wir sahen die Torheit der Siegermächte, die immer noch die Möglichkeit hatten, ein neues Europa zu errichten, und sich statt dessen sinnlosen Eifersüchteleien hingaben. Wir waren sehr aufgeklärt. Kurz und gut, wir standen in jeder Hinsicht auf der Seite der Engel.«

Innerer Zustand Deutschlands

Die Folgen, die sich aus einer Annahme des Versailler Vertrages ergeben würden, skizzierte besonders hellsichtig Graf Brockdorff-Rantzau. In seinem Rücktrittsgesuch unterstrich er die politische Bedeutung jener moralischen und nationalstaatlich-demokratischen Grundsätze, zu denen sich seit 1918 auch Deutschland bekannte: »Das deutsche Volk ist jetzt in der Welt der Vorkämpfer der demokratischen Idee. Es handelt sich um eine Weltmission, die es berufen ist zu erfüllen, wenn es sich nicht selbst aufgibt. Die klare, unzweideutige Vertretung einer Politik demokratischer Selbstbestimmung und sozialer Gerechtigkeit ist künftig die Daseinsberechtigung des deutschen Volkes; sie und die unerbittliche Kampfansage gegen den Kapitalismus und den Imperialismus, dessen Dokument der Friedensentwurf unserer Gegner ist, sichert ihm eine große Zukunft.«
Hier wurden in einem Aufriß wesentliche Gegensätze, politische Argumente und willensmäßige Optionen vorweggenommen, die in den folgenden Jahren zunehmend deutlicher hervortraten. Bedenkt man – um es noch einmal hervorzuheben – die enormen Rückwirkungen der äußeren Verhältnisse eines Staates auf seine inneren Zustände, so wird auch die heillose Zerrissenheit der Republik von Weimar faßlicher, und man darf eine stattliche Reihe von Versuchen auf sich beruhen lassen, die Entwicklung jener Republik dadurch zu verdeutlichen, daß ihre politischen Parteien anhand eines demokratischen Ur- oder Idealbildes in progressive Schafe und reaktionäre Böcke gesondert werden. Die immer wieder aufgegriffene, höchst berechtigte Frage, warum und woran die Weimarer Republik gescheitert sei, läßt sich anhand ihrer eigenen Bedingungen und Belastungen und aus den Krisen, die unmittelbar mit Versailles zusammenhängen, schlüssiger beantworten als durch scheinbar noch so überzeugende Nachweise von der Art: Die Deutschen seien nicht reif zur Demokratie gewesen; sie neigten erbbe-

dingt zur Diktatur; sie seien per se antidemokratisch; sie seien nicht disponiert zu mündigen Bürgern; ihre Verbrechensfähigkeit sei größer als bei anderen Völkern und so fort.
Wofür war der Parteienhader seit 1919, das ständig wechselnde Regierungskarussell, das Schaukeln von einer Krise in die andere, die Republikverdrossenheit, die kaum zu fassende und doch immer zu spürende Hoffnungslosigkeit – wofür war das charakteristisch? Wofür war die breite Zustimmung in den ersten Jahren der Regierung Hitler, der Aufbruchsenthusiasmus bis ins Jahr 1938, der Jubel in Österreich über den Anschluß, das Aufatmen im Sudetenland charakteristisch? Für eine Prädisposition der Deutschen schlechthin in Richtung Untermensch? Durch die Verfassung von Weimar hatte Deutschland zwar das radikalste Wahlrecht seiner Geschichte erhalten; es übertraf damit alle vergleichbaren Staaten. Doch Verfassungsartikel allein verhelfen noch nicht zu politischer Seligkeit. Die ununterbrochen vorhandene und ununterbrochen wachsende, durch keine Parteigrenzen festgelegte Gegnerschaft, die sich in tausendfachen Wendungen ausdrückte und die als Folie auch zu den vor allem post fest so gefeierten goldenen Zwanzigern gehörte, besitzt treibende Momente, die unschwer zu bestimmen sind; die besten analytischen Hilfen sind dabei die Urteile der Zeitgenossen. Die breit gebetteten Abwehr- und Verweigerungshaltungen bis 1933 in Deutschland, die fruchtlosen Versuche, den Vernunftrepublikanismus zu überwinden, das Umschlagen in die Gegenläufigkeit bis 1938, selbst die unvermeidliche Ineinssetzung von Regierung, Armee und Volk bis 1945 (es kommt nicht darauf an, ob sie erzwungen, passiv gewährt oder bejaht war), das alles würde gediegen als Bestandteil zu dem sogenannten Enantiodromie-Faktor passen, der bei Neurosen, für die der Psychologe und Psychiater zuständig ist, als Merkmal einer inneren Konfliktsituation oder Fehlhaltung eine so wesentliche Rolle spielt.
Zunächst noch einmal Ernst Jünger. Während eines Erinnerungsgesprächs im Jahr 1978 wurde ihm vorgehalten: »Zwischen den beiden Weltkriegen waren Sie ein entschiedener Gegner der Weimarer Republik.« Jüngers Antwort: »Sprechen wir lieber vom Versailler Vertrag. Wenn die Leute von Weimar unsere Interessen würdig vertreten hätten, wären wir mit ihnen gegangen.« Ein solcher Satz macht es zahlreichen achtbaren Spekulationen über die vorhandenen oder fehlenden Affinitäten der Deutschen zur parlamentarischen Demokratie nicht leicht.
Das Trauma in den zwanziger Jahren wurde nicht durch den Verlust des Krieges 1918 geschaffen; es entstand durch den Verlust von Deutsch-

lands moralisch-staatlicher Würde 1919. Die Auseinandersetzungen innerhalb der Parteien und untereinander waren weit weniger getragen vom Pro und Contra hinsichtlich der republikanischen Regierungsform, pro und contra Parlamentarismus und Demokratie, sondern weit mehr von der Verhältnisbestimmung gegenüber einer Staats- und Daseinsordnung des Volkes, wie sie Brockdorff-Rantzau umrissen hatte und woran die Republik in ihren Repräsentanten gemessen und schließlich verworfen wurde, dann nämlich, als sie sich nicht in der Lage zeigte, mit der schwersten aller ihrer Krisen Anfang der dreißiger Jahre fertigzuwerden. Die Parlamentarisierung und Demokratisierung trat zwar für die Deutschen 1918/19 in Erscheinung als eine radikale Verstümmelung demokratischer Prinzipien durch die Regierungen derjenigen Völker, die bis dahin als Protagonisten des Parlamentarismus und der Demokratie gegolten hatten; die Disqualifikation fand aber erst in zweiter Linie im innenpolitischen Feld statt, maßgebend waren die äußeren Verhältnisse.

Auf denselben Tatbestand, den Ernst Jünger mit der Wendung »unsere Interessen« umrissen hatte, zielte im Jahr 1930 Thomas Mann in seiner »Deutschen Ansprache«: »Der Versailler Vertrag war ein Instrument, dessen Absichten dahin gingen, die Lebenskraft eines europäischen Hauptvolkes auf die Dauer der Geschichte niederzuhalten; und dieses Instrument als die Magna Charta Europas zu betrachten, auf der alle historische Zukunft aufbauen müsse, war ein Gedanke, der dem Leben und der Natur zuwiderlief und der schon heute in aller Welt kaum noch zum Schein Anhänger besitzt ... Aber das deutsche Volk wird solcher Einsicht nicht gewahr, es hält sich notwendig an die Tatsachen, von denen es umgeben ist, und fühlt sich als Hauptopfer ihres Widersinns. Fast müßig schon, es auszusprechen, und doch notwendig, es immer wieder zu sagen: es ist kein haltbarer Zustand, daß inmitten von lauter bewaffneten und auf ihren Waffenglanz stolzen Völkern Deutschland allein waffenlos dasteht, so daß jeder, der Pole in Posen, der Tscheche auf dem Wenzelsplatz, ohne Scheu seinen Mut daran kühlen kann; daß die Erfüllung des Versprechens, die deutsche Abrüstung solle nur der Beginn der allgemeinen sein, immer wieder ad calendas graecas vertagt wird und jede Unmutsäußerung des deutschen Volkes gegen diesen Zustand als eine zu neuen Rüstungen auffordernde Bedrohung aufgefaßt wird. Diese Ungerechtigkeit ist die erste, die man nennen muß, wenn man dem deutschen Gemütszustand gerecht werden will; aber es ist nur zu leicht, fünf, sechs andere aufzuzählen, die sein Gemüt verdüstern, wie die absurden Grenzregelungen im Osten, die niemandem heilsame, auf das vae victis stumpfsinnig aufgebaute Reparationssystem, die völlige Verständnislosigkeit des jakobinischen Staatsgedankens für die deutsche Volksempfindlichkeit in der Minderheitenfrage, das Problem des Saargebietes, das keines sein dürfte, und so fort.«

Illusion des Gleichgewichts

Innerhalb der Entwicklungsstadien der deutschen Neurose gehören die Jahre des Zweiten Weltkriegs zur Verlaufsgeschichte der Anomalität, nicht zur Entstehungsgeschichte; deshalb sind sie für die Exploration unergiebig. Allenfalls wäre das große Schweigen aufschlußreich, das über den Interna liegt, zugedeckt von den führungsoffiziellen Verlautbarungen über die – wie es während des Krieges hieß – »Leistungen der Front und der Heimat«, zugedeckt auch von den zahllosen Untersuchungen über die besonderen Formen der NS-Diktatur zwischen 1939 und 1945.

Im März 1933 wurden von Thomas Mann Befürchtungen geäußert, die dafür zu sprechen scheinen, dem Zweiten Weltkrieg wegen seiner direkten Einbindung in die Wirkungsgeschichte des Versailler Vertrages kein selbständiges Gewicht für unser Thema zuzumessen; mit seinen Konsequenzen verhält es sich notwendigerweise anders. Thomas Mann stellte fest: »Diese Narren und blutigen Stümper [die Nationalsozialisten] werden scheitern. Und was dann? Was wird aus dem unglücklichen, jetzt berauschten und scheinglücklichen deutschen Volk? Welche Enttäuschungen wird es noch hinunterwürgen müssen, welche physischen und seelischen Katastrophen sind ihm aufgespart? Das Erwachen, das ihm bevorsteht, wird zehnmal furchtbarer sein als das von 1918.«
Dem Wechsel der Lagebeurteilungen von den »Betrachtungen eines Unpolitischen« (1918) über Thomas Manns »Deutsche Ansprache« von 1930 bis zu seinem Kassandraruf 1933 läßt sich nichts Wesentliches für das Thema der deutschen Neurose abgewinnen. Andererseits werden Logik und Widerspruchslosigkeit immer nur von den Späteren in die Geschichte hineingedrängt; von ihr selbst werden sie kaum jemals angeboten. Was Thomas Manns Warnungen und diejenigen von aberhundert anderen betrifft, so reicht die Bestätigung, daß die Warnung vor einer Katastrophe zu Recht erfolgte, noch nicht aus, um deutlich zu machen, warum die Katastrophe eintrat. Die Konzentration auf den Nationalsozialismus, auf die Grundsätze, Elemente und Methoden sei-

ner Herrschaft genügt dafür so wenig, wie es für die Weimarer Republik nicht genügt, das Augenmerk ausschließlich auf die Parteien zu richten. Worin sich die Regierung Hitler bestätigt sehen konnte und nach außen hin auch bestätigen ließ, war dasselbe, worin sich die Weimarer Regierungen zu bestätigen versucht hatten: in dem vorrangigen außenpolitischen Grundmotiv aller deutschen Kabinette seit 1919, der Revision des Versailler Vertrages.

Mit einer monokausalen Erklärungsabsicht hat diese Feststellung nichts zu tun; es geht lediglich um die Diskussion der Dominanten. Zwischen den Kriegen gab es kaum Wesentliches, was dem Grundmotiv »Revision von Versailles« nicht Zubringerdienste geleistet hätte. So wurde die Überzeugung von der Revisionsnotwendigkeit erheblich gestützt von sämtlichen politischen Theorien, die auch nach 1918 den traditionellen Orientierungsschematismen verpflichtet blieben. Deutschlands staatliches Souveränitätsdefizit ließ das Reich außenpolitisch nur bedingt handlungsfähig sein. Daraus ergab sich – so war mit den überkommenen Begriffen zu argumentieren – ein politisches Machtvakuum. Das wurde selbst von denjenigen nicht bestritten, die sich für eine obstruktionslose Realpolitik entschieden hatten und deshalb von ihren Gegnern als »Erfüllungspolitiker« geschmäht wurden.

Der Primat der Machtbeziehungen zwischen den bestehenden Territorialstaaten war die Grundlage der klassischen Gleichgewichtspolitik; diese Grundlage wurde während des 19. Jahrhunderts und dann endgültig mit Hilfe von Versailles 1919 ersetzt durch nationalstaatliche Konstellationen. Der Nationalismus, ausgerichtet an der Tragsäule des Selbstbestimmungsrechtes der Völker, hat für den politischen Durchbruch des Supremats ethnisch-kulturell-sprachlicher Einheiten gesorgt. Sobald vom Zusammensturz des alten europäischen Staatensystems 1917/18 gesprochen wird, drängt sich fast reflexartig ein bedauernder Unterton nach vorn, so, als wäre damals die gute alte Zeit unwiderruflich dahingegangen. Es handelte sich aber durchaus um keinen Liquidationsprozeß. Das Programm des amerikanischen Präsidenten Wilson erhob den Anspruch, Basis eines globalen Systems kollektiver Friedenssicherung zu sein. Die Macht des Staates, die Macht aller Staaten sollte sich nicht mehr, wie bisher, auf die Erhaltung des Gleichgewichts konzentrieren, sondern auf die Verhinderung von Kriegen. Das schloß eine prinzipielle Ächtung jeder militärischen Auseinandersetzung ein. Darauf beruhte die hochgreifende Idee des Völkerbundes ebenso wie diejenige der UNO, und damit fehlte auch der Formel vom »Gleichgewicht der

Kräfte« jede politische Stütze. Allerdings kehrte man um so schneller wieder zu ihr zurück, je offenkundiger die politische Tageswirklichkeit in den Staaten der Erde, und nicht nur den Staaten des Völkerbundes, dem Friedenssicherungskonzept davonlief.

Zusätzliche Stärkung erhielt die Gleichgewichtstheorie durch den Marxismus, wie er in Rußland staatsoffiziell wurde. Die marxistischen Schulen stimmen zwar in der Einschätzung der internationalen Politik darin überein, daß der Primat des gesellschaftlichen Wandels die Grundbedingung für die Gewichtung der zwischenstaatlichen Beziehungen ist. Aber sie sind auch mit den Gleichgewichtstheoretikern einig in der Bewertung der Gewalt als einem Mittel der Politik: Die einen bejahen sie zwecks Erhaltung des Gleichgewichts, die anderen zwecks Beförderung des gesellschaftlichen Wandels, der Revolution.

Bis in die Gegenwart aber hielt sich, weit über die Verbindlichkeit des Gleichgewichtskonzepts hinaus, die hartnäckige Frage, aufgrund welchen Maßstabes sich zu einem bestimmten Zeitpunkt das Kräfteverhältnis der Staaten festlegen läßt. Daß es darauf keine Antwort gab, machte die Hauptschwäche des Gleichgewichtssystems aus. Die Frage selbst gilt seit jeher und ganz allgemein: Wie läßt sich politische Kraft bemessen? Ist die Macht von Staaten deckungsgleich mit der Zahl ihrer Divisionen? Von der Simplizität dieser Vermutung und ihrer Widerlegung lebte zu allen Zeiten ein Gutteil jeder überlegenen Strategenkunst.

Vom Selbstbestimmungsrecht her müßte sich Macht relativieren zum Respekt vor dem nationalen Anspruch auf Souveränität, und zwar in einem exklusiven Sinn. Für den säkularen Prozeß der Entkolonialisierung nach 1945 gibt es keine andere Rechtfertigung. Andererseits hängen die wesentlichen politischen Krisen seit 1919 damit zusammen, daß die neuen Voraussetzungen für die rechtlich-politischen Gleichwertigkeiten lediglich proklamiert, nicht aber realisiert wurden. Jede denkbare staatliche Harmonie, die im Völkerbund manifest werden sollte und noch eindrucksvoller projektiert wurde in der Paneuropa-Idee, dem Auftakt eines neuen europäischen Konzerts, scheiterte daran, daß der demokratische Grundsatz der Volkssouveränität – von seiner vitalen Seite her verkörpert im nationalen Selbstbestimmungsrecht – kein zuverlässiges Fundament lieferte, und zwar für die Staaten Mitteleuropas genausowenig wie für diejenigen Mittelost- und Südosteuropas.

Der Nützlichkeitspartner Deutschland

Weil dieses Dilemma noch immer besteht, läßt sich auch die Weltlage seit 1945 und die katastrophale Situation Deutschlands mit der Formel vom West-Ost-Gegensatz und seinen Konjugationen nicht zureichend beurteilen; dieser Gegensatz ist bestenfalls eine Depravation des klassischen Gleichgewichtskonzepts. Zuviel Unterschiedliches und sich gegenseitig Ausschließendes vermischt sich hier miteinander, und kaum jemals zu Nutz und Frommen der Situation Deutschlands. Dergleichen war nicht zu erwarten; das Ärgernis – von den Folgen ganz zu schweigen – liegt darin, daß es wahlweise in West- und Mitteldeutschland von maßgebenden Politikern anders interpretiert wurde.

Einige Jahre nach dem Zweiten Weltkrieg schien das Machtvakuum Mitteleuropa, sichtbar als Ohnmacht Deutschlands, ein von den Völkern heißersehnter, gottgesegneter Zustand zu sein. Dann setzten sich erneut Gleichgewichtsvorstellungen durch, es wurde die Unerläßlichkeit der Auffüllung des Machtvakuums postuliert und danach die Gesamtkonstellation zu der Universal-Polarisierung der beiden Supermächte vereinfacht, mit der Beigabe des Etiketts »Gleichgewicht des Schreckens« – eine Vokabel, die vor dem Koordinatennetz der klassischen Gleichgewichtstheorie absolut sinnlos ist. Welche Korrekturmöglichkeit gäbe es denn bei diesem sogenannten Gleichgewicht, wie ließe sich die »gleiche« Gewichtung bestimmen? Im politischen Raum muß sich das von vornherein in jenem Faktum erschöpfen, in dem es sich zuallerletzt erschöpfen sollte: in Gesprächen über Abrüstung als einem Thema von Jahrzehnten, wobei die beiderseitige waffentechnologische Entwicklung unverändert weiterläuft.

Das ist die Lage, und sie wird nicht dadurch erfreulicher, daß man bei den Verhandlungen auch noch fixiert ist auf das numerische Verhältnis der militärischen Kräfte, auf die Truppen-, Bomber-, Raketen-Parität, obgleich die Experten über die Selbstverständlichkeit, mit der in der modernen Kriegsführung Stärke als eine Frage der Qualitätsdifferenzen eingeschätzt wird, gar nicht erst diskutieren.

Unter all diesen Gesichtspunkten ist Deutschland als eine eigene Größe kaum existent. Es ist in seinen Reststaaten nur ein zugeordneter Nützlichkeitspartner, aufgespießt auf der Spitze eines Richtungsweisers, der nach Osten und nach Westen zeigt. Darin besteht das Wesentliche der Anomalität unserer Situation. Stresemann, so resigniert er auch am Ende seines Lebens war, durfte noch überzeugt sein: »Deutschland hatte

die Chance erhalten, kraft seiner geographischen Lage der gegebene große Mittler und die Brücke zwischen Ost und West zu sein.« Dagegen Adenauer, voll Zuversicht inmitten unserer staatlichen Trostlosigkeit: »Ich glaube, daß Gott dem deutschen Volk eine besondere Aufgabe gegeben hat, Hüter zu sein für den Westen gegen jene mächtigen Einflüsse, die vom Osten her auf ihn einwirken.«
Sofern die Vorstellung kein Hirngespinst ist, daß sich die Staatsbürger und die Mehrheit eines Volkes, wenn nicht das Volk schlechthin, mit ihrem Staat im Grundsätzlichen identifizieren, ist ein Teil der Frage nach der Unsicherheit der Deutschen leicht zu beantworten – abgesehen von der unvermeidlichen Schwierigkeit, daß wir in der Bundesrepublik unter den Deutschen immer häufiger, immer leichtfertiger, immer selbstgefälliger nur die Westdeutschen meinen. Es gehört schon ein außergewöhnliches Maß an Naivität dazu, individuell-persönliche Souveränität, präzises politisches Urteil, Sicherheit bei Wertungen und vor allem Entschiedenheit in sämtlichen Grundfragen zu besitzen oder auch nur zu imaginieren, wenn dasselbe dem eigenen Staat fehlt: Souveränität, politisches Urteil, das mehr ist als eine Funktion der Militärpakt-Bindung, Sicherheit bei Wertungen, in einem Staat, der sich labt an seiner eigenen Werteneutralität und seine Bürger, das Volk, die Gesellschaft einem Pluralismus überläßt; der nicht den Mut zu selbständigem Prüfen und Entscheiden stärkt, sondern die Faulheit der Indifferenz, die Gleichgültigkeit des In-Suspenso-Belassens, ganz abgesehen von dem Umstand der tiefen Unsicherheit dieses Staates selbst, der Bundesrepublik also mit ihrem in prinzipielle Vorbehalte verschnürten Grundgesetz, dessen Anweisungen den Nachteil haben, von unerbittlicher Klarheit zu sein, so daß sie sich den wechselnden Konjunkturen einer sich dem Umkreis der Windrose gefällig machenden Politik nicht ankneten lassen.
Diese Lage der Bürger deckt sich dem Essentiellen nach mit der Lage aller Deutschen. Von der Situation ihrer Staaten ist ihr Verhältnis zur Gegenwartspolitik und ihren Motivierungen geprägt, ebenso dasjenige zu ihrer eigenen Geschichte. Solange wir uns noch bewußt sind, wie stark das Defizitäre darin ist und daß wir auf Dauer nicht daran vorbeikommen, unsere Beziehungen zu allem, was über das Private hinausgeht, auch noch anders geregelt zu sehen als nur mittels Personalausweises, der Straßenverkehrsordnung und der Steuererklärung, dürfte die Lage noch nicht bedrohlich sein. Schlimm wird es erst, wenn wir dergleichen für richtig, für normal halten. Solange wir Deutschen das

Gefühl haben, in einer so verqueren Situation an einer Neurose zu leiden, so lange sind wir noch gesund.

Literatur und Zeitgeist in der Weimarer Republik

Die zwanziger Jahre unseres Jahrhunderts, zumal ihre erste Hälfte, waren in Deutschland eine Zeit hochgradiger politischer Zerrissenheit, es waren die Jahre bitterster wirtschaftlicher Not, der Inflation, der politischen Morde, der Ruhrbesetzung und weithin chaotischer Zustände des öffentlichen Lebens. Heute denkt man freilich, wenn von den »zwanziger Jahren« gesprochen wird, auch an anderes. Man assoziiert bewußt oder unbewußt die »goldenen Zwanziger«. Das Gold, um das es sich hier handelt, scheint dabei in keiner Beziehung zu stehen zu dem damals fehlenden Gold der Wirtschaft und des täglichen Lebens. Es ist ein Gold der Literatur, des Theaters, der Künste schlechthin, ja des ganzen Lebensgefühls einer abgegrenzten Schicht, so als wäre erst diesem Jahrzehnt die große Entdeckung vergönnt gewesen, daß sich nirgends so beschwingt und berauschend tanzen läßt wie auf Vulkanen.

Für den Historiker ist deshalb das erste Problem der problematischen Zwanziger die auffällige Divergenz zwischen politisch-wirtschaftlichem und künstlerischem Leben. Es wäre zu einfach, sich an Karl Voßlers These zu halten, daß die Dichtung eine Blume sei, »die zwischen Fels und Eis, bei Frost und Gewitter noch fröhlich gedeiht«. Weder die Geschichte noch die Soziologie liefern zwingendes Beweismaterial für eine Unabhängigkeit oder mögliche Gleichgültigkeit der Dichtung gegenüber der wirtschaftlichen Lage. Vielmehr ist es eine Tatsache, daß – um bei dem Bild zu bleiben – nahezu alles, was in alpinen Naturschutzgebieten blüht, um seiner Seltenheit willen selbst unter Naturschutz steht. Was die zwanziger Jahre betrifft, so findet sich ihr vielzitiertes Gold sowohl im chaotisch darniederliegenden Deutschland, als auch in den wirtschaftlich wuchernd-blühenden USA, die sich ihrer »roaring twenties« genauso verklärt-umflorten Blicks entsinnen, wie die meisten anderen Länder auch, gleichgültig, ob ihre politische und wirtschaftliche Lage ausgeglichen, prosperierend oder desolat war. Daß sich eine Flut neuer Impulse gerade in Deutschland, und zwar wegen seiner politisch-wirtschaftlichen Instabilität entwickelt hat, daß also politische Ohnmacht eine künstlerische Tropenblüte bewirkt, entspricht nicht den Tatsachen.

Freilich soll das nicht heißen, daß sich überhaupt keine Verbindungslinien ziehen lassen zwischen den verschiedenen Bezirken und Manifestationen des öffentlichen und gesellschaftlichen Lebens. Nur sind es nicht Linien kausaler Motivation, die bei der politisch-ökonomischen Basis beginnen. Die intensive Verflechtung mit den verschiedenartigsten Momenten und Elementen der jeweiligen Gegenwart, die außerordentliche Zeitgebundenheit der Belletristik, Literatur, Dichtung, auch der sogenannten hohen, ist heute über den Status einer bloßen Hypothese längst hinaus. Schon 1806 verband der französische Staatstheoretiker Vicomte de Bonald eine Äußerung, die er einige Jahre zuvor über das Verhältnis von Literatur und Gesellschaft getan hatte, mit einer anderen berühmten Sentenz: »Der Stil ist der Mensch, hat Buffon gesagt, und man sagte nach ihm: die Literatur ist der Ausdruck der Gesellschaft.« Diese Zeitgebundenheit ist allgemeiner und vor allem anderer Art, als sie im Rahmen der marxistischen Literaturtheorie und Ästhetik (Literatur als Reflex wirtschaftlich-gesellschaftlicher Verhältnisse) vertreten wird.

Der Ruhm, der den zwanziger Jahren zuteil geworden ist, war kein Ergebnis der bekannten postumen Verklärungstendenz, für die eine Epoche sich um so stärker der »guten alten Zeit« nähert, je weiter sie zurückliegt. Schon Hesiod hat seine goldenen Zeiten an den Anfang der Welt plaziert; alles, was später kam, war Degeneration. Nur das besonders krasse Mißverhältnis zwischen dem wirtschaftlich-politischen Tief und dem künstlerisch-geistigen Reichtum der Weimarer Epoche nährt den Verdacht, daß dieser Reichtum erst nachträglich den Zwanzigern als Goldglanz aufgetragen wurde. Um diesem Verdacht nicht allzu viel Gewicht beizulegen, braucht man sich freilich nur an einige der hervorstechendsten kritischen Köpfe zu erinnern, die der gleichen Überzeugung waren wie Alfred Kerr, der schon damals festgestellt hat, es handle sich in seiner Epoche um »ein perikleisches Zeitalter«, und sich der Worte Ulrich von Huttens bedienen mußte, um seine Daseinsbegeisterung in jenen Jahren auszudrücken: »Es ist eine Lust zu leben!« Handelt es sich hier um eine vereinzelte Stimme, die nicht repräsentativ ist, oder hat sie stellvertretenden Wert? Sind gegenteilige Äußerungen charakteristischer? Es dreht sich um die Frage, in welchem Verhältnis sich die damaligen Künstler, Literaten und Kritiker mit ihrer Produktion zum politischen Leben stehen sahen, was ihnen der Staat, die Republik bedeutete, in der sie so frei und turbulent agieren konnten – und agierten. Haben sie die Empfindung gehabt, in einem durch eine besondere Gunst ausgezeichneten Jahrzehnt zu leben, und noch mehr: Besaßen sie ein Bewußtsein ihrer Situation, ein kritisches Bewußtsein ihrer selbst, einen Blick für ihre Zeit, ihre Antriebe und Tendenzen? Oder war es vielmehr so, wie ein literarischer Zeitgenosse, Walther Kiaulehn, rückwirkend behauptete: »Die Zwanziger Jahre waren ein Zeitalter ohne Bewußtsein.« Die Antwort darauf wird auch weitgehend die Frage klären, in welchem Verhältnis sich in den zwanziger Jahren Literatur und Zeitgeist befanden.

Levin Ludwig Schücking hatte kategorisch festgestellt: »Es gibt gar keinen Zeitgeist, sondern es gibt sozusagen eine ganze Reihe von Zeitgeistern. Immer werden sich durchaus verschiedene Gruppen mit verschiedenen Lebens- und Gesellschaftsidealen aussondern lassen.« Dieser energische Hinweis auf die soziologische Schichtung war zweifellos angebracht gegenüber dem damals weitverbreiteten Brauch, so von *dem* Zeitgeist zu sprechen und mit ihm zu operieren, als handle es sich um eine Hypostase. Der Zeitgeist ist kein Leisten, über den sich alle Phänomene schlagen lassen. Er ist nichts Monolithisches, sondern ein reich gestalteter Komplex verschiedener Tendenzen, Intentionen, Trends, die untereinander in einem verwickelten Beziehungsverhältnis stehen, das leider niemals auf eine Befriedigung des durchaus verständlichen Bedürfnisses des Historikers nach Durchsichtigkeit und Überschaubarkeit der Phänomene angelegt ist. Er ist aber auch keine bloße Summe mehrerer »Zeitgeister«. Jedenfalls bildet eine Epoche niemals in dem Sinn eine Einheit, daß sich von *dem* Volk oder *der* Gesellschaft oder *dem* Publikum sprechen ließe. Kollektivbegriffe sind ebenso unentbehrlich wie solche der zeitlichen Gliederung; ihr Verhältnis zueinander entspricht jedoch keiner Deckung.

Die innere Einheit einer Zeit ist nicht logischer Natur. Der Zeitgeist ist in sich divergent, er umfaßt Adäquates und Widersinniges, Einsichtiges und Unerklärliches, er umfaßt es weder koordiniert noch inkoordiniert, sondern seine Elemente sind Teile einer Art Kontrastharmonie. Fast immer läßt die historische Distanz deutliche Dominanten und rote Fäden hervortreten. Das gilt auch für dasjenige, was sich dem ersten Anschein nach als Fundamentalopposition einer Gegenwart entgegensetzt; auch diese Distanzierung ist Teil der Einheitlichkeit.

Die historische Forschung darf deshalb nicht versuchen, den Erkenntnisgehalt ihrer Ergebnisse dadurch zu erhärten, oder gar zu retten, daß sie diese Ergebnisse nur für bestimmte Bezirke, Gruppen und Schichten gelten läßt, also durch eine isolierende Betrachtungsweise und einen besonderen Index alles ausschließt, was die Übereinstimmung der Aussagen und die Schlüssigkeit der Feststellungen von anderen Bereichen des geschichtlichen Lebens her stört. Sie wird immer, ohne sich deshalb methodisch ängstlich festzulegen, geschichtliche Quellenforschung sein. Nur so kann sinnvoll versucht werden, den Zeitgeist zu erfassen, wobei die selbstverständlich vorausgesetzte Einheitlichkeit einer Epoche – gleichgültig zunächst, worin sie jeweils besteht – noch mehr ist als nur ein heuristisches Prinzip. Ihre Aussagen zum Zeitgeist einer bestimmten Epoche werden um so schlüssiger und verbindlicher sein, je differenzierter sie sind.

Das Gold in den Metropolen

Sieht man von den bildenden Künsten ab, ebenso von der Musik, vom Jazz und vom Film, so bedeuten die zwanziger Jahre in Deutschland eine Epoche des Theaters und der Literatur. Neben Berlin gab es vor allem die Theaterstädte München (Otto Falckenberg), Frankfurt am Main (Richard Weikert), Hamburg (Erich Ziegler) und schließlich Düsseldorf (Luise Dumont). Kaum jemals sind in einer so kurzen Zeitspanne so viele Marksteine der Theatergeschichte gesetzt worden. Der Bogen reicht von Tairows »entfesseltem Theater« bis zu den großen Festen des von Brecht so apostrophierten »kulinarischen« Theaters, vom Illusionstheater bis zur epischen Dramatik und den Lehrstücken des Dreigroschenoper-Autors selbst, dem Zeit- und Tendenztheater. Vor allem im Bereich des Theaters blieb Berlin – zeitweilig spielten hier Abend für Abend zwanzig Bühnen – trotz der erwähnten Konkurrenz das unbestrittene Zentrum. Alles konzentrierte sich damals auf Berlin und dementsprechend in den anderen Ländern auf die jeweilige Hauptstadt. Charakteristischerweise läßt sich das Gold der Zwanziger vor allem in den Metropolen entdecken. Selten ist die zentripetale und selektive Funktion einer Hauptstadt augenfälliger gewesen. Für die Weimarer Zeit blieb von Anfang bis Ende Berlin diejenige Stadt, die »bestanden« werden mußte, an der Maß zu nehmen war, das Regulativ, »aus dem man sich Impulse holte, [Berlin war] vor allem etwas, vor dem man sich genieren konnte«, wie es Gottfried Benn formulierte. Es war ein Berlin, das nicht nur im Glanz der goldenen Zwanziger sprühte, sondern das vor allem klar, kalt, kritisch und nüchtern urteilte und dies, obgleich die Zwanziger weit pathetischer, exaltierter, emotional besessener und rauschhaft überschwenglicher waren, als es unserem heutigen, sanft

angetrockneten Gefühlsboden konveniert. So wie Benn, so stellte auch Willy Haas fest: »In Berlin, und fast nur in Berlin, gab es einen wirklichen Aufstieg, eine wirkliche Entfaltung der Begabung – sei sie nun klein oder groß.«
Das Zentrum Berlin, die Metropole als Prüfstein und ihr Urteil als Maß: Diese Verhältnisse umreißen den richtigen Kern der gewöhnlichen Assoziation, als hätte sich nicht nur das Theater, sondern auch das ganze literarische Leben der zwanziger Jahre im wesentlichen in Berlin abgespielt, speziell in den fest umrissenen Bezirken, die sich mit der Quadratmetergrundfläche verschiedener Cafés deckten wie bei Schwannecke oder vor allem in der Fortführung und Steigerung des damals schon klassisch gewordenen Café des Westens (Café Größenwahn), nämlich dem Romanischen Café. Und diese Orte waren nicht zufällig von jener Sorte Asphalt umgeben, die – wie man weiß – eine eigentümliche und reiche Literatur zum Blühen bringt.
Diese unbestreitbare Standortgebundenheit der Literatur, besonders der damaligen, bildet ein Seitenstück zu ihrer schon oben berührten Zeitgebundenheit. Ob auch dasjenige, was die etablierte Literaturwissenschaft als Dichtung gelten läßt, weniger oder vielleicht überhaupt nicht an der Kette der historischen Situation liegt wie die übrigen literarischen Produkte – dieses Problem sollte nicht allzu stark strapaziert werden. Genauere Untersuchungen haben zweifelsfrei erwiesen, daß der Zeitgeist auch solche literarischen Manifestationen nicht unbehelligt läßt, mit denen herkömmlich der monopolisierte Raum der akademisch-universitären Literaturwissenschaft aufgefüllt wird. Ihre ästhetischen Wertkriterien bilden lediglich innerhalb dieses Rahmens verbindliche Richtmaße. Der Ausgangspunkt der historischen Forschung ist dagegen: historisch, also außerästhetisch. Oft genug ist gerade das literarisch Wertlose hinsichtlich seiner geschichtlichen Aussagekraft das Wertvolle, und umgekehrt. Jedenfalls findet sich historisch Signifikantes ziemlich gleichmäßig in sämtlichen literarischen Werken. Es steht vor allem in keinerlei Bedingungs- oder Abhängigkeitsverhältnis zu ihrem literarisch-ästhetischen Wert.
Der stärkste Einwand dagegen dürfte wohl die Tatsache sein, daß in der Literatur keine Realität im üblichen, zumal historischen Sinn vorliegt, sondern daß in ihr immer nur eine rein intentionale Gegenständlichkeit herrscht und rein intentionale Sachverhalte produziert werden. In der Literatur fehlt meist das, was bei sonstigen Erkenntnisprozessen und auch im historischen Erkennen üblicherweise die Verifikation ermög-

licht: daß sich nämlich Erkenntnis und Urteil an einer seinsautonomen Wirklichkeit überprüfen lassen. Allerdings sind Ausnahmen davon so häufig und gewichtig, daß von einer Regelbestätigung nicht gesprochen werden kann. Die Dichtungen des »Jungen Deutschland« vor der Revolution 1848, die sozialkritische Literatur, nationale Dichtungen, die gesamte Kriegsdichtung von Grimmelshausen bis zu Barbusse, Jünger, Remarque, Beumelburg, Renn, Dwinger, Zweig, Glaeser und Plivier, die Biographien und Autobiographien, die politische Lyrik, in vielem auch solche Werke wie der »Zauberberg« oder »Doktor Faustus« gehören zu einer Sparte, in der von Zeitereignissen ausgegangen, in der zu Zeitereignissen Stellung bezogen wird. In solchen Werken läßt sich das bestimmte Verhältnis zu einer historisch realen Wirklichkeit gar nicht übersehen, und insofern können sie – immer bei entsprechend quellenkritischer Behutsamkeit – vom Historiker als mehr oder weniger aufschlußreiche Zeitdokumente gewertet werden. Die Art und Weise, in der sich eine Zeit durch das Medium der Literatur darbietet, läßt sich durchaus mit dem optischen Phänomen der Refraktion, der Brechung von Lichtwellen an den Grenzen zweier Medien vergleichen; abgewandelt und in einem weiteren Sinn gilt das allerdings auch für jedes beliebige andere Medium, gilt es für jede Quelle einer bestimmten Zeit, mit der es der Historiker zu tun hat.

Somit ergibt sich die Frage, ob denn nun für die literarischen Zwanziger vor allem und nur das charakteristisch war, was noch heute von ihnen unvergessen ist. Die Geschichtsforschung muß ständig gegen die Verführungskraft der gefälligen Annahme gewappnet sein, daß sich eine Zeit gerade im isoliert Ephemeren besonders deutlich niederschlägt, also in dem, was ihren Bindungen am stärksten unterliegt, dem absolut Zeitgebundenen. Der Wirklichkeits- und Repräsentationsgehalt einer Epoche ist hier allein nicht zu finden, er deckt sich nicht mit dem, was die Zeit in ihrer chronischen Gefräßigkeit »verschlingt«, also mit der Tagesaktualität, der Sensation des Augenblicks, dem Strohfeuerreiz des allzu Flüchtigen – Dingen und Ereignissen, die der Historiker mühsam genug aus der Asche vergangener Zeiten wühlt. Er ist andererseits aber auch nicht identisch mit ihrem »Ewigkeitsgehalt« oder vielleicht besser mit einem schlechteren Wort: ihrem Überlebensgehalt, was aber nicht heißen soll, daß der Gehalt an Zeitwirklichkeit literarischer Werke von der Dauer ihrer Wirkung bestimmt wird. Die Abgrenzungen der aufeinanderfolgenden Ordnungsrhythmen, mit deren Hilfe wir uns unter anderem den Prozeß der Geschichte bewußt machen, liegen nur selten von vornherein fest. Was oft als »Tendenzen« bestimmter Epochen bezeichnet wird, sind ebenso oft nur Kulissenelemente, durch die wesentliche Merkmale dieser Epochen verdeckt werden.

Die Rundschau-Zeitschriften

Mit dem Begriff »Literatur der zwanziger Jahre« verbindet sich fast schon unbewußt und ganz selbstverständlich die Erinnerung an ein kompaktes Namenbündel von Dichtern und Schriftstellern, die inzwischen beinahe konventionell als repräsentativ für diese Zeit angesehen werden, ohne daß viel danach gefragt werden würde, ob es sich um eine literarhistorische oder tatsächlich erklärt historische Repräsentanz handelt, oder wieviel gar vom herrschenden Zeitgeist in ihren Werken zu finden ist. Ein Großteil von ihnen produzierte bereits lange vor 1914, war mehr oder weniger bekannt, eine Vielzahl schon arriviert, was Willy Haas zu der Behauptung verführt haben mag, in Berlin sei zwischen 1920 und 1930 gar nichts Neues hervorgebracht, sondern in einer Art von Alexandrinertum nur die Resultate vorangegangener Entwicklungen genossen worden. Wenn sie dem Schwerpunkt ihres Schaffensprozesses nach gleichwohl in die zwanziger Jahre plaziert werden, so geschieht es des breiteren Echos wegen, um ihrer steigenden Berühmtheit willen, auf Grund ihrer gewichtigen Stimme, oder weil ihre Namen – wie es so treffend unpräzise heißt – inzwischen ins allgemeine Bewußtsein übergegangen waren.

Die Frage, inwieweit sich der Zeitgeist der zwanziger Jahre in ihrer Literatur niederschlug, läßt sich allerdings weder durch eine schlicht annalistische Aufzählung der Literaturgrößen aller Ränge selbst beantworten noch mit den üblichen literarhistorischen Mitteln, aber auch keineswegs mit dem fragwürdigen Trick soziologischer Ausfällstatistik, bei der als Index der Zeitgeist-Repräsentanz die Auflagenziffer gilt. Die großen Erfolgsbücher sind selten zeittypisch, sondern animieren meist nur zu verzerrenden Schlußfolgerungen. Niemand wird ernsthaft Hedwig Courths-Mahler mit dem Zeitgeist von Weimar besonders eng verbinden. Trotzdem ist, verblüffend genug, die Zeit von 1918 bis 1928 das Jahrzehnt ihrer größten Erfolge, eine Tatsache, die ebenso nachdenklich stimmen muß, wie die Blüte der »wirklichen«, das heißt akademisch sanktionierten Literatur aufschlußreich ist. Andererseits konnte ein Bestseller wie Vicki Baums »Menschen im Hotel« offenbar nur in der damaligen Zeit entstehen und Millionen faszinieren.

Ertragreicher wären genauere Untersuchungen über besondere Akzentuierungen. Auffällig ist der große Anteil der Lyrik, was nicht nur zu Lasten des Expressionismus geht (Becher, Benn, Brecht, Däubler, George, Hesse, Heynicke, v. Hofmannsthal, Lasker-Schüler, Lehmann, Loerke, Mombert, Rilke, Schröder, Zech), die literarische und moralisch-politische Kritik (Brecht, Fallada, Grosz, Kästner, Kesten, Kraus, Kuh, Toller, Tucholsky), die Kriegsliteratur aller Sparten und Konfessionen (Beumelburg, Dwinger, Jünger, Remarque, Renn, Schauwecker, Zöberlein) ebenso das Abebben der Arbeiterdichtung. Schriftsteller wie Willi Bredel, Otto Gotsche, Karl Grünberg, Hans Marchwitza, Ludwig Turek sind allerdings schon für die Endphase charakteristisch. Der Proletarier wird literarische Mode; den meisten Autoren ist das Milieu und die Not nur vom Schreibtisch her vertraut.

Besonders auffällig ist schließlich in den zwanziger Jahren, daß es sich hier um die Zeit – die letzte große Zeit! – einer Flut von literarischen Zeitschriften handelte. Ihre Menge ist im einzelnen kaum zu übersehen oder gar aufzuzählen. Es waren Zeitschriften, eine so lebendig wie die andere, selbst wenn viele von ihnen nur die Vitalität von Eintagsfliegen besaßen. Es braucht nicht näher begründet zu werden, warum sich in solchen Periodica typische Momente des Zeitgeistes deutlicher und greifbarer ausdrücken als in Lyrik, Roman oder Schauspiel, bei deren Inhalts-, Erfolgs- und Publikumsanalyse immer ein bedeutender Rest von Unwägbarem und Spekulativem übrigbleibt. Vor allem den literarischen Rundschau-Zeitschriften kommt dabei ein besonderer Aussagewert zu. Sie haben schon vom Programm her das literarische wie das öffentliche Leben gleichermaßen im Blickfeld, und deshalb ist auch ganz allgemein gesehen gerade das Zeitgenössische ein untrügliches Wesenselement der Zeitschrift. So stellt ein Experte wie Wilmont Haacke fest: »Zeitschriften sind in noch stärkerer Weise als Zeitungen das echte Spiegelbild des Geistes der jeweiligen Epoche, aus der sie hervorgegangen sind. Zeitschriften bieten dem nachträglichen Leser stets eine unmittelbare Rückführung in die Geistes-, Kultur-, Geschmacks- und Sittengeschichte ... des menschlichen Daseins.«

Aus der stattlichen Reihe von Rundschau-Zeitschriften, die in der Weimarer Epoche erschienen, wurden die bedeutsamsten ausgewählt und näher untersucht. Der überwiegende Teil hatte eine jahre- oder gar jahrzehntelange Tradition, was freilich nicht heißt, daß den Neugründungen deshalb ein geringerer Aussagewert zukäme. Für Periodica wie den »Querschnitt« oder »Die literarische Welt« gilt eher das Gegenteil, wie sich erwiesen hat. Im übrigen handelt es sich um keine Repräsentativauswahl, die in einer Art pantographischer Übersetzung die Weimarer Zeit, soweit sie sich in den Zeitschriften niederschlug, Zug um Zug widerspiegeln könnte. Eher ließe sich von einer Testauswahl sprechen, die sich nicht nur aus technischen Gründen mit einer begrenzten, bewußt überschaubar gehaltenen Zahl Periodica begnügt. Die Annahme, daß der Inhalt der übrigen Zeitschriften wesentlich anderes Material enthalten und die Analyse zu anderen Ergebnissen führen würde, hat wenig Wahrscheinlichkeit für sich, wie sich durch Stichproben erhärten läßt.

Daß die Auswahl vor allem auch das weltanschauliche und parteipolitische Kolorit berücksichtigt, braucht kaum betont zu werden. Andererseits wurden Zeitschriften der Flügelpositionen wie die seit 1929 von Johannes R. Becher herausgegebene »Linkskurve« oder die pränationalsozialistische Monatsschrift »Deutsches Volkstum« von vornherein ausgeschieden, da sich das mutmaßliche Ergebnis einer Analyse mit Sicherheit nicht von dem unterschieden hätte, was durch die Weltanschauung selbst, durch Parteiprogramme, die »Rote Fahne«, den »Völkischen Beobachter« oder Hitlers »Mein Kampf« von vornherein festgelegt war. Die kommunistischen und nationalsozialistischen Zeitschriften wurden nicht zuletzt auch deshalb ausgeklammert, weil sich die politischen Richtungen, für die sie sprachen, niemals zur Weimarer Republik zählten. Sie gehörten zwar ebenfalls sehr einprägsam zum Bild der Weimarer Zeit. An ihnen läßt sich aber nicht so sehr das Selbstverständnis der Republik ablesen als vielmehr deren Selbstverneinung und dann Selbstzerstörung.

»Die Hilfe«

Befragt man die literarischen Rundschau-Zeitschriften nach ihrem Verhältnis zum Staat, zur Nation, zu Regierung, Kultur, Kunst und wie die entsprechenden Schlüsselworte heißen mögen, so ist man dem Zeitgeist schnell genug auf der Spur. Für die politische Situation sind zunächst diejenigen Zeitschriften am aufschlußreichsten, die etwa im Raum der bürgerlichen Mitte angesiedelt sind. Prototypisch dafür erscheint ein Organ wie das berühmte Blatt Friedrich Naumanns »Die Hilfe«. Der christliche Sozialismus und die geistig anspruchsvolle, gediegen bürgerliche Haltung nähren zwar auch bei der »Hilfe« zunächst die Vermutung, daß die Aufsätze betont und profiliert auf dieser Linie lägen und das treffende Porträt einer Partei bieten würden, die in der Weimarer Nationalversammlung mit vierundsiebzig Abgeordneten vertreten war und zu der so illustre Namen wie Preuß, Rathenau, Gessler, Hellpach, Dietrich, Hieber und Graf Bernstorff zählten, und die nicht zuletzt auch in Tageszeitungen vom Rang eines »Berliner Tageblattes«, einer »Vossischen Zeitung«, einer »Frankfurter Zeitung« ihre Sprachrohre hatte. Bei den politischen Aufsätzen war dies auch der Fall; sie standen ab 1919 noch stärker im Vordergrund als früher. Neben Anton Erkelenz wären als Autoren vor allem Theodor Heuss, Walter Goetz und Heinz Potthoff zu nennen.

Modifiziert wurde dies jedoch durch die umfangsmäßig relativ schwach vertretene literarische sowie durch die literar- und kulturkritische Sparte, die etwas stärker gepflegt wurde. Die »Hilfe« stand der gesamtkünstlerischen Produktion der Weimarer Zeit höchst reserviert, wenn nicht schroff ablehnend gegenüber. Der Tenor wurde durch das heftige Urteil Gertrud Bäumers aus dem Jahr 1924 festgelegt: »Über dem furchtbaren inneren Kampf unseres vertrauenslosen, verzweifelten Volkes liegt wie eine unreine Wolke diese unechte, verantwortungslose schwülstige Geistigkeit der ›Intellektuellen‹. Sie schrecken vor keinem Radikalismus zurück, weil sie den Alltagsweg der Ideale nie durchgemacht haben; sie sind die Helden der unbedingten Forderung, weil die moralische Entrüstung ihnen Genuß ist. Heute gibt es keinen übleren und zugleich bezeichnenderen Typus als diesen ›Intellektuellen‹, den die Vergangenheit nicht kannte.« War die Auswahl der literarischen Stimmen schon genügend deutlich umrissen durch die Bevorzugung von Autoren wie Bahr, Bethge, Carossa, Flaischlen, Flex, Lissauer, so wurden noch deutlichere Akzente gesetzt durch Hans Friedrich Blunck, Karl Bröger, Gustav Frenssen, Max Jungnickel und Wilhelm Schäfer – eine kleine Blütenlese derjenigen, von denen die Literatur produziert wurde, die nach Hitlers Urteil »vom deutschen Volk« gelesen wurde.

Wir haben es hier mit einem ersten Merkmal für die wiederholt konstatierbare, nur scheinbar paradoxe Situation zu tun, daß eine eindeutig politisch antinationale, scharf demokratische Zeitschrift hohen Niveaus in Literaturfragen nicht nur in der gleichen weltanschaulichen Abwehrhaltung gegenüber jeder intellektuell-geistigen, experimentierenden Literatur der Moderne wie die Nationalisten, Völkischnationalen oder Nationalsozialisten steht, sondern daß sie gleichzeitig auch für dasselbe literarische Genre optiert wie ihre politischen Gegenfüßler. In dieser Situation ist ein besonderes Charakteristikum der damaligen

Zeit selbst zu erkennen. Denn die gleiche »Hilfe« hatte in politischen Dingen ein ganz anderes Gespür. Mochte die entsprechende Profilierung in den ersten Jahren der Republik auch noch so entschieden sein, so wandelte sie sich ungefähr ab 1925 von einem etwas weichen, dem Pathetischen aufgeschlossenen Blatt zu einem Organ von seltener politischer Klarheit und scharfer Entschiedenheit. Die Haltung zur Literatur änderte sich freilich nicht. Das uneingeschränkte, nüchterne, sachliche Bekenntnis zur Republik enthielt zwar keinen Affront gegenüber dem Kaiserreich. Aber es war doch weit kompakter als etwa das Bekenntnis Friedrich Meineckes, der sich von einem Herzensmonarchisten zu einem Vernunftrepublikaner gewandelt hatte.

In kaum einem der folgenden Hefte fehlten klare Zeugnisse der Einsicht davon, was mit der Weimarer Republik verloren gehen könnte, ja daß im Zweifelsfalle mit ihr *alles* verloren gehen würde. 1927 wurde die Rede Heinrich Manns, die er auf dem Hamburger Parteitag der Deutschen Demokratischen Partei gehalten hatte, abgedruckt. 1930 formulierte der Mitherausgeber Anton Erkelenz ein kompromißloses Bekenntnis zur parlamentarischen Demokratie, speziell zur Weimarer Republik. 1931 stellte E. Hettenbach anläßlich der Septemberwahlsiege der Nationalsozialisten die keineswegs rhetorische Frage: »Wie konnte eine so offenkundig schlechte Sache zu einem so verblüffend guten Erfolg kommen?« Im Juni des gleichen Jahres gab Gertrud Bäumer zu, daß das Schicksal der Republik an einem Faden gehangen und die Diktatur schon bereit gestanden habe. Wenig später richtete E. Koch-Weser wegen der laufenden Abberufung der Kredite einen »letzten Appell« an die Vernunft des Auslands, zumal Frankreichs. Schließlich sah sich Ende des Jahres die politisch so scharfsichtige Gertrud Bäumer zu einer unmißverständlichen Warnung vor Hitler und der Passivität des Reichskanzlers Brüning genötigt, die sie in einem der ersten Hefte des folgenden Jahres zu einer längeren, verblüffend sicheren Analyse des Nationalsozialismus, seiner vulgären Vorstellungswelt und Primitivität steigerte und in der resignierenden Feststellung gipfeln ließ: Daß nach einigen Jahren niemand mehr begreifen wird, »wie Millionen Deutsche ihre Hoffnungen sehenden Auges in den Strom einer vollkommen ziellosen Bewegung werfen konnten, ist heute kein Trost« – eine der zahllosen Fehleinschätzungen auch der klügsten Beobachter, die so unvermittelt neben ihren klaren Analysen stehen. Die Resignation Gertrud Bäumers schlug in einem Aufsatz von E. Thomas dann geradezu in einen Angstschrei vor der bevorstehenden Diktatur um. Die »Hilfe« wußte sehr genau und nicht erst seit der Weltwirtschaftskrise, was mit der Existenz der Republik auf dem Spiel stand.

»Deutsche Rundschau« und »Süddeutsche Monatshefte«

Unter den literarischen Protagonisten der zwanziger Jahre war eine solche Einsicht keineswegs verbreitet, auch dort nicht, wo man von vornherein eine natürliche, selbstverständliche Bereitschaft dazu hätte voraussetzen dürfen. Die »Deutsche Rundschau« bietet dafür ein besonders charakteristisches Beispiel. Eine sorgfältige Durchsicht der neunundzwanzig Bände, die von 1919 bis 1933 erschienen, erhärtet dies. Die späteren beredten Rechtfertigungsversuche ihres nach dem Begründer Julius Rodenberg bedeutendsten Herausgebers Rudolf Pechel ändern daran genausowenig wie sich an der Tatsache etwas ändert, daß sich an der »Deutschen Rundschau« vor und nach 1933 kein wesentlicher Unterschied bemerkbar machte. Erst Jahre später entwickelte sie sich zu einem Muster des so unleidlich dehnbaren Phänomens der »inneren Emigration«. Pechel wurde schließlich 1942 verhaftet und ins Konzentrationslager gebracht, sein Blatt im gleichen Jahr verboten. Ab 1949 ließ er die »Deutsche Rundschau« wieder erscheinen.
Die schroff nationale Position nach 1919, der unaufhörliche Kampf gegen den Versailler Vertrag, die traditionalistisch konservative, in vielem anachronistische Haltung und nicht zuletzt die entschiedene Ablehnung des »Tagesliteratentums« und der ganzen expressionistischen Literatur ergaben außerordentlich dichte Parallelen zu entsprechenden Überzeugungen im Nationalsozialismus, der freilich von der »Deutschen Rundschau« bis etwa 1930 als politische Bewegung entschieden bekämpft wurde. Daß sich das Politische von den anderen Elementen nicht absondern ließ, wurde in der Weimarer Zeit nur selten gesehen.
Für die zwanziger Jahre fiel die Haltung eines derart renommierten Blattes um so mehr ins Gewicht, als Julius Rodenberg und die »Deutsche Rundschau« unzweifelhaft »feststehende Begriffe im deutschen Geistesleben« waren, wie Pechel 1961 feststellte. Die »Deutsche Rundschau« bemühte sich tatsächlich die ganze folgende Zeit, wie Pechel 1919 programmatisch geschrieben hatte, »in dem fürchterlichen Zusammenbruch und tiefsten Schmerz über den Verlust des Unwiederbringlichen, das Vielen den wertvollsten Teil ihrer geistigen Existenz bedeutete, als treue Hüterin unseres Schatzes an geistigen und kulturellen Werten« zu

erscheinen, »die unseres Volkes unverlierbarer, jetzt einziger Besitz« seien. Die künftigen Aufgaben seiner Zeitschrift sah Pechel folgendermaßen: »In dieser Zeit der nationalen Schmach und Entwürdigung wird sie mit schmerzlichem Stolz den stärksten Nachdruck darauf legen, daß sie nicht aus Zufallswahl den Namen ›*Deutsche* Rundschau‹ trägt, und wird bestrebt sein, frei von aller jetzt mehr denn je unerträglichen Überheblichkeit und Unduldsamkeit, durch die Tat zu erweisen, daß der deutsche Geist ein Nationalgefühl, wie es völkisch geschlossenere Länder lange schon besitzen, zu schaffen fähig ist – aus der inneren Überzeugung heraus, daß ein in dem Glauben an die tragende Kraft dieser Idee verankertes Deutschland trotz Elend und Besudelung durch fremde und eigene Hand nicht zugrunde gehen *kann*, weil ohne ein solches Deutschtum die ganze Kulturwelt ärmer und dunkler sein würde.« Dementsprechend sollten in der »Deutschen Rundschau« prinzipiell nur diejenigen zu Wort kommen, die als »geistige Führer allein zum Urteil berufen sind«, wobei betont wurde, daß diese »Helfer und Zeugen« aus dem »geistigen Großdeutschland, für das es trennende Grenzen nie gegeben habe«, geworben würden.

Trotz dieser beiden Richtlinien blieb eine zunehmende Politisierung der Zeitschrift gegen Ende der zwanziger Jahre nicht aus. Vor 1924 gab es in der »Deutschen Rundschau« kaum wesentliche politische Beiträge, keine grundsätzlichen Erörterungen über die Republik, ja nicht einmal Kritik, wie sie von konservativ-nationaler Seite zu erwarten gewesen wäre. Soweit politische Beiträge erschienen, befaßten sie sich mit Bismarcks Reichsgründung oder dem deutschen Charakter Kaiser Franz Josephs. Auch in literarischer und kunsttheoretischer Hinsicht blieb das 19. Jahrhundert unveränderte Gegenwart. Allerdings erschienen regelmäßig Kritiken der Berliner Theaterereignisse. Vor allem Erstaufführungen wurden eingehend und überraschend unvoreingenommen gewürdigt. Und wenn auch den Vorstellungen einer umfassend gebildeten, kritischen Biederkeit solche Autoren wie Wedekind oder Hasenclever nicht entsprachen, so wurde doch stets versucht, neben der literarischen Eigenwertigkeit eine Tendenz abzuheben und darauf die Rüge zu beschränken. Die »Deutsche Rundschau« feierte zwar auch Barlach, Käthe Kollwitz, Gropius, (den Norweger) Munch, Mies van der Rohe als »deutsche Künstler«, aber vor allem die literarischen Beiträge zeigten doch, wie sehr die Orientierung der »Deutschen Rundschau« an den »bleibenden Werten« den kritischen Sinn paralysierte. Anders läßt sich die Auswahl dessen, was in der »Deutschen Rundschau« während der

Weimarer Epoche von der »erzählenden Kunst unserer Tage« zu Worte kam, nicht erklären. Im Gefolge Langbehns, des »Rembrandtdeutschen«, wurden als Vorbilder der Deutschen Martin Luther, Goethe, Meister Eckhart, Dürer und Wagner genannt; die »deutsche Kunst« des Holzschnitts und der Backsteingotik wurde der »westlichen« gegenübergestellt.

Bereits 1919 wird zur aktualisierenden Besinnung auf die Germanen aufgerufen, werden die »blonden Räuber der Frühe« in ihrem Haß gegen die Verderbtheit der Romanen zu Idealfiguren erhoben. Der aktuelle Aspekt dieses deutschen Heldenideals zeigte sich in der »Deutschen Rundschau« durch eine systematische Glorifizierung des »im Felde unbesiegten« deutschen Heeres. Noch 1928, als die Dolchstoßlegende schon längst die Frische ihrer Attraktion verloren hatte, wurde in entsprechenden Gedankengängen argumentiert – eine Fortsetzung der Haltung von 1922, als in der »Deutschen Rundschau« bei aller sonst geübten Zurückhaltung und vornehmen Mäßigung von Revanchekrieg, Rache und Niederwerfung des »übermütigen Frankreich« die Rede war. Ebenso fanden sich detaillierte Gegenüberstellungen einzelner europäischer Völker, deren typologische Kriterien nicht allzu weit entfernt waren von den späteren Rasseauswahlprinzipien.

Nach solchen Beobachtungen erstaunt es geradezu, wie abwartend und tolerant – wenn auch skeptisch – sich die »Deutsche Rundschau« gegenüber der republikanischen Regierung verhielt. Daß so viele aus ihrem Kreis selbst in Reichs- und Landesregierungen tätig waren – höchste Beamte, Militärs, bürgerliche Akademiker –, ist nicht der einzige Erklärungsgrund. In der ersten Zeit beschränkte sich der politische Teil der Zeitschrift auf Mitteilungen; dann wurden zunehmend die menschlichen Qualitäten einzelner Regierungsmitglieder gerühmt. Stresemann oder Cuno wurden ausdrücklich unterstützt. Jedenfalls war die »Deutsche Rundschau« bei aller weltanschaulichen Differenz in keiner einzigen Phase erklärt republikfeindlich. Ende der zwanziger Jahre entwickelte sie sogar – freilich bei weitem nicht so markant wie die »Hilfe« – eine Art Gespür für die bedrohliche Verschärfung der innenpolitischen Situation. Schon 1928 forderte Pechel energisch ein Gesetz zum Schutz der Republik. Andererseits wurden dann wenig später auf Papen und Schleicher ganz besondere Hoffnungen gesetzt. Edgar Jung bescheinigte in der Zeitschrift der Sozialdemokratie, daß sie mit dem deutschen Spießbürgertum identisch sei. In der Opposition sah er den »Arzt, der am Krankenbett des deutschen Volkes die Widerstandskräfte

163

des Leidenden erhöht und den Tod abwehrt« und in der Hitlerbewegung eine »tapfere, unpolitische, revolutionäre Opposition«. Jung forderte, daß »das System von Weimar ausgerottet« werden müsse, feierte den »ethischen Grundcharakter des Nationalsozialismus« und Hitler als den »Verkünder eines neuen sozialen und politischen Ethos« und attestierte ihm noch 1932, er wäre der »einzige schöpferische Politiker und Massenführer unserer Zeit«.

Pechel verhielt sich etwas zurückhaltender. Aber auch er lehnte es ab, in Hitler einen Mann zu sehen, den »zu verdammen jetzt zum guten Ton gehört«, und sah die einzige »Rettung« in einer »Politik der nationalen Vernunft«. Die »Deutsche Rundschau« schwamm damit in dem breiten Strom all derer, die zwar nicht von vornherein direkt republikfeindlich waren – sieht man von einzelnen ihrer Autoren ab –, die aber auch niemals die Republik verteidigten, wenn es darauf ankam. Sie hielt sich an die Linie der – wie sie schon damals formulierte – »conservativ revolutionären« Kräfte, die sich zunächst lediglich äußerlich loyal verhielten, wie der alte Beamtenstab, dessen Beibehaltung gerade zur Beruhigung konservativer Kreise außerordentlich beigetragen hatte. Diese gewissermaßen indignierte Loyalität schloß die Empfindung nicht aus, daß die Republik trotz allem verdächtig blieb. Man empfand den zunehmenden Parteienhader, die häufigen Kabinettswechsel, die oft nur künstlich beschworene, permanente Gefahr des Zusammenbruchs, auch den Sozialismus selbst als degoutant und symptomatisch, man konstatierte vor allem unüberbrückbare Differenzen zwischen Regierung und Volk.

Versucht man die Summe zu ziehen, so sind bei aller Abwehr der Ungeistigkeit des Nationalsozialismus die Berührungspunkte mehr als zahlreich gewesen. Deshalb veränderte sich auch innerhalb der »Deutschen Rundschau« durch die Weltwirtschaftskrise und ihre Folgen grundsätzlich das Verhältnis zur Republik. 1931 wird in ihr nach einem Führer gerufen, und W. v. Kries betont zwar in seinem Leitartikel »Politische Bilanz 1931«, daß der Nationalsozialismus in »einem geistigen Gewand von so unbeschreiblicher Dürftigkeit auftritt, daß man sich als Deutscher nur schämen kann«, aber wenn man »an die Taten, an die Haltung, an die menschliche Einstellung« denke, so ergebe sich zweifelsfrei: »Der Nationalsozialismus packt das deutsche Volkstum, trotz völlig ungenügender Begriffsbestimmung seines politischen Wesens, an den Quellen seiner Kraft. Zum erstenmal in der neueren deutschen Geschichte kann hier von einer nationalen, alle Kreise und Schichten durchdringenden Bewegung gesprochen werden.« 1932 will nach Meinung der »Deutschen Rundschau« das Volk Männer sehen, die Charakter hätten, die wüßten, was sie wollten, und denen eine Leistung zuzutrauen sei. Freilich wird noch und wieder eingeschränkt, daß ein Agitator und Trommler noch kein solcher Mann sei. Wenig später schienen diese Reserven nicht mehr zu bestehen, schien Hitler doch größerer Reputation würdig zu sein. Dafür war nicht nur der Titel des ersten Leitartikels symptomatisch, den der neue Mitherausgeber Paul Fechter veröffentlichte: »Vom Wilhelm Meister zur SA«.

Eine ähnliche Entwicklung läßt sich bei den »Süddeutschen Monatsheften« skizzieren, einer Münchener Rundschau-Zeitschrift, die schon bei ihrer Gründung im Jahre 1904 bewußt ein Gegenstück zur »Deutschen Rundschau« sein wollte und die rasch eines der prominentesten Organe dieses Genres wurde. Ursprünglich regional gebunden und die geographische Konstellation München (Süddeutschland) versus Berlin (Norddeutschland) künstlich stilisierend zu dem Gegensatz Kultur (Volk) versus Zivilisation (Stadt), sprengten die »Süddeutschen Monatshefte« unter ihrem Herausgeber Paul Nikolaus Cossmann doch relativ rasch diese enge Beschränkung, ohne deshalb auch die kulturphilosophisch festgelegte Haltung zu revidieren. Die »Süddeutschen Monatshefte« waren so vollständig das Blatt Cossmanns, daß sich fast ein Vergleich mit der »Fackel« von Karl Kraus und der »Tat« unter der Redaktion Hans Zehrers aufdrängt. Cossmann, ursprünglich Jude, war 1905 zum katholischen Glauben konvertiert. Sein Hauptmitarbeiter war Josef Hofmiller. Die »Süddeutschen Monatshefte« waren betont bayerisch. Sie entdeckten das deutsche Volk dank einem landschaftlich ausgleichenden Gerechtigkeitssinn vor allem dort, wo es für die »Deutsche Rundschau« kaum existent gewesen zu sein schien, nämlich südlich des Mains; sie waren katholisch und sie waren schließlich rechtskonservativ.

Ihre scharf nationale Position im Ersten Weltkrieg wurde auch durch die Ereignisse des Jahres 1918 nicht beeinträchtigt. Die allgemeine Tendenz, das Bild Deutschlands so makellos und vorbildlich wie nur möglich zu zeichnen, beherrscht jede einzelne Nummer der »Süddeutschen Monatshefte«, die später jeweils einem Generalthema gewidmet waren. In der Weimarer Zeit wurden diese Themen vor allem der Politik und der Geschichte entnommen. Die Dolchstoßlegende wurde schon im Dezember 1918 vorgetragen. Einem Offizier, der sich auf dem Rückmarsch befindet, werden beistimmend die Worte in den Mund gelegt: »Wir sind nicht militärisch besiegt worden, sondern durch feigen Verrat hat uns die Heimat die Waffen entwunden.« Diese Einschätzung und Begründung der Niederlage fand ihren Höhepunkt in der Berichterstattung Cossmanns zum Dolchstoßprozeß; sie belegt überdeutlich, daß nicht die Dolchstoßlegende das Volk »verhetzte«, sondern daß wegen der breiten Bereitschaft zu einer solchen Interpretation die Dolchstoßlegende einen derartigen Widerhall fand.

In dem erwähnten Dezemberheft 1918 entwickelte Hofmiller in einem Beitrag unter der Überschrift »Kriegsgewinn« die Konzeption, mit der die Redaktion der »Süddeutschen Monatshefte« ihre Arbeit in der neuen Republik fortführen wollte. Die Ausführungen waren programmatisch: »Keine Industrie nach Süddeutschland! – Dank dem Feind, der die Industrialisierung so nachhaltig aufhält. – Wir verabscheuen Politik. – So wenig Staat wie möglich. – Parlamentarisierung ist Unsinn!«

Allerdings bedingte die nachdrücklich hervorgehobene Abneigung gegen alles Politische für die nächsten Jahre keineswegs ein politisches Desinteresse. Vielmehr wurde Heft für Heft in umfangreichen Dokumentationen zur Thematik politischen Ideengutes Stellung bezogen wie Bolschewismus, Panslawismus, Sozialismus, Antisemitismus und so fort, und zwar in der stereotypen Gegenüberstellung der Freund-Feind-Antithetik von »gutem Deutschen« und »bösem (= ausländischem) Gegner«.

Die kaum verhüllte ablehnende Haltung gegenüber den offiziellen Vertretern der Weimarer Republik wurde besonders deutlich in einem Brief, der im 17. Jahrgang anläßlich des Kapp-Putsches erschien. Der Absender war der Chef des Wehrkreises IV (Provinz und Freistaat Sachsen und Anhalt), Oberstleutnant v. Metsch. Im Zusammenhang mit der überaus persönlichen Beurteilung der Vorgänge fällt die bei den damaligen Rechtsgruppen und -parteien übliche massive Kritik an Erzberger auf, der als »der mit Recht bestgehaßte Mann« bezeichnet wird. Ihm allein sei die schlechte Organisation des Heeres zuzuschreiben und nicht Noske, da er alle Verbesserungsvorschläge »abgelehnt oder gestutzt« habe. Charakteristisch ist auch der Kommentar E. Frhr. v. Aretins zum Hitlerputsch, bei dem das Wort von der »politischen Impotenz« in Berlin fiel, die Motive der Hitler-Bewegung durchaus gelten gelassen und nur die Fähigkeiten ihres Führers erheblich bezweifelt wurden. Zuletzt sei in diesem Zusammenhang auf die besonderes Aufsehen erregende pseudo-objektive Dokumentation prominenter jüdischer und antisemitischer Stimmen zur »Juden-Frage« aus dem Jahr 1930 hingewiesen, die durch sich selbst bezeugt, auf welche Weise die

»Süddeutschen Monatshefte« das ihre zur Destruktion des republikanischen Bewußtseins beitrugen. Der antiwestliche Affekt, der älteren Ursprungs war und der sich genauso in der »Deutschen Rundschau« wie in zahlreichen anderen Zeitschriften nachweisen läßt, mischte sich bei den »Süddeutschen Monatsheften« noch mit dem antizivilisatorischen Affekt. Bei diesen Voraussetzungen überrascht es kaum, daß bei den originalen Literaturbeiträgen die völkischen Dichter unübersehbar deutlich und bevorzugt vertreten waren und mit Grimms »Volk ohne Raum« (1926) endlich die Hinwendung zur wahrhaft deutschen Dichtung begrüßt und gepriesen wurde. Mag sein, daß wirklich nur persönliche Fehleinschätzung den Kommentator der »Süddeutschen Monatshefte« im März 1933 dazu verführte, Hitlers Erfolg als Sieg des eigentlichen Geistes von Weimar über den Geist autoritärer Staatsführung zu interpretieren. Allerdings läßt sich auch nicht übersehen, wie bedrückend häufig sich ein derartiger privater Irrtum in den literarischen Rundschau-Organen der damaligen Zeit zu Wort meldete, und zwar durch den Mund von Autoren, die mit Recht von sich behaupten konnten, keine Befürworter des Nationalsozialismus gewesen zu sein. Es gehört zu den unverwechselbaren Merkmalen der Weimarer Zeit, daß das Gros der literarischen Wortführer blind dafür war, wie nachhaltig ihre prinzipielle Opposition gegen den existenten Staat nicht nur die Republik in der Wurzel traf, sondern auch die eigene Basis zermürbte, wie ihnen nach 1933 rasch und gründlich bewiesen werden sollte.

»Die Tat«

Ein geradezu modellhaftes Beispiel dafür ist die bedeutende Diederichs-Zeitschrift »Die Tat«, die von ähnlichen Tendenzen wie die »Süddeutschen Monatshefte« bestimmt wurde, allerdings noch weit ausgeprägter. Eugen Diederichs hatte mit der Herausgabe der Zeitschrift 1908 begonnen und ihr den Untertitel »Wege zu freiem Menschentum« gegeben. In einem der letzten Hefte, die vor seinem Tod erschienen, sprach Diederichs davon, daß seine Zeitschrift »mehr oder weniger Sprechsaal für das Suchen unserer Zeit [ist], völlig unabhängig von Interessen-Politik, völlig vorurteilslos allen Parteien gegenüber und immer bereit, die zu Wort kommen zu lassen, die sonst nicht zu Wort gekommen wären, weil sie Anstoß erregt hätten. ›Dienst dem kommenden Leben‹ gegenüber war der Grundgedanke ihrer Haltung.« Diederichs hatte sich selbst wiederholt bemüht, in eigenen Aufsätzen diesem Suchen der Zeit die Richtung zu zeigen. Im Dezember 1927 veröffentlichte er einen Beitrag mit dem Titel »Die geistigen Aufgaben von heute, morgen und übermorgen«. Darin zieht er ein Fazit seiner nahezu zwanzigjährigen Arbeit und faßt leitmotivisch alle seine bisherigen Bemühungen zusammen; wenig später übernimmt Adam Kuckhoff die Leitung der Zeitschrift.

Der 20. Jahrgang der »Tat« beginnt mit einer Einleitung des neuen Schriftleiters, der dem Organ auch einen neuen Untertitel gibt: »Monatsschrift zur Gestaltung neuer Wirklichkeit«. Seine Devise lautet: »Heute und Hier«. Er bemüht sich zunächst um die Anerkennung der modernen Industriewelt. Mit ihm zieht Hans Zehrer in die Redaktion ein; er schreibt vorerst anonym. Mit Zehrer ändert sich außer dem Gesicht der Hefte auch ihr Gehalt, und zwar im Sinn einer abrupten Aktualisierung und Radikalisierung. Unter Zehrer steigerte die »Tat« innerhalb von zwei Jahren, von 1929 bis 1931, ihre Auflage von 1000 auf 20 000 Exemplare, bis 1932 kamen noch einmal 10 000 hinzu. Damit gab es in diesen Krisenjahren keine andere Zeitschrift, die einen größeren Leserkreis gehabt hätte, und damit auch kein publizistisches Organ von größerer zeitgeschichtlicher Bedeutung und höherem Aussagewert – wenn man nicht sagen will: Wirkung.

Es hatte seine Logik, wenn Zehrer schon im Januar 1929 das Gewitter aufsteigen sah: »Die Wirtschaft kämpft offen gegen den Staat.« Hugenberg wurde Führer der Deutschnationalen. Zehrer registriert weitere Symptome: Aussperrung von 200 000 Eisenarbeitern, Spannungen innerhalb der Regierung, Revolten unter dem Landvolk, Not im Grenzland, Landflucht – und das Ergebnis: »Die antikapitalistische Stimmung wächst.« Ein Ausweg »ist noch nicht vorhanden«. Eine Hoffnung auf die Bünde sei falsch: »Vor einer Bewegung großen Stils werden sie eines Tages spurlos verschwunden sein. – Was ist das für eine Bewegung? Wir haben heute in Deutschland das seltsame Bild, daß ein Staat existiert, der seinen revolutionären Ursprung betont, während der eigentlich revolutionäre Geist sich außerhalb seiner Form befindet. Wir holen in irgendeiner Form einmal die Revolution von 1918 nach. Die Stimmung ist zum Beispiel heute bereits so, daß eine nationalrepublikanische Partei, die staatlich rechts, wirtschaftlich links gerichtet ist, und die allein mit der Parole: Für Sauberkeit! ins Feld zieht, auf 30 bis 40 Mandate im Parlament rechnen kann. Es ist nur noch niemand da, der sie gründet. Aber warten wir das nächste Jahr ab! Warten wir die große Wirtschafts-

krise ab, die spätestens im Herbst nächsten Jahres hereinbrechen wird!«
Zehrer behielt recht, die Krise war jedoch nicht nur wirtschaftlicher Art. Zehrer konnte sich bestätigt fühlen, die Sicherheit seiner Prognose erfüllte ihn mit Genugtuung, er unterlegte der Krise einen eminent positiven Sinn, begrüßte das Chaos und versuchte vehement, alle revolutionären Ansätze, die auf Unterminierung der restlichen Grundlagen der Demokratie gerichtet waren, voranzutreiben. Er bejahte »die Notwendigkeit des Zersetzungsprozesses«. Sein Angriff auf die liberale Form der Republik und ihres Wirtschaftssystems bediente sich schlagender Beweisführungen, denen nichts entgegenzusetzen war, weil sie auf jede Diskussionsbasis verzichteten: »Das System mag in sich vernünftig sein, aber wir wollen es nicht mehr. Dagegen ist kein Argument gewachsen.«
Im Anschluß an ihre einschränkungslos destruktive Phase forderte die »Tat« unter Zehrer eine Verschmelzung von rechts und links, ohne sich dabei mit dem Problem zu belasten, in welcher realpolitisch möglichen Form das geschehen sollte. In dem eben zitierten Artikel vom Oktober 1931 bemerkt Zehrer: »Diese Generation kam sozialistisch nach Hause zurück, nicht, weil sie Karl Marx gelesen und verstanden hatte, sondern weil sie in einer Gemeinschaft auf Leben und Tod zutiefst das soziale Unrecht gespürt und die Berechtigung des sozialen Ressentiments, das in der Arbeiterschaft lebte, begriffen hatte.« Wenig später fordert er kategorisch, daß sich nationale Bewegung und soziale Bewegung zu einer neuen Volksgemeinschaft zusammenfinden müßten. Denn »das Ziel ist die neue Volksgemeinschaft. Sie lautet: deutscher Sozialismus. Der Weg dazu ist die Revolution.« So hatte es seine Folgerichtigkeit, daß sich Zehrer in einem anonymen Beitrag höchst positiv zu den Erfolgen der Nationalsozialisten bei den Reichstagswahlen vom 14. September 1930 äußerte. Das Ende lag auf der Linie, die Horst Grueneberg in einem Beitrag zwei Jahre zuvor angegeben hatte, als er eine nationale demokratische Diktatur forderte und herbeiwünschte, die zu einer moralischen Revolution aufrufe.
Daß die nationalsozialistische Machtergreifung nicht in Zehrers Sinn lag, mag eine verspätete Einsicht gewesen sein. Eine großzügige Interpretation wird seinen März-Beitrag 1933 schon als verkappte Kritik auslegen können. Aber für Zehrer hieß das Ziel auch jetzt noch, da es sich zweifelsohne um den von ihm schon so bald berufenen »Boden der neuen Tatsachen« handelte: »Ein autoritärer Staat auf der Basis des

deutschen Sozialismus. Es gilt, den Liberalismus in Staat und Wirtschaft, die beiden Zwillingsbrüder Parlamentarismus und Kapitalismus zu liquidieren.« Im darauffolgenden April-Heft begrüßt er in seinem Aufsatz »Die Revolution von Rechts« die Zerschlagung und Ausschaltung der Parteien und resümiert den Effekt in den abschließenden Sätzen: »Der Typ des liberalen Menschen hat aufgehört zu existieren. Er hat wenig Zukunft. Das Tempo des Lebens wird ruhiger dahinfließen. Und das ist gut so, damit der Mensch wieder lernt, Mensch zu werden.« Zwei Hefte später hält er nach wie vor Deutschland »dazu berufen, die endgültige Form des nationalen Sozialismus für die Welt zu schaffen«. Es geht hier nicht darum, ob auf diese oder andere Weise dem Nationalsozialismus mit journalistischen Buschmessern der Weg geschlagen wurde. Es geht vielmehr darum, inwieweit das durch die weit wirkungsvollere Weise des einfachen Einstimmens in den Grabgesang auf die Weimarer Republik geschah. Die »Tat« war unter Zehrer von einem literarischen in ein politisches Organ verwandelt worden. Dies geschah – und das ist so charakteristisch für die damalige Zeit –, ohne daß eines ihrer früheren Prinzipien hätte aufgegeben werden müssen. Keine vergleichbare Zeitschrift eroberte sich durch Verwandlung einen derart großen Leserkreis; sie gewann auch unter ihresgleichen die größte Bedeutung und zugleich bewegte sich kein anderes Blatt so dicht an der Grenze zwischen nationalem Sozialismus und Nationalsozialismus.

»Die Neue Rundschau«

Als letzte Zeitschrift dieses Sektors muß die »Neue Rundschau« erwähnt werden. Nicht, weil sie etwa auch nur entfernt zu rechtskonservativen Positionen geneigt hätte, sondern weil sich ihre Leser aus derselben bürgerlichen Intelligenz rekrutierten, die auch von allen bisher genannten Zeitschriften als ihr Publikum betrachtet wurden. Seit ihrer Gründung im Jahre 1904 durch Otto Brahm ist die »Neue Rundschau« bis heute eine unserer profiliertesten literarischen Rundschau-Zeitschriften geblieben. Sie war seit ihren Anfängen kein traditionalistisches Organ, das seine Kräfte und Beiträge vorwiegend aus der Vergangenheit speiste. Mit Recht konnte sie sich nach Jahrzehnten aus Anlaß eines Jubiläums rühmen, daß sie noch genauso liberal sei wie zu Beginn, »liberal in dem Sinn, daß sie künstlerischen und geistigen Bestrebungen, Meinungen, Fragestellungen und gegenständlichen Interessen Platz gab«. Nicht nur die redaktionelle Kontinuität der »Neuen Rundschau« ist beachtenswert

– mit Ausnahme des Jahres 1944 erschien sie ununterbrochen –, noch beachtlicher ist die geistige Kontinuität. Da sie innerlich nie an das kaiserliche Deutschland fixiert war, konnte sie die Weimarer Republik als durchaus zukunftsversprechend ansehen, als beste der gegebenen Möglichkeiten. Daß eine solche Kontinuität nicht zuletzt aufgrund eines besonders einheitlichen, geschlossenen Leserkreises durchgehalten werden konnte, wird auch soziologisch bestätigt. Einerseits werden »avantgardistisch gesonnene Studentenkreise, Künstler und Anhänger der Literatencafés« als maßgebende Leserschicht genannt; andererseits ergibt sich aus einem Verzeichnis der Anfangsjahre die große Bedeutung des gebildeten Bürgertums und der bürgerlichen Künstler als tragende Stützen der Zeitschrift. Die erste Angabe bezieht sich auf diejenigen Leser, die unter den Nationalsozialisten als Publikum der in der damaligen Zeit als »avantgardistisch« eingestuften »Neuen Rundschau« auftraten und damit ihrer Haltung nach mit Recht dem gleichen liberalen Bürgertum zugeschrieben wurden, das seit der Kaiserzeit die ganze Epoche der Weimarer Republik hindurch den unerschütterlichen Leserstamm der Zeitschrift darstellte: gebildet, tolerant, unprovinziell, auch vielfach zu fein, um sich durch Engagement im politischen Geschäft zu verunreinigen, doch kraft seiner Herkunft, Haltung und schließlich auch Zahl zweifellos nicht ohne erheblichen Einfluß innerhalb der Gesellschaft.
Nach dem Ersten Weltkrieg konzentriert sich auch die »Neue Rundschau« zunächst auf Überlegungen, was für Forderungen sich mit dem Neubeginn sowohl in literarischer als auch in politischer Hinsicht verbinden. Deutlich kristallisiert sich die Einsicht heraus, daß eine Entwicklung nachgeholt werden müsse, die sich als europäisches Ereignis bereits vollzogen habe. Otto Flake betonte: »Wir sind eine Nation, die den Weg verloren hat. Am Anfang alles Neuen steht für uns die Schau über die am tiefsten gesunkene Periode unseres Denkens und Fühlens.« Wie bei den politischen Beiträgen bleibt aber auch in diesen Jahren das Verhältnis zu den literarischen Strömungen von einer ruhigen Ausgeglichenheit, die lieber das Odium des Unverständnisses auf sich nimmt, als sich zu raschen, ungesicherten Urteilen zu verstehen. Auffällig bleibt es trotzdem, wie entschieden abwehrend sich die »Neue Rundschau« auch jetzt noch dem Expressionismus gegenüber verhält, sieht man einmal von Franz Werfel ab. Die Zeitschrift hatte schon seit 1912 regelmäßig die Neuerscheinungen der Expressionisten kritisch gesichtet, ihre Reserve war also nicht neuen Datums. Im Zusammen-

hang mit der Veröffentlichung der Rede über den »Expressionismus in der Dichtung« von Kasimir Edschmid, der seit 1915 als literarischer Wortführer der ganzen Bewegung angesehen wurde, wird im Vorwort des Herausgebers der »Neuen Rundschau« knapp festgestellt: »Wir brauchen nicht zu betonen, daß wir die ästhetische und literarische Rangordnung der Werte [des Expressionismus der letzten dreißig Jahre] durchaus ablehnen.« Die Distanzierung ging allerdings nicht so weit, daß sie doktrinäre Züge angenommen hätte; zahlreiche Mitarbeiter der Zeitschrift zählten zu den Expressionisten, als Prominentester unter ihnen Alfred Döblin. Die Beweggründe der Ablehnung waren nicht rein literarästhetischer Art. Otto Flake war der bestreitbaren Ansicht, daß der deutsche Expressionismus im Vergleich zu anderen Ländern nicht mehr als provinziellen Charakter aufweise; er entbehre zwar nicht einer Steigerung von Gefühl, Seele und Menschlichkeit, lasse aber einen Mangel an Klarheit, Bindung, Form und Willenszucht erkennen. Mit dieser Auffassung vom Fehlen bestimmter Werte zusammen mit dem Bemühen um sichere Fundamente im Anschluß an den Zusammenbruch läßt sich wohl die reservierte Haltung dem Expressionismus gegenüber erklären und die starke Bevorzugung minder experimentierfreudiger, »moderner« Schriftsteller, die sich nicht allzu heftig am literarischen Fontänenspiel der anhebenden zwanziger Jahre beteiligten. Diese Phase der »Neuen Rundschau« endete ziemlich genau bei der bekannten literarhistorischen Zäsur von 1925. Von den bevorzugten Mitarbeitern der »Neuen Rundschau« in dieser Zeit seien nur Hermann Hesse, Gerhart Hauptmann, Thomas Mann, Jakob Wassermann und Stefan Zweig genannt.
Solche Namen sind zugleich auch prototypisch für die besondere Art eines gesamteuropäischen Empfindens, das sich in bemerkenswerter Form praktisch in jeder einzelnen Nummer der »Neuen Rundschau« niederschlug, und zwar nicht nur als bloßes Interesse am literarischen Leben anderer Länder. »Europa« war nicht nur in einem übertragenen Sinn das Maß ihres Körpers. Heinrich Mann schrieb in einem Essay »Europa, Reich über den Reichen«: »Es gibt kaum noch vorangeschrittene Geistigkeit, kaum noch Willen und Bekenntnis zur Wahrheit ohne einen gewissen Internationalismus. Wir sind international, Deutsche und Franzosen, aufs Wort und feierlich verbunden zur Durchkreuzung nationalistischer Anschläge.« Damit deutete sich endgültig eine Akzentverlagerung in der »Neuen Rundschau« vom betont Literarischen zum Politisch-Weltanschaulichen an. Diese Wende von 1925 geschah nicht

»wider die Kunst, aber abseits der Kunst«, wie es im April 1929 in der Zeitschrift formuliert wurde: »Die rauhen Winde eines neuen Lebensstils und Lebensgefühls vertrieben jede Lust zu idyllischem Verweilen. Kritik und kämpferische Stimmen erfüllen nun die Umwelt auf politischem und weltanschaulichem Gebiet.«
Auf den Seiten der Zeitschrift tauchen jetzt Namen auf wie Brecht, Benn, Hausmann, Eich, Zuckmayer und andere. Daß das Jahr 1925 einen Kulminationspunkt bedeutete, stellte der damalige Redakteur Rudolf Kayser im gleichen Jahr fest: »Nach den maßlos verströmten Ekstasen in allen Lebensbereichen [wird jetzt] die Tendenz zu neuer Wirklichkeit und Sachlichkeit sichtbar.«
Der Übergang vollzieht sich fließend und bruchlos, die aktuelle Publizistik schiebt sich gleichberechtigt neben die literarischen Veröffentlichungen, sie nimmt sich der Zeiterscheinungen und -ereignisse zunehmend differenzierter an. Der Schriftsteller könne sich, so betont die »Neue Rundschau«, der Notwendigkeit politischer Unterrichtung und Meinungsbildung nicht mehr entziehen. Samuel Sänger – er arbeitete u. a. im Auswärtigen Amt und war von 1919 bis 1921 Botschafter in Prag –, dessen politische Übersichten in der »Neuen Rundschau« heute als klassisch bezeichnet werden dürfen, begründete das 1929 damit, »daß die Tage des gesicherten Besitzes und des unbeschwerten Nachgenusses [unseres] dreifach geweihten Kulturschatzes gezählt seien und die Epoche des Wertnihilismus vor der Tür stehe«.
Dieses, für eine ursprünglich betont literarische Zeitschrift beachtliche politische Interesse bedingte aber auch bald eine gewisse innere Distanzierung, um nicht zu sagen Resignationsempfindung, die deutlich aus den Sätzen Kaysers von 1932 spricht, daß sich »Geist und Leben gegenseitig ihr Recht auf Dasein« streitig machen würden, eine Bemerkung, die im gleichen Jahr von dem späteren Herausgeber Peter Suhrkamp zu der Feststellung verschärft wurde: »Bei einem Blick über die Generationsringe fallen die Dreißigjährigen am meisten auf; man möchte für sie allein das Etikett ›moderne Menschen‹ reserviert haben. Das Bezeichnendste an ihnen ist ihr Mangel an Humanität, ihre Achtungslosigkeit gegen das Menschliche.«
Hatte sich Döblin 1919 unter dem Pseudonym »Linke Poot« in seinen treffsicheren Glossen »Kannibalisches« auf den Seiten der »Neuen Rundschau« kritisch mit den Kinderkrankheiten der jungen Republik beschäftigt – ohne daß freilich jemals so etwas wie »Ablehnung« durchgeklungen wäre –, so stand die »Neue Rundschau« ab 1929 betont auf

dem Boden der etablierten Demokratie und attackierte scharf und immer mit hohem Niveau den extremen Nationalismus, auch den Zehrerschen Tatkreis; sie schätzte aber die linken Kräfte genausowenig. Ende der zwanziger Jahre wurde aus ihrer bisherigen Sympathie für die Sozialdemokratie geradezu ein offenes Bekenntnis; die Grundlage hierzu bildete allerdings nicht Einsicht in deren politische Kompetenz und Fähigkeit, sondern sie war rein gefühlsmäßig. Sänger konstatierte im Frühjahr 1930: »Zweifellos ist in diesem Augenblick die nationalistische Bewegung in Deutschland weit gefährlicher als die kommunistische.« Knapp ein Jahr später mußte er in seiner Junius-Chronik feststellen: »Die Rücksicht auf die Benebelung der Massen durch die nationalsozialistische Propaganda und das Füllhorn von Versprechungen, die sie ausschüttet, ohne selbst an die Möglichkeit ihrer Verwirklichung zu glauben, beginnt der Regierung Brüning im Inneren und Äußeren schweres Unbehagen zu verursachen.« Von da ab war die »Neue Rundschau« nahezu verzweifelt um die Rettung der demokratischen Gesinnung bemüht. 1932 legte Heinrich Mann auf ihren Seiten noch einmal ein »Bekenntnis zum Übernationalen« ab, äußerte sich der britische Politologe Harold J. Laski über den »Nationalismus und die Zukunft der Zivilisation« und schälte Fritz von Unruh die tiefere Bedrohung aus ihrer parteipolitischen Einkleidung: »Die Gefahr, die in der NSDAP liegt, und gewiß außerordentlich bleibt, ist gering gegenüber der Wucht eines Nationalismus, der unabhängig von jeder Partei in den Herzen der Jugend gärt. Es ist eine Schicksalsfrage für Deutschland, ob es fähig ist, diese Kräfte, die ununterdrückbar sind, fruchtbar zu machen.« Wie wenig es in den Kräften, aber auch im Ermessen einer literarischen Zeitschrift stand, in dieser Situation selbst bei der Lösung einer derartigen Frage mitzuhelfen, wird aus dem mehr als bezeichnenden Beitrag des neuen Herausgebers Peter Suhrkamp im März 1933 deutlich, der zweifellos höchst zeittypisch ist, heute aber nur mit Mißbehagen gelesen werden kann.

»Neuer Merkur«, »Querschnitt«, »Literarische Welt«

Bietet die »Neue Rundschau« in Haltung, Entwicklung und Inhalt schon ein hinreichend farbiges Bild der literarischen zwanziger Jahre, deren Gold – wie sich an einer Fülle von zeitgenössischem Material belegen läßt – keineswegs in einem Raum glänzte, der von Politik abgeschirmt war oder sich außerhalb ihrer Bereiche befand, so scheinen für die

Gesamtspannweite des literarischen Lebens dieser Epoche noch drei weitere Zeitschriften stellvertretenden Charakter zu besitzen – jede einzelne von der anderen so grundsätzlich unterschieden wie nur möglich.

Der »Neue Merkur« war im April 1914 gegründet worden und mußte 1925 sein Erscheinen einstellen; Krieg und Inflation unterbrachen zeitweilig die Arbeit. Die niedrigen Auflagenziffern (höchster Stand etwa 1400 Ex.) entsprachen der großen Geldnot; sein Echo weit über die Grenzen war allerdings bedeutend. Auch hier haben wir es wieder mit dem Phänomen zu tun, daß eine literarische Zeitschrift so gut wie identisch mit ihrem Herausgeber war: mit Efraim Frisch. Seine Redaktion befand sich in zwei kleinen Zimmern der Münchener Innenstadt. So sehr die Zeitschrift auch *sein* Blatt war, so erschien doch keine einzige Nummer, die nicht in ungezählten Gesprächen von ihm, seinem Mitherausgeber Wilhelm Hausenstein und den Autoren und Freunden vorbereitet worden wäre – Symbol für die literarische Phase einer geselligen Geistigkeit, die sich so nur in der Weimarer Epoche entwickeln konnte und in der sich noch das Heterogenste lediglich durch die gemeinsame Leidenschaft zum gestaltenden Wort zusammenhalten ließ. Symbol auch für die Literatur im besten Sinn, weil sie noch nicht das Geschriebene vom doktrinären Blick durch die Röhre einer Schule oder »Überzeugung« abhängig machte. Bei Frisch und seinem »Neuen Merkur« fand sich alles ein, was in der damaligen Literatur Rang und Namen hatte, zu besitzen glaubte oder einmal haben wollte, von P. Adler bis Wolfenstein, von W. Benjamin bis A. Zweig. Die Mitarbeiter waren derart unterschiedlich, daß die Summe ihrer Namen in Abbreviatur fast die Summe der damals ernstzunehmenden Literatur darstellt. Kaum etwas fehlte von den Realisten bis zu den Naturalisten, vom Impressionismus über die Expressionisten zu den Dadaisten; aber die Tradition und das konservative Element fanden sich genauso selbstverständlich ein. Der »Neue Merkur« ähnelte einer offenen Bühne, auf der alles Platz hatte, was sich in jener experimentierbesessenen Zeit literarisch überhaupt zu Wort meldete.

Das, was äußerlich in seinem Überreichtum als Richtungslosigkeit hätte gelten können, war freilich von Anfang an durchdachte Konzeption und bewußtes Programm. Efraim Frisch schrieb, als er nach Kriegsende für den April 1919 das Wiedererscheinen des »Neuen Merkur« ankündigte, unter anderem: »Wir, die in der Entgeistung der Politik und des öffentlichen Lebens von je die Ursache der Zersetzung gesehen haben,

die zum Verfall und zum Zusammenbruch führten, bedürfen jetzt keiner anderen Einstellung als das Festhalten an unserer ursprünglichen, auf geistige Erneuerung und Sammlung gerichteten Tendenz. Im Sozialismus sehen wir nicht nur keine Trennung, sondern die langentbehrte Bindung, die einen neuen Aufbau der Gesellschaft ermöglichen soll ... Aus der richtungslosen Mannigfaltigkeit der literarischen Produktion werden wir mit Sorgfalt das auswählen und herausstellen, was natürlich gewachsen und aus künstlerischer Notwendigkeit geschaffen ist, auf geistigem Gebiete nur das berücksichtigen, was neuen Ideengehalt in sich birgt und dem Leser innerlich erlebte Kenntnis vermittelt.«
In dieser Präambel steht Literatur im weitesten Sinn in einer festen Verbindung mit den politisch-gesellschaftlichen Lebensfragen der Republik, von einer möglichen Autonomie beider Bereiche ist keine Rede. Ebensowenig allerdings wird ein eventueller Vorrang des einen gegenüber dem anderen vertreten; für Frisch und den »Neuen Merkur« war Literatur ohne Politik nicht denkbar – und Politik ohne Literatur keine Politik. Deshalb war der »Neue Merkur« ein prononciert literarisch-politisches Organ, deshalb empfand Frisch seine kompositorische Tätigkeit bei jeder Zeile befrachtet mit politischer Verantwortung. Schon während des Krieges wurde in der Zeitschrift das Konzept einer »Europäischen Union« entworfen. Sie förderte nach 1918 mit allen Kräften die Paneuropabewegung, unterstützt von Männern wie Thomas Mann, André Gide und Ernst Robert Curtius, sie setzte sich für einen engen Kontakt zwischen England und dem Kontinent ein, analysierte frühzeitig die aufkommenden antisemitischen Tendenzen in Deutschland und wahrte sich bei allem Engagement für die aktuelle Entwicklung ihre absolut unvoreingenommene Sicht, was ihr zu einer für diese Zeit fast beispiellosen Gesamtschau verhalf.
Der »Neue Merkur« blieb im Zuge der Währungsstabilisierung 1925 auf der Strecke. Mit ihm ging eine der stärksten Potenzen des damaligen deutschen Geisteslebens verloren. Frisch mußte seinen Nekrolog in der »Literarischen Welt« veröffentlichen. Er kam zu der bitteren Feststellung, sein Unternehmen sei wahrscheinlich daran gescheitert, »daß jene, die ihn brauchten, von ihm nichts wußten. Aber es können eben nicht alle schreien.« Er schließt mit einer Bemerkung, die ebenso nüchtern wie hochprophetisch war: »Besonders in den letzten sechs Jahrgängen ist [im ›Neuen Merkur‹] mancherlei enthalten, das einem Leser in 50 Jahren eine präzise und komplexe Vorstellung unseres heutigen Zustandes im Geiste zu geben geeignet ist.«

Eine ähnlich »präzise und komplexe Vorstellung« vermittelt heute, wenn auch in einer völlig anderen Weise, eine Zeitschrift von so kaleidoskopischem Charakter wie der »Querschnitt«. Seine Hefte erschienen seit Januar 1921 im Verlag der Galerie Flechtheim für ihre, durch das sogenannte Luxussteuergesetz vom Besuch von Ausstellungen und besonders vom Bildkauf abgehaltenen Kunden. Zusammen mit seinen Ausstellungen, die er nicht mehr veranstaltete, ließ Alfred Flechtheim auch keine Kataloge mehr erscheinen und ersetzte sie durch den »Querschnitt«, dessen Untertitel »Mitteilungen der Galerie Flechtheim« nur in der ersten Nummer auftauchte. Nach Flechtheim und Wilhelm Graf Kielmansegg wurde ab 1923 Hermann von Wedderkop alleiniger Herausgeber und blieb es bis Anfang 1929. Flechtheim hatte den Regierungsassessor und Kunstschriftsteller schon 1909 in Paris kennengelernt. Wedderkop war nicht nur durch seine kunstkritischen Artikel bekanntgeworden, sondern selbst literarisch tätig. Als sein Roman »Adieu Berlin« im Jahr 1927 erschien, wurde im »Querschnitt« von seinem Verfasser gesagt, daß er »eventuell das Zeug hätte, ein neuer Fontane zu werden«. Wedderkop gab der Zeitschrift nicht nur ihren charakteristischen gelben Einband, sondern auch und vor allem das weit charakteristischere inhaltliche Kolorit; er schuf ein »Magazin der aktuellen Ewigkeitswerte«.

Wedderkop griff eine Beurteilung des »Querschnitts« durch die ursprüngliche Schwesterzeitschrift »Ararat« aus dem ersten Erscheinungsjahr auf, daß es nämlich verdienstvoller sei, »amüsant zu sein als langweilig; die Herausgeber des ›Querschnitts‹ scheinen Gott sei Dank diese Binsenwahrheiten zu wissen«. Daran fädelte er in der Sommernummer 1923 seine lockeren Programmpunkte auf: Die damals erscheinenden vergleichbaren Zeitschriften in Deutschland seien nichts weiter als sublimiertes Feuilleton, besonders der Typus Kunstzeitschrift bloßes Schlafmittel. Der vollkommenste Typus sei das amerikanische »Magazine«. Allerdings hätten »wir verschiedenes hinter uns, was nicht scheiden will, was wahllos weiterwirkt. Uns tut anderes not.« Das behagliche Nebeneinander von Gegensätzlichkeiten wirft, wie Wedderkop weiter ausführt, hellstes Licht auf die deutsche Geselligkeitstugend. Die Wahllosigkeit, mit der Ideen aufgenommen würden, beweise die deutsche Vielseitigkeit: »Die Deutschen sind, mit Sachsen als Zentrum, die Intellektuellsten der Welt, werden aber nicht erwachsen ... Der Deutsche hält nach Zeit und Menge den Rekord dessen, worauf in historischer Zeit ein Volk hineingefallen ist.« Gottlob seien wir in der glücklichen

Lage, daß sich in unseren Großen immer die spezifische deutsche Begabung fände. Deshalb könnten wir sie für uns Nachtwache gehen lassen: »Geschirmt von seinen Großen schläft der deutsche Geist, zittert, wenn aus dem Schlaf gerissen.«
Der »Querschnitt« hatte die rücksichtslose Absicht, Leben in diese graue Gleichförmigkeit zu bringen. Für dieses Programm war ihm nicht jedes Mittel recht, sondern nur die frechsten, ausgefallensten, unverschämtesten Mittel, und den Stoff für diese Mittel sah er nicht auf der Hand liegen, sondern auf der Straße. Der »Querschnitt« nahm sich vor, bewußt würdelos zu sein, was vor allem hieß: wahllos in der Wahl der Beiträge. »Wir werden die Zeitschrift hinhalten, den Zufall hineinschütten lassen. Wir haben nur ein Prinzip: Die große Pose der orts- und zeitüblichen Inferiorität fernzuhalten. Wir werden weder profundes Geschwätz noch sensationelle Aktualitäten nehmen, es sei denn, daß beides einen Grad von Blödsinn erreicht, der es verklärt, zur Ausnahme erhöht.« Wedderkop schätzt dies als einen besonders liebenswürdigen Ausdruck seiner unterminierenden Aufbautätigkeit »zwecks Abbruch der riesigen Klamottenfelder« ein. Historisch will er nur dann werden, wenn er Gelegenheit bekommt, die alten Zeiten mit unbekannten Worten reden zu lassen. »Wagner ist verbraucht, wie weibliche Turnhose, Jägerhemd und Eigenkleid; Kaiser Wilhelm, nur in besten Momenten für den ›Querschnitt‹ verwendbar, redet nicht mehr; aus dieser Zeit ist fast alles versiegt, nur Edschmid läuft. Hauptinteresse gilt unseren geistigen Führern der Gegenwart, man braucht sie durch Namensnennung nicht zu profanieren. Wir warten aufnahmefähig auf jedes neue Zeichen, das sicheren Instinkt für Verkehrtheit beweist. Wir werden solche Stimmen unverfälscht ertönen lassen, Zeitgeist aus dunkler Quelle schöpfen, im Licht·präsentieren.« Er verspricht, die Abnormitäten mit dem gleichen Ernst zu verfolgen, »mit dem wir das sogenannte Positive festzustellen beliehen«.
Die deutsche Wirklichkeit soll nicht etwa nur widergespiegelt werden. Der »Querschnitt« will vielmehr selbst deutsche Wirklichkeit sein, und deshalb will er das »Heterogenste aufeinanderbolzen«. Wedderkop will durch Präsentierung des Nicht-Symptomatischen, des echt Unvergänglichen, weil extrem Alltäglichen, das unvorbereitet emporschießt, spontan aufbricht und dessen Wert und Wesentlichkeit so eigentümlich und selbständig ist, daß es sich einem täglichen Kommandoreiz entzieht – durch dieses Nicht-Symptomatische will Wedderkop versuchen, seine Zeit sich selbst bewußt zu machen, dieselbe Zeit, von der er einmal sagt,

»daß sie ihr eigenes Gesicht hat, ihr Leben hat wie jede andere«. Aber er verspricht auch, willig die Seiten seiner Zeitschrift den großen geistigen Strömungen und Leidenschaften der Zeit zu öffnen, als da sind: Anthroposophie, Psychoanalyse, Untergang des Abendlandes, Sozialismus und Preußentum, Sehnen – geteilt in: a) faustisches, und b) solchem nach Indien und Rußland, Liebe zur Exaktheit der Maschine. Ziel ist es, die Strömungen dadurch einzufangen und sie durch Spiegelung im »Querschnitt« in verstärktem Tempo abfließen zu lassen.

Wedderkop war besonders stolz darauf, daß ihm das Material, das er für brauchbar hielt, praktisch aus der ganzen Welt zufloß und dieser Tatsache ein gleich großes Echo entsprach. In keiner anderen deutschen oder ausländischen Zeitschrift finden sich deshalb die zwanziger Jahre nicht nur Deutschlands so charakteristisch konzentriert. »Unsere ausgedehnten internationalen Beziehungen sind nicht zunft- oder geschäftsmäßiger, sondern freundschaftlich-persönlicher Natur. Das ermöglicht uns, wie keine andere Zeitschrift unsere Leser über die wirklichen Vorgänge, nicht nur über die Allerweltsvorgänge der Tageszeitungen und der großen illustrierten Blätter auf dem laufenden zu halten. Die gesamte geistige Elite des Auslandes, alle führenden Literaten, Künstler, Musiker, stehen mit uns in ständiger Verbindung.« Wedderkops Kosmopolitismus war nichts weiter als ein unverrückbarer Glaube an die Internationalität des Künstlers und des Menschen. Er ironisierte das ergriffene Europapathos Heinrich Manns, das der »gebildeten Staatssekretäre des Äußeren, Fernseher, Dichter mit Weltgefühl«; es war ihm zu forciert allgemein. Sein eigener Europa- und Weltbegriff war viel selbstverständlicher, es war eine Wirklichkeit der profanen Hintertür. Deshalb erteilte er lieber dem Bruder Thomas das Wort: »Ja, es ist sogar der europäische Augenblick gekommen, wo eine bewußte Überbetonung der demokratischen Lebensbetonung vor dem aristokratischen Todesprinzip zur vitalen Notwendigkeit geworden ist . . ., damit das allein und endgültig Vornehme, damit Humanismus entstehe.«

Die ersten Jahrgänge sind voll fremdsprachiger Aufsätze und Berichte. Französische, englische, amerikanische Dichter kommen in originalen Beiträgen zu Wort, ebenso Italiener und Russen. Es finden sich so illustre Namen wie John Dos Passos, Cocteau, Lewis, Hearn, Majakowski, Gorki, Léger, Giraudoux, Cendrars, Apollinaire, d'Annunzio, D. H. Lawrence, Hemingway, de Fiori, Tzara, Ehrenburg. Der »Ulysses« und die Werke von Proust werden sofort und ausführlich vorgestellt. In den Folgejahren werden Werkproben seltener. Dafür wird der Fächer der

Beiträge bis zu 360 Grad aufgeklappt. Es treten literarische Dilettanten auf, die Boxer Breitensträter und Schmeling, schreibende Maler und Bildhauer, schriftstellernde Geheimräte, geheimrätliche Schriftsteller, Kommerzienräte, Medizinalräte, Handwerker, Hausfrauen, Filmstars, Schönberg neben Renée Sintenis, Kardinal Faulhaber neben Döblin, Benn neben Mussolini, Virginia Woolf neben Anton Kuh. Die Literatur des Jahres 1922 wird von Wedderkop so skizziert: »Vorsichtiges Ausbauen guten Besitzes, nervöse Versuche der Impotenz mitzukommen und sanftes Resignieren in die Vergangenheit hinein. Unter letztere Rubrik wäre trotz des infernalischen Lärms der Hauptmann-Rummel zu rechnen. Gerhart Hauptmann ist reinster sozialdemokratischer Adel – und Konrad Haenisch ist sein Prophet. Ich empfehle hiermit sein Buch. Überhaupt müßte auch heute unter Ebert eine ganze Reihe deutscher Dichter geadelt werden, nämlich die, die ihre Stimme unbeeinflußt und rechtzeitig zu Gunsten des Volkes in edler Form erhoben haben. Auch unser neuester literarischer Nachwuchs, Kaiser Wilhelm, sei dringend empfohlen.« Im »Querschnitt«-Buch 1923 veröffentlichte Wedderkop zungenschnalzend eine Rede Wilhelms II. aus dem Jahre 1901: »Die Kunst soll mithelfen, erzieherisch auf das Volk einzuwirken, sie soll auch den unteren Ständen die Möglichkeit geben, sich an dem Idealen wieder aufzurichten. Uns, dem deutschen Volke, sind die großen Ideale zu dauernden Gütern geworden, während sie anderen Völker mehr oder weniger verloren gegangen sind. Es bleibt nur das deutsche Volk übrig, das an erster Stelle berufen ist, diese großen Ideen zu hüten, zu pflegen, fortzusetzen, und zu diesen Idealen gehört, daß wir den arbeitenden, sich abmühenden Klassen die Möglichkeit geben, sich an dem Schönen zu erheben und sich aus ihren sonstigen Gedankenkreisen heraus- und emporzuarbeiten.« Brechts »Trommeln in der Nacht« bescheinigt Wedderkop schlicht: »Weinerlich, faul.« Brecht habe keine Ahnung von dem Milieu; Klamauk, Besoffenheit machen nicht »Stärke« aus. Aber so sei es nun einmal: »Der Expressionist greift zum Schmerz, wo das Volk noch gar nichts fühlt.« Einige Jahre später wird Brecht im »Querschnitt« bescheinigt, er sei deshalb so anziehend, weil die Legende vom »toten Soldaten« sympathischer sei als eine »lorbeerbekränzte Nachtmütze«. Aber noch immer sei Brecht »vom Reflex des Selbsterlebten nicht minder umwittert als der Kotzebue der sibirischen Reise«.
Wedderkop und der »Querschnitt«, der Herr der Zwanziger mit Seidenschal, Zylinder und Monokel literarisch übersetzt, der raffiniert komplizierte Herr, der sich die Aufrichtigkeit mit Frivolität erträglich macht

und die Schieber mit Charleston, dieser Herr preist das Schlichte und die Natürlichkeit: »Inzwischen begreift die Welt eins vor allem nicht, was nämlich Einfachheit ist, den Wert der Einfachheit. Inzwischen ist in gewissen Literatenkreisen Krampf Trumpf.« Ähnliches wirft er den Malern vor. Sie seien in einer vergleichbaren Lage wie Schiller, der sich die Alpen einbilden mußte, als er den »Tell« schrieb; nur Klee könne die Augen zumachen, wenn er male.

Jahr um Jahr reflektiert sich die Weimarer Zeit getreulich im »Querschnitt«, der beginnende Alltag der Republik nach der Inflation, die Geschäftstüchtigkeit, wirtschaftliche Nüchternheit, Technik, Fließbandarbeit, Sexualwissenschaft, Kino und Radio, Film und Behaviorismus, Bauhaus, der »rasende Reporter« und der Massensport, Songs, Josephine Baker und Jazz. Alles, was sich um den Pfosten der »neuen Sachlichkeit« legt, findet sich als Probe und Bericht im »Querschnitt«. Und so wie dem Roman, bleibt der »Querschnitt« auch der Lyrik seiner Zeit auf den Fersen, läßt er Adolf Bartels neben Ringelnatz auftreten und Weinert neben Britting. Im »Querschnitt« 1925, einem besonders aufschlußreichen Jahrgang, schreibt Kretschmer einen Aufsatz über sein Thema »Körperbau und Charakter«, äußert sich Alexander Tairow über »Die Aufgaben der Tairow-Bühne«, und Wedderkop läßt ihn durch einen Beitrag »Das dialektische Theater« ergänzen, gefolgt von einem Artikel über den »Spiritismus des Großfürsten Alexander«, dem sich ein Bericht über »Russische Literatur von heute« anschließt. Eine Delikatesse besonderer Art war im gleichen Jahrgang die Kontroverse »Carl Sternheim gegen Kurt Pinthus« und »Kurt Pinthus gegen Sternheim«, bei der es um das Sternheimsche Drama »Oscar Wilde« ging. Darauf folgte eine Abhandlung über den »Symbolismus des Traumes und die Psychoanalyse«, würdig begleitet von dem Bericht eines Erlebnisses des Geheimrats Arthur Achleitner mit Kaiser Wilhelm II. unter der Überschrift »Schwierige Abendbalz«, einem Gedicht von Zuckmayer und Hemingways Skizze »Stierkampf« zwischen vier Doppelseiten mit Fotos der »oberen 500 New Yorks« bei der Erholung. Den Höhepunkt in den Marginalien des gleichen Heftes bilden die »Amerikabriefe« Weiß Ferdels und die tiefgründig-erfahrenen Äußerungen einer ungarischen Filmdiva über die Liebe. Diesen Miniaturquerschnitt des »Querschnitts« durch eine Jahresspanne der Weimarer Zeit krönt Wedderkop mit der beglückenden Feststellung, daß Thomas Mann die »furchtbare Epoche des deutschen Expressionismus glatt verschlafen« habe und so in seine Dichtung gelangt sei.

Durch bloße Aufnahme und Reproduktion von Zeitmaterial, dessen vermeintlich regellose Abfolge nur von Wedderkops Geschmacksnerven und Fingerspitzengefühl bestimmt wurde, versuchte der »Querschnitt«, seinen Lesern zu einem kritischen Bewußtsein zu verhelfen, damit sie nicht bloße Objekte der Veränderungen der Epoche und ihrer eigenen Situation, deren Tempo sich zunehmend steigerte, blieben. Der »Querschnitt« wollte den Leser in einen urteilenden Beobachter verwandeln, »ohne ihn anzustrengen oder zu ermüden«. Dieses Unternehmen, hartnäckig und unablässig die Züge der Zeit zu verfolgen, war selbst einer der auffälligsten Züge der zwanziger Jahre, also der weit um sich greifende Prozeß der Intellektualisierung, des Abbaus der Dogmatismen, der prinzipiellen Reflexion, der Aufdeckung des Unterbewußtseins, der zunehmenden Einsicht, daß Überzeugungen so wenig definitiv sind wie der Lebensmodus selbst. Der »Querschnitt« mit seinem erklärten Programm, »Zeitgeist aus dunkler Quelle schöpfen, im Licht präsentieren«, war damit selbst ein repräsentatives Stück jener Zeit und ihrer von Wedderkop so gepriesenen buntgrellen Fülle, deren Goldglanz den weniger Harthäutigen wohl vertraut war – wie Emmanuel Berl in einem Bericht aus Paris 1932, als der »Querschnitt« Höhepunkt und Möglichkeiten schon hinter sich hatte, ahnungsvoll schrieb: »Von nun an werden die Menschen nur von Glück reden wollen und dies um so mehr, je weniger sie davon haben.«
Fast die gleiche Einsicht und Empfindung waren maßgebend für Willy Haas und seine »Literarische Welt«, eingegrenzt freilich auf das geschriebene Wort selbst: einen Querschnitt zu legen durch die Literatur der Zeit. Haas war als junger Filmkritiker überraschend von Ernst Rowohlt gefragt worden, ob er die Herausgabe einer literarischen Wochenzeitung nach Art der »Nouvelles Littéraires« übernehmen würde. Das Blatt war in vielem eine Zufallsgründung. Haas und der Verleger waren anfangs unsicher, ob der Start glücken würde. Das Blatt wurde nicht vordringlich wegen eines zu verwirklichenden Konzepts geschaffen, sondern entsprach einem verbreiteten Bedürfnis, wie der große Erfolg zeigte. Diese Wochenschrift, die Haas als eine Zeitung ohne jede journalistische Taktik, für die grundsätzlich offene Diskussion herausgab, »eine Zeitung, die sich selbst widersprechen, sich selbst korrigieren, ja, sich selbst offen dementieren wird, wo es nötig erscheint, weil uns nichts an der äußeren Konsequenz liegt, wo die innere Konsequenz der gewissenhaften Sachlichkeit eine äußere Inkonsequenz fordert«, – diese Wochenschrift also litt trotz anfänglicher Geldnöte bis 1933 nie unter

Abonnenten- oder Lesermangel. Ähnlich wie Wedderkop kannte auch Haas die meisten und wichtigsten seiner Mitarbeiter persönlich (Barlach, Becher, Benn, Brecht, Brod, Curtius, Döblin, Harden, Hofmannsthal, Huelsenbeck, die Brüder Jünger und Mann, Mehring, Musil, Schickele, R. A. Schröder, Weill, Werfel, Wiegler).
Ursprünglich ein betont literarisches Blatt, streckte die »Literarische Welt« bald ihren Interessenbogen über alles, was als kulturelles Ereignis galt; die Literatur blieb allerdings immer das Kernstück. Und von dieser Literatur gab es so gut wie nichts, was von der »Literarischen Welt« nicht beachtet worden wäre, und niemanden, den sie nicht um Mitarbeit gebeten hätte. Haas konnte später mit Grund selbst staunen: »Es ist heute fast unvorstellbar, was mir damals zur Verfügung stand.« Das Material war wirklich unermeßlich reich. Ausländische Stimmen waren genauso häufig wie inländische Autoren, die Rezensionen, Bücherrundschauen, Theater- und Filmkritiken, Nachrichten, literarwissenschaftlichen, geschichtsphilosophischen, kultursoziologischen Beiträge, die aktuellen Neuigkeiten aus der ganzen Welt, Essays, Gedenkartikel, historischen Berichte, Anekdoten, Glossen, politischen Skizzen sind nicht zu zählen. Anlage und Aufmachung waren ähnlich »richtungslos« wie beim »Querschnitt«, nur war die Absicht, die zunächst dahinter stand, gar keine wirkliche Absicht, sondern eine Mischung aus Unerfahrenheit und Genialität, denn Haas war ein blutiger Anfänger, dem sich das journalistische Unvermögen unter der Hand in das Gold des Erfolges verwandelte, weil er Intelligenz und Leidenschaft besaß, vor allem aber Phantasie und die ungewöhnlichsten Einfälle. Am beliebtesten und interessantesten waren seine regelmäßigen Rundfragen bei Berühmtheiten – lebenden, künftigen und vergangenen. Die eintreffenden Antworten wurden vollständig und ungekürzt abgedruckt. Von diesem Prinzip wurde niemals, auch nicht aus Pietätsgründen, abgewichen. Haas nahm die Meinungsfreiheit so ernst, wie sie auch vom Weimarer Staat ernst – allzu ernst – genommen wurde.
Eine politische Haltung im Sinne parteipolitischen Engagements nahm die »Literarische Welt« nicht ein. Gleichwohl war das politische Interesse stark und drückte sich auch durch entsprechende Themen und nicht nur zwischen den Zeilen unverkennbar aus. Die »Literarische Welt« erntete dafür die erbitterte Feindschaft der Rechtsextremen und der chauvinistischen Linken. Dazu Haas: »Wenn wir mit steigender Brutalität und Skrupellosigkeit von links und rechts angegriffen wurden, so war das nur ein Zeichen der Zeit. Deutschland radikalisierte sich in einem

ganz unvorstellbaren Maße, und zuallererst die deutschen Intellektuellen. Was ich fürchtete, war nicht so sehr, daß die ›Literarische Welt‹ als Zeitschrift einfach zermalmt würde, weil ich mich nicht einer radikalen Richtung – und übrigens auch nicht einer nichtradikalen Richtung – ganz anschließen wollte. Was wirklich drohte, war der vollkommene Zerfall der deutschen Intelligenz, und namentlich der jungen Menschen, die kaum noch dieselbe Sprache sprachen wie die älteren, ja, die sich kaum noch untereinander verstehen konnten.« Wenn Haas eine politische Aufgabe zu lösen versuchte, so war es die, einen derartigen Zerfall zu verhindern, eine Verständigungsmöglichkeit zu erhalten.
Die »Literarische Welt« war viel zu selbstverständlich ein demokratisch-republikanisches Blatt, als daß sie in ihren Spalten ein erregtes Für und Wider Weimar, wie es in anderen Blättern Brauch war, für nötig gehalten hätte. Dabei deckte sich ihre Liberalität keineswegs mit einer unkritischen Staatsgläubigkeit. Sie war vielmehr völlig durchtränkt von der charakteristischen, noch nicht ernsthaft angeschlagenen Gläubigkeit der Weimarer Intellektuellen, daß das Ungeistige und Widervernünftige auf die Dauer keine Chance hätte. Die Erfahrung des Gegenteils stand damals noch aus. Die »Literarische Welt« konnte bis 1933 ganz legitim ihre »unpolitische« Haltung unterstreichen und sich deshalb auch als besten publizistischen Boden für überparteiliche Debatten bezeichnen. Wie gesagt: Wenn die »Literarische Welt« überhaupt ein politisches Ziel hatte, dann war es die Erziehung zu einem freiheitlichen, toleranten, undoktrinären und unprovinziellen Denken. Haas hatte dementsprechend seinen Lesern von Anfang an versprochen, er werde ihnen »die Pflicht, sich selbst zu entscheiden, nicht nehmen und nicht einmal erleichtern, sondern sogar erschweren«.
Daß ein solches Ziel, wenn überhaupt, nur näherungsweise zu erreichen ist, war Haas schon damals bewußt: »Ich versuchte es, die jungen Menschen selbst aus allen Lagern und von allen Weltanschauungen her sich aussprechen zu lassen. Aber ich glaube nicht, daß eine Stimme zu der andern drang, daß einer den andern hörte, obgleich alle in demselben Druck, in derselben Zeitung, der ›Literarischen Welt‹, fast zu der gleichen Zeit sprachen.« Bei denjenigen, die hier auf dem literarischen Forum miteinander »debattierten«, waren die Bemühungen umsonst. Nicht umsonst aber waren sie bei den Lesern der »Literarischen Welt«, immerhin Tausenden von festen Beziehern, was bei einer solchen Wochenzeitschrift ein Vielfaches an wirklichen Lesern bedeutete. »Es ist nicht zu viel gesagt, daß die ›Literarische Welt‹, indem sie dieses Werben

für ihren Standpunkt mitmachte, einige Zehntausend junger Leser vor dem linken und rechten Dogmatismus bewahrte.« Zweifellos versicherte man später Haas zu Recht, er habe eine ganze Generation literarisch erzogen. Ganz so neu war ihm das nicht, denn er wußte damals schon selbst, daß sich »die ›Literarische Welt‹ nach Jahren schwerer finanzieller Kämpfe einen gewissen moralischen Einfluß erworben hatte; ihre Urteile wurden respektiert und zitiert.« Aber erst rückblickend glaubte er, die »Literarische Welt« als einen wesentlichen Faktor des deutschen Geisteslebens jener Epoche bezeichnen zu dürfen; das war Bescheidenheit. Denn als der neue Herausgeber in der nationalsozialistischen Ära in den ersten Nummern auf der Titelseite verkündete, jetzt sei es aus »mit dem jüdischen Asphaltbolschewismus in der ›Literarischen Welt‹«, das Blatt werde nun in der Linie des neu erwachten nationalen Deutschland weitergeführt, nahm Haas mit Grund an, dadurch seien binnen weniger Wochen etwa drei Viertel der Abonnenten verlorengegangen. »Denn, was immer man über die ›Literarische Welt‹ denken mag – das eine kann ich, glaube ich, mit Stolz sagen: Aus einem Abonnenten der ›Literarischen Welt‹ war niemals ein richtiger Nationalsozialist zu machen.«

»Die Weltbühne« und Kurt Tucholsky

Diejenigen Veränderungen, die von der Literatur bewirkt werden, reichen nur sehr gebrochen und indirekt bis in die realpolitischen Bereiche. Willy Haas hatte das, was eine literarische Zeitschrift, ja die Literatur überhaupt, an politischen Wirkungsmöglichkeiten – nämlich im Sinne politisch-pädagogischer Bildungsmöglichkeiten – bot, auf eine klare und einleuchtende Formel gebracht. Andererseits wird man einschränken müssen, daß diese Art politischer Bildung durch Konsum bestimmter Literatur im Zweifelsfall nicht ausreicht und ausreichend sein kann. Aber dieser Einwand und damit auch die Frage danach, ob der Literatur überhaupt ein derartiger Bildungsauftrag zugemutet werden kann, wenn sie nicht Schaden an ihrem Wesen nehmen soll, erfahren eine gewisse Klärung, wenn man die Situation einer der markantesten Zeitschriften der Weimarer Republik untersucht, der »Weltbühne«, und die Kämpfe, die Kurt Tucholsky, wohl der glänzendste und schlagkräftigste Polemiker der zwanziger Jahre, auf dieser Bühne ausfocht. Tucholsky war von Anfang an Hauptmitarbeiter. Der Kampf der »Weltbühne« gegen alles das, was Scheidemann bei seiner Ausrufung der

Republik für zusammengebrochen bezeichnet hatte, was aber immer noch lebendig und wirkkräftig genug war, war auch Tucholskys Kampf. Bestimmend war die rücksichtslose Kritik an allem Verderbten im Staat, bestimmend war die erbitterte Hoffnung, durch Vorschläge, Mahnungen und Warnungen Besserungen durchzusetzen, bestimmend schließlich der hartnäckige Optimismus, daß sich der Bürger durch Vernunftgründe überzeugen und die Bereitwilligkeit vermitteln ließ, für das zu kämpfen und einzustehen, was er für richtig erkannt hatte. Worauf es der »Weltbühne« und Tucholsky nach 1918 ankam, aber auch die Schwierigkeiten, mit denen beide zu tun hatten, das geht am deutlichsten aus dem Artikel »Wir Negativen« vom März 1919 hervor. Tucholsky greift insbesondere den Vorwurf auf, seine Kritik sei zersetzend: »Es wird uns Mitarbeitern der ›Weltbühne‹ der Vorwurf gemacht, wir sagten zu allem Nein und seien nicht positiv genug. Wir lehnten ab und kritisierten nur und beschmutzten gar das eigene deutsche Nest. Und bekämpften – und das sei das Schlimmste – Haß mit Haß, Gewalt mit Gewalt, Faust mit Faust.« Tucholsky entwickelt nun ausführlich, daß er im Grunde genau das gleiche wolle wie seine Gegner, nämlich: Deutschland solle wieder in der Welt geachtet werden und jeder solle in Deutschland ein einigermaßen angenehmes Leben führen können. Was freilich das Nestbeschmutzen beträfe, so könne man einen Augiasstall gar nicht beschmutzen: »Wir sollen positive Vorschläge machen. Aber alle positiven Vorschläge nutzen nichts, wenn nicht die rechte Redlichkeit das Land durchzieht. Die Reformen, die wir meinen, sind nicht mit Vorschriften zu erfüllen, auch nicht mit neuen Reichsämtern. Wir glauben, daß das Wesentliche auf der Welt hinter den Dingen sitzt, und daß eine anständige Gesinnung mit jeder, auch mit der schlechtesten Vorschrift fertig wird und sie gut handhabt. Ohne sie ist nichts getan. Was wir brauchen ist die anständige Gesinnung.«
Um diese Gesinnung ging es Tucholsky und der »Weltbühne«, und deshalb war es Tucholsky vorläufig unmöglich, ja zu sagen. Auch bei ihm äußerte sich die charakteristische Geistgläubigkeit, die, isoliert, im politischen Feld so viele Züge der Donquichotterie trägt und sich bei Tucholsky immer hinter ätzenden Attacken versteckt. Ausdrücklich schon in seinem Gedicht »Berliner Kämpfe« aus dem Jahr 1919: »Gewalt gegen Gewalt, Kraft gegen Kraft; / das ist die alte Wissenschaft. / Weißt du, Deutscher, wie die neue heißt? / Gegen Gewalt den Geist! / Nur der Geist kann die Streitaxt begraben! / Aber freilich: man muß einen haben.« Die Geschichte, so meinte er, habe höchstens einen Tag an die

deutsche Revolution geglaubt. Der Geist der Revolution sei bürgerlich geworden und in die Lohntabelle gefahren. »Dieses deutsche Bürgertum ist ganz und gar antidemokratisch und das ist der Kernpunkt allen Elends.« An dieser Überzeugung änderte Tucholsky die zwanziger Jahre hindurch kein Jota. Ein Dezennium später betont er unvermindert scharf, die deutsche Revolution habe nur im Saal stattgefunden. Die Mutter dieser »Revolution« sei nichts anderes gewesen als die Sehnsucht der Soldaten, zu Weihnachten nach Hause zu kommen: »Eine republikanische Verfassung, die in jedem Satz den nächsten aufhebt, eine Revolution, die von wohlerworbenen Rechten der Beamten des alten Regimes spricht, sind wert, daß sie ausgelacht werden.« Deshalb betrachtete er die Weimarer Republik nur als ein Provisorium, als einen Übergang – ihrer Schwächen wegen durfte sie seiner festen Meinung nach auch gar nichts anderes sein. Zur gleichen Zeit legte die »Weltbühne« mit Ossietzky ein entschiedenes Bekenntnis zur Demokratie ab. Sie wandte sich ebenso entschieden gegen jede östliche Orientierung und übte zunehmende Kritik am bolschewistischen System, auch wenn sie den Hauptfeind in den Rechtsextremisten sah.

Für Tucholsky war vor allem das deutsche Bürgertum die kaum gewechselte Zielscheibe: »Es ist ja nicht wahr, daß sie in der Zeit vor dem Krieg unterdrückt worden sind, es war ihnen tiefstes Bedürfnis, emporzublikken, mit treuen Hundeaugen, sich zurechtstoßen zu lassen und die starke Hand des göttlichen Vormunds zu fühlen! Heute ist er nicht mehr da, und fröstelnd vermissen sie etwas. Sie kennen zwischen patriarchalischer Herrschaft und einem ins Räuberhafte entarteten Bolschewismus keine Mitte, denn sie sind unfrei. Sie nehmen alles hin, wenn man sie nur verdienen läßt. Und dazu sollen wir ja sagen?« Dieses Bürgertum würde sich in den Ausdrucksformen, Ideen, Gedankenkomplexen und auf den Lebensgrundlagen ungefähr einer Opportunitätsphilosophie der achtziger Jahre des vergangenen Jahrhunderts befinden. Deshalb ist die Republik in Tucholskys Augen mehr oder weniger zufällig geblieben, eine Art negative Monarchie, die nur deshalb keine sei, weil der Monarch geflohen sei, bar allen Selbsterhaltungstriebes, und vor allem ohne die geringste Möglichkeit, sich zu schützen, »denn das, wogegen sie sich schützen müßte, liegt in ihr selbst«. Als radikaler Pazifist bekämpft Tucholsky das Militärische in jeder Form. Er findet den gleichen Geist in der einseitig rechts orientierten republikanischen Justiz, die durch ihre ungleichen Urteile die Rechte geradezu zum politischen Mord animiere. Alle seine Polemiken laufen auf die Grundüberzeugung hinaus, daß

diese Republik einzig und allein daran zugrunde gehen werde, daß sie sich innerlich nicht von der Vergangenheit habe lösen können. Der »republikanische Gedanke«, den Ebert erfunden hätte, besitze eine einzige treffliche Eigenschaft: er tue keinem Menschen weh. »Der Sieg des republikanischen Gedankens ist eine optische Täuschung. Das Ufer bewegt sich nicht – der Dampfer fährt aufs Ufer zu.«
Knapp zwei Wochen vor seinem Selbstmord begründet Tucholsky in einem Brief an seinen Bruder, warum er sich völlig zurückgezogen habe, warum fast niemand seine Adresse wisse: »Ich bin mit allen diesen Dingen fertig, ich will mit keiner dieser gefallenen Größen mehr etwas zu tun haben, und ich rate Dir: tu dasselbe. Ich glaube, daß wir beide über diese Sache gleich denken. Nämlich: das Schicksal der deutschen Juden und der deutschen Linken ist keine Tragödie – es ist selbstverschuldet. Ich habe mir für meine Prophezeiungen 15 Jahre lang auf die Schulter klopfen lassen ›Lieber Freund . . .‹ und ich weiß: das ist der schwächere Teil Deutschlands, nämlich jener, der nicht herrschen kann. 1848 waren sie genauso. Das, was da jetzt ist, das ist Deutschland.« Und genauso heißt es in einem Brief vom 15. Dezember 1935 an Arnold Zweig: »Wohin unsere Warnungen gefallen sind, wissen Sie. Und dann war es zu spät. Mein Leben ist mir zu kostbar, mich unter einen Apfelbaum zu stellen und ihn zu bitten, Birnen zu produzieren. Ich nicht mehr. Ich habe in diesem Land, dessen Sprache ich [jetzt] so wenig wie möglich spreche, nichts mehr zu schaffen. Möge es verrecken – möge es Rußland erobern – ich bin damit fertig.«
Tucholsky hatte die Weimarer Republik stets aus dem Blickwinkel eines Mannes anvisiert, der an den Radikalen ihren Extremismus und an den Republikanern ihre Schwächen verdammte. So entschieden die »Weltbühne« und Tucholsky in Haltung und Bekenntnis waren, so läßt sich doch die Feststellung nicht umgehen, daß der Republik selbst keine Hilfestellung gegeben wurde – bei aller militant-moralischen Verve ihrer Bemühungen um eine republikanische Gesinnung. Das schweflige Parlando, die satirisch-kritische Brillanz nährten ein Feuerwerk, dessen einzige Wirkung bestenfalls so etwas wie Schüsse nach hinten waren. Tucholsky attackierte Verhältnisse, in denen sich nicht die ganze Wirklichkeit fand, und deshalb traf er das, was er angriff, nicht in seiner politisch-realen Substanz. Er bekämpfte die vorgeblich republikanische Gesinnung, die tatsächlich noch nicht existierte. Aber seine Hiebe trafen die Republik; und so stand er in einer Linie mit denjenigen, die diesem Staat *und* seinen konzessionslosen Kritikern ein Ende bereiteten. Nicht,

daß hier Totengräberdienste geleistet worden wären, aber Säuglingspflege war es auch nicht. Für die permanente Straßenkampfsituation, an deren Fortbestand die Nationalsozialisten und Kommunisten mit allen Kräften arbeiteten, ließe sich das Horazische »Quidquid delirant reges« geradezu modifizierend umkehren: In der Weimarer Zeit mußte für die unheilvollen Handlungen und Schwächen der Parteien der Staat leiden, und ebenso mußte er das für die kritische Stärke seiner Präzeptoren.

Tucholskys Tragik ergab sich aus dem Radikalismus seiner Forderungen, der jede Vermittlung zwischen Konzeption und politischer Alltagsrealität als Verrat an der Konzeption ablehnte und damit auch die Basis durchsiebte, auf der sich die Konzeption wenigstens annäherungsweise hätte verwirklichen lassen. Unsentimentaler ausgedrückt: Wer im politischen Raum nur die ganze Hand will, erhält nicht einmal den kleinen Finger. Es war nicht nur der Verstocktheit seiner Zeitgenossen zuzuschreiben, daß Tucholsky schon 1923 feststellen mußte: »Ich habe Erfolg, aber ich habe keinerlei Wirkung.« Freilich ist damit noch nicht die Gegenfrage beantwortet, ob der gemäßigte Appell mehr Aussicht auf Gehör gehabt hätte, eine Frage, die sich mit besonderer Dringlichkeit bei einem politisch so leidenschaftlich befaßten Schriftsteller wie Thomas Mann stellt.

Die Ohnmacht der Republik

In einem seiner Briefe an Albert Einstein notierte Thomas Mann wie beiläufig die Bemerkung, er sei weit eher zum Repräsentanten geboren als zum Märtyrer. Was Thomas Mann vor allem repräsentierte, ist ohne Umschweife auf eine knappe Formel zu bringen: die Bewußtseinslage des gebildeten Bürgertums, zumal um die Jahrhundertwende. Auf die geistige Natur dieser Repräsentation legte Thomas Mann alles Gewicht. Er identifizierte sich nachdrücklich mit den repräsentierten Ideen und Wertvorstellungen, da herrscht also der Geist der Klassik, der Romantik, da herrschen die Normen des humanistischen Gymnasiums – und davon ist auch das spezifische Verhältnis dieses Bürgertums zur politischen Sphäre geprägt. Kunst steht in der Skala obenan.
Dies alles führte ihm die Feder in der zweijährigen Arbeit an den »Betrachtungen eines Unpolitischen«, diesem aufbegehrenden bürgerlichen Protest gegen die Politik, der im Winter 1918 erschien. Politik – das war westliches Denken, das war Zivilisation, das war Demokratie. Das verblüffende Abrücken von dieser Position in den folgenden Jahren ist

bekannt. Die Rechten hatten ihn seit 1914 mit Grund für sich reklamiert, im gängigen Sinn stammten die »Betrachtungen« von einem Reaktionär. Kein Wunder, daß Thomas Mann nach seiner großen Berliner Rede »Von deutscher Republik« anläßlich des sechzigsten Geburtstages Gerhart Hauptmanns 1922 als »Saulus Mann« bezeichnet und mit »Mann über Bord«, »Verräter«, »Gesinnungslump« beschimpft wurde. Verblüffend aber, daß Thomas Mann unerschütterlich überzeugt war, er hätte nichts aufgegeben und kein Wort zurückgenommen. Wichtiger als die Frage, ob und welcher Wandel von ihm vollzogen wurde, ist die Tatsache der gewandelten Situation. Die Republik war ein unabänderliches Faktum geworden, sie rang unter dem Griff äußerer und innerer Gegner schwer nach Luft. Man könnte es überspitzen und behaupten, daß Thomas Mann gerade deshalb, weil er – auch nach eigener Überzeugung – gar keinen Frontwechsel vorgenommen und seine ursprünglichen Voraussetzungen beibehalten hatte, ein leidenschaftlicher Anwalt der Republik wurde. Die Quintessenz seiner Kritik an der Demokratie in den »Betrachtungen« bestand darin, daß die Demokratie dadurch, daß sie alles politisiere, die Menschlichkeit vernichte. Und darum ging es ihm auch in seiner Berliner Rede von 1922, um das Geistig-Kulturelle, um das Humane und nicht so sehr um »Politik«.

Höchst bezeichnend sind folgende Sätze, die er kurz nach dem Krieg schrieb: »Der ›Kommunismus‹, wie ich ihn verstehe, enthält viel Gutes und Menschliches: Sein Ziel ist am Ende die Auflösung des Staates überhaupt, der immer Machtstaat sein wird, die Vermenschlichung und Entgiftung der Welt durch ihre Entpolitisierung. Wer wollte im Grunde dawider sein?« Hier also dieselbe human ausgerichtete Apolitie, die er in den »Betrachtungen« gepriesen hatte und die er gleichfalls meinte, als er in seiner Rede verlangte, Deutschland solle eine »Friedensrepublik« werden, und dafür Novalis als Kronzeugen beschwor. Andererseits, und das war zweifellos neu, sah Thomas Mann 1922 keine unüberwindliche Kluft mehr zwischen Kunst und Politik. Diese Alternative erschien ihm nun als falsch. Vielmehr besitze die Republik auch in Deutschland ein legitimes Heimrecht, sie sei kein Fremdkörper.

Die Paraphrase dieses Themas trug Thomas Mann acht Jahre später, wieder im Berliner Beethovensaal, am 17. Oktober 1930 vor: »Deutsche Ansprache. Ein Appell an die Vernunft«. Wiederum war die Situation auf der politischen Szene völlig verändert, aber auch Thomas Mann hatte sich in vielem verändert; er war vor allem klar und entschieden. Demokratie ist für ihn kein Abstraktum mehr, die Republik kein Vehikel für die Verwirklichung der »Friedenskultur«. Er meint, wenn er das Wort ausspricht, eindeutig die parlamentarische Demokratie Weimars. Freilich ist er so wie acht Jahre zuvor noch immer überzeugt: »Wie heute alles liegt, sage ich, ist es für den geistigen, den Kulturmenschen, eine falsche und lebenswidrige Haltung, auf die soziale, die politisch-gesellschaftliche Sphäre hochmütig herabzublicken. Das Politische und Gesellschaftliche ist ein Bereich des Humanen.« Aber er versteht das konkret, er warnt seine Hörer, der Hitler-Bewegung zu folgen: »Ist das Wunschbild einer primitiven, blutreinen, herzens- und verstandesschlichten, hackenzusammenschlagenden, blauäugig gehorsamen und strammen Biederkeit, diese vollkommene nationale Simplizität, auch nach zehntausend Ausweisungen und Reinigungsexekutionen zu verwirklichen in einem alten, reifen, vielerfahrenen und hochbedürftigen Kulturvolk, das geistige und seelische Abenteuer hinter sich hat wie das deutsche, das eine weltbürgerliche und hohe Klassik, die tiefste und raffinierteste Romantik, Goethe, Schopenhauer, Nietzsche, die erhabene Morbidität von Wagners Tristan-Musik erlebt hat und im Blute trägt?« Er empfiehlt dagegen das Bündnis mit der Sozialdemokratie, rühmt ihre Leistungen, vor allem ihre sozialen. In außenpolitischer Hinsicht dringt er auf Verständigung mit Frankreich, wie es Stresemann in Locarno angebahnt habe.

War in der Weltwirtschaftskrise, nach den Septembersiegen der Nationalsozialisten ein Appell an die Vernunft noch erfolgversprechend? Das deutsche Bürgertum, zu dem Thomas Mann gesprochen hatte, entschied sich in seiner Mehrheit gegen die Sozialdemokratie und für Hitler. Thomas Mann hatte keine anderen politischen Möglichkeiten, als an die Vernunft zu appellieren. Es war das einzige Mittel, das ihm als Schriftsteller angemessen und zur Hand war, ja es ist die einzige politische Möglichkeit der Literatur – nicht nur der der Weimarer Zeit. Die eingangs erwähnte Divergenz des politisch-gesellschaftlichen Zustandes und Reifeprozesses einerseits und des literarisch-künstlerischen andererseits, die das Gold der zwanziger Jahre heute besonders auffällig glänzen läßt, machte innerhalb der republikanischen Epoche selbst eine Wandlung durch. Die literarischen Hauptetappen wurden zunächst durchquert, variiert und modifiziert von einer Vielzahl kleinerer literarischer Bewegungen und Autoren, die gruppen- oder schulbildend wirkten; von dem Heer der Einzelgänger ganz zu schweigen. Einigermaßen parallel dazu schob sich eine nüchterne und später auch betont politisch orientierte oder zumindest politisierende Literatur in den

Vordergrund. Entschiedene Stellungnahmen mit einem Ja oder Nein zur Republik häuften sich, auch Tagesprobleme wie die Todesstrafe, der Paragraph 218 oder die Reform des Strafvollzuges wurden literarische Sujets. Romane mit politisch-pädagogischen Zielsetzungen fanden ein breites Leserpublikum, die politische Satire von links bis rechts feierte Höhepunkte, auch die Theaterkritik wurde zunehmend und dann überwiegend als Politikum verstanden. Es war überhaupt typisch für die mittzwanziger Jahre, daß sich die Literatur in einem bis dahin unbekannten Ausmaß im Theater manifestierte.

Die Alternative von Sozialismus und Reaktion aus den Anfangsjahren der Republik verwandelte sich allmählich in die Alternative von liberal und totalitär. Das schlug sich auch literarisch nieder. So fanden sich im »Widerstands«-Kreis die Nationalbolschewisten um Ernst Niekisch mit den Rechten um Ernst Jünger zwanglos zusammen. Sie waren geeint durch den rücksichtslosen Kampf gegen die bestehende Republik. Dasselbe gilt für den Tatkreis. Auf der anderen Seite sammelten sich alle diejenigen, denen Liberalität, Individualfreiheit und Humanität noch keine bloßen Hülsen geworden waren. An der Spitze standen Thomas und Heinrich Mann, ferner alles, was sich im »Querschnitt« oder der »Literarischen Welt« ein Stelldichein gegeben hatte, bis hin zu den Traditionalisten wie Hugo von Hofmannsthal, Rudolf Borchardt oder Rudolf Alexander Schröder, aber auch Dichter wie Hermann Hesse.

Die Phase, in der sich diese Verwandlung vollzog, schloß sich an eine Periode relativer Stabilität der Weimarer Republik (1925 bis 1929) an, die Leopold Schwarzschild einmal als »euphorisches Zwischenspiel« charakterisiert hatte; teilweise aber überschnitt sie sich noch mit ihr. Hatte anfangs die äußere und innere Notlage den Regierungen nicht viel mehr als ein Lavieren von Fall zu Fall erlaubt, so drängt sich für diese Periode des wirtschaftlichen Ausbaus und der inneren Konsolidierung die Frage auf, ob in ihr nicht auch eine gewisse Abwendung vom Politischen stattfand, was dann in der Wirtschaftskrise seine Konsequenzen zeigte. Nun setzte allerdings die Weimarer Verfassung – im damaligen Europa unerreicht in ihrer Liberalität – einen Staatsbürger voraus, den es in der politischen Wirklichkeit nicht gab. Die Republik hatte nicht die geringsten Absichten und Ambitionen, die Gesellschaft von sich aus zu ordnen. Sie verzichtete auf jede religiöse Grundlage oder areligiöse Weltanschauung, sie hatte keinen konfessionellen Ehrgeiz, sie entwickelte ein geradezu lächerliches Minimum an Machtmitteln. Vom Staatlichen her gesehen ergab sich daraus die spezifische Farblosigkeit

der Weimarer Republik, weil sie ein Ausmaß an Freiheit gewährte, das schwer zu überbieten war. Wurde dem Bürger der Republik damit nichts gewährt, sondern ihm zuviel zugemutet? Dabei drängt sich der Einwand auf, ob denn dem Konzept einer derart weitgefaßten demokratischen Wirklichkeit ernsthaft mangelnder politischer Ehrgeiz vorgeworfen werden kann. Natürlich läßt sich eine solche Frage nur ex eventu, aus den Erfahrungen seit 1933, stellen. Die innenpolitischen Verhältnisse radikalisierten sich deshalb so sehr, weil die Parteien es weder verstanden noch überhaupt beabsichtigt hatten, sich im Raum der Republik miteinander zu arrangieren. Dadurch entstand das paradoxe Phänomen eines kräftigen politischen Engagements bei umfassender Apolitie der Wähler, ein Konsensus des Antidemokratischen, nicht aber ein Konsensus der Parteien. Das Jahrfünft zwischen 1924 und 1929 war die Zeit der Einübung der Republik, eine viel zu kurze Zeit. Zu kurz für die Regierenden, zu kurz auch für den Bürger der Republik. Reservierte Kühle gegenüber der Weimarer Demokratie wurde ein Grundzug des öffentlichen Lebens. Vor allem die Gebildeten konnten mit der uneingeschränkten Autonomie des öffentlichen Lebens, seiner kulturellen Freiheit, die buchstäblich keine Grenzen hatte, nichts anfangen. Sie bewiesen mit ihrer gepflegten Republikmüdigkeit, der Gemeinsamkeit ihrer Protesthaltung gegen den Liberalismus in der Weimarer Formel und den entsprechenden Institutionen ein wahrhaft ergreifendes Übermaß an politischer Unbildung. Ihre Leidenschaftlichkeit kristallisierte sich immer nur um die jeweiligen Gegner, und sie waren in diesem Kampf aller gegen alle insgesamt unbewußte oder erklärte Opponenten und Feinde der Republik und hatten damit an ihrer Zersetzung ebensoviel Anteil wie die politischen Abbruchparteien. Immerhin ist es beachtenswert, daß die klarsten Stimmen, daß die schärfste Sicht der Lage bei Schriftstellern vorhanden waren und nicht bei den Männern des Metiers, den Politikern. Von einer Kapitulation der Vernunft, einem resignierten Aufgeben der Positionen läßt sich am Ende der Weimarer Republik nicht sprechen. Verbreitet war wohl die Empfindung einer zunehmenden Krise, nicht aber das Gefühl einer Ohnmacht den Dingen gegenüber – so schroff auch der Gegensatz zwischen Einsicht und Situation war, so, als würden diese Dinge mit ausweisloser Sicherheit dem Abgrund zutreiben, sieht man von den berufsmäßig gedrückten Endzeitlern ab, von denen die Prophetin Kassandra mit einer Göttin verwechselt wird.
Jede Zeit hat ihr bestimmtes Selbstverständnis. Dem Historiker obliegt

es festzustellen, ob dieses Selbstverständnis sich mit den tatsächlichen Antrieben und Tendenzen der Zeit deckte oder nicht. Man wird nicht erwarten oder gar fordern dürfen, daß mit dem Selbstverständnis auch eine richtige Situationsdiagnose Hand in Hand geht, ein Bewußtsein für das Wesentliche und Unwesentliche der aktuellen Vorgänge, für das, was für eine Zeit wichtig ist oder nicht. Die Erwartung, im besonderen Augenblick nicht das für wesentlich zu halten, was unwesentlich ist, übersteigt die normalen Möglichkeiten des Menschen; ihr werden immer nur einzelne gerecht. Die prospektive Schau hat Ausnahmecharakter. Sie wurde freilich in der Weimarer Epoche in einem Maß entwickelt, das groß genug war, um heute zur Bewunderung und Verwunderung zu nötigen, und sie wurde überdies von denjenigen entwickelt, deren Geschäft wie gesagt nicht Wirtschaft und Politik, nicht Praxis und Kompromiß, sondern Literatur war, ein Geschäft also, das gemeinhin und vergleichsweise nicht gerade als realitätsbezogen gilt. Forscht man genauer nach, so ergibt sich für die Weimarer Zeit, daß dies damals gerade deshalb so ausgeprägt der Fall war, weil es in einer Sphäre differenziertester Geistigkeit, reichster künstlerischer Produktion und hochentwickelter Intellektualität geschah.

Dies wäre allerdings nicht der Fall gewesen, wenn die Schriftsteller und Künstler der zwanziger Jahre keine Zuversicht zu Ratio und Geist gehabt hätten. Dieser Grundzug des Zeitgeistes der Weimarer Epoche entwickelte sich aus der tausendfältigen Experimentierfreude des Expressionismus, nämlich der unerschütterliche Glaube wenn nicht an die Macht des Geistes, so doch an seine Realität, und zwar im weitesten Sinn. Wahrscheinlich ist dies wirklich das hervorstechendste Merkmal jener Epoche. Der »Glaube an die Macht des Geistes führte zu dem, was [auch] für die Literatur der zwanziger Jahre vielleicht das wesentlichste stilgeschichtliche Merkmal ist: dem Experiment«; anders und allgemeiner übersetzt: dem geistigen Wagnis. In einem gewissen Sinn ist zwar jedes neue literarische Dokument ein geistiges Wagnis. Seinen besonderen Stellenwert erhält es aber erst durch die Konkordanz mit der Zeit – und das hängt nun einmal nicht nur von demjenigen ab, von dem es stammt, sondern vom historischen Augenblick selbst.

In den zwanziger Jahren hat nicht nur in einzelnen Köpfen ein »epochales Bewußtsein« geherrscht, allerdings keineswegs in dem Sinn, den Karl Jaspers damals dem Terminus als »Nichtigkeitsbewußtsein seines eigenen Wesens« gegeben hat. Daß viele späteren Erinnerungen und Interpretationen in den Mittelpunkt jener Epoche eine Empfindung des

Transitorischen, ein herrschendes Bewußtsein von der Flüchtigkeit und Instabilität der Dinge stellten, ist kein stichhaltiger Einwand. Solche Rohrzangen-Formeln haben immer einen hypothetischen oder zweckhaften Charakter und sind weit bessere Belege für die betreffende retrospektive Sicht der Dinge als für die Dinge selbst. Derartige zusammenknotende Thesen lassen sich mit vielen anderen Erinnerungen erhärten und mit ebenso vielen Tatsachen aus der Zeit selbst entkräften.

Die hohen Zeiten schöpferischer Kraft setzen sich für den Zeitgenossen nur selten in Erkenntnis um. Meist ist es umgekehrt: Der Eindruck einer katastrophalen Richtungslosigkeit herrscht vor. Die Einmaligkeit des künstlerischen und literarischen Lebens zu erkennen und damit die ganze Epoche der zwanziger Jahre zu glorifizieren und als unwiederholbar zu betrauern, blieb einer späteren Zeit vorbehalten. Das Epitheton ornans »golden« traf uneingeschränkt auf die zwanziger Jahre bestenfalls zwischen 1924 und 1929 zu. Kein Zweifel, daß dieses Gold tatsächlich vorhanden war. Es bestand in der eruptiven Freisetzung sämtlicher geistiger Potenzen, was sich in einer überwältigenden Fülle künstlerischer Manifestationen niederschlug, ein Prozeß, der allerdings im ganzen Zeitraum von 1919 bis 1932 stattfand und in dem sich eine schöpferische Kraft äußerte, wie sie in diesem Jahrhundert nicht wieder erreicht wurde. Daß sich zur gleichen Zeit die politischen Verhältnisse auf das Desaster hin entwickelten, verdüstert für uns zwar nicht den Glanz dieser Jahre, aber es bricht ihn.

3
Stellungnahmen

Polyphem in der Politik.
Vom Rückzug des Blockdenkens aufs Altenteil

Die Außenpolitik der heutigen Staaten krankt an einer sorgsam verheimlichten Schizophrenie. In der öffentlichen Arena gebärdet sie sich klassisch: der Staat als eine Art Person sei fähig, freie Entscheidungen zu treffen und frei zu handeln. Tatsächlich aber besitzt kein einziger Staat eine derartige Unabhängigkeit, nicht einmal die USA oder die Sowjetunion. Jeder verantwortliche Politiker weiß das.
Die traditionelle Souveränität, also die unabhängige Staatshoheit im Inneren und Äußeren, hat von der Würde des freien Entschlusses gelebt. In ihm findet der Grundsatz der Unabhängigkeit seinen sichtbaren Ausdruck. Ob es sich dabei um die frühere Fürstensouveränität des Absolutismus gehandelt hat oder seit der Französischen Revolution um Staaten, die ihr Recht aus der Volkssouveränität ableiten, spielt keine Rolle. Unerheblich ist auch, ob das Souveränitätsprinzip in der praktischen Politik durch Rücksichten auf andere Staaten eingeschränkt wird, durch Absprachen, Verträge, Konventionen oder Geheimabkommen.

Im Dienst der Staatsinteressen

Solche Einschränkungen der Souveränität gehören durchaus in den Rahmen der freien Entschlüsse eines Staates. Vereinbarungen mit anderen Staaten aufgrund elementarer Interessen haben die Souveränität nur gestärkt. Friedrich der Große hat darin das Wesen der Politik überhaupt gesehen: Sie sei die Kunst, die geeigneten Maßnahmen zur Wahrung der Staatsinteressen zu ergreifen. Ähnlich Bismarck: »Bündnisse sind der Ausdruck gemeinsamer Interessen und Absichten.«
Das »Interesse des Staates« ist hier oberster Maßstab der politischen Handlungen. Die Vokabel ist kein Fetisch, aber die Sache selbst ist unantastbar, gleichgültig, um welche Staatsform es sich handelt. Der Amtseid verpflichtet jedes Staatsoberhaupt, jeden Regierungschef und jeden Minister, die Interessen des Staates, so wie sie in der jeweiligen Verfassung umrissen sind, zu wahren.
Am Staatsinteresse bemißt sich gestern wie heute in erster Linie die Außenpolitik. Sie war und ist Vertragspolitik zwischen souveränen Partnern, oder sie sollte es sein, ob es sich dabei um Freundschafts-, Bündnis- oder Beistandsverträge handelt oder um die Entscheidung, sich womöglich an einer gezielten Einkreisungspolitik zu beteiligen oder –

umgekehrt – um den Versuch, sich aus den Konflikten dritter Staaten herauszuhalten. Daß aber auch Verträge ihre Bedingungen haben, die sie einschränken, wurde von Bismarck ohne Rücksichten auf öffentliche Empfindungen so präzisiert: »Keine Großmacht kann auf die Dauer in Widerspruch mit den Interessen ihres eigenen Volkes an dem Wortlaut irgendeines Vertrages kleben. Sie ist schließlich genötigt, ganz offen zu erklären: Die Zeiten haben sich geändert, ich kann das nicht mehr.«

Wenn der Gegner zum Verbrecher wird

Die Grundsätze dieser weitgehend theoriepolitischen Zustandsbeschreibung des Selbstverständnisses der Staaten sind hundertfach niedergelegt in Memoranden, feierlichen Präambeln, Programmen oder Chartas bis hin zur Charta der Vereinten Nationen. Ein fundamentaler Bruch damit geschah im Ersten Weltkrieg. Zwischen 1914 und 1918 setzt sich zum erstenmal in der Weltgeschichte Allianzpolitik als gemeinschaftliches Verhalten einer Staatengruppe gegen andere Staaten durch, die während der kriegerischen Auseinandersetzung nicht mehr als »gegnerische Partner« gelten, sondern als kriminelle Feinde.
Einer der Hauptgründe für diese Entwicklung liegt darin, daß die technische Industrialisierung den militärischen Kämpfen, der Taktik und Strategie den Stempel aufdrückt und die Richtung auf den totalen Volks- und Existenzkrieg auch neue Begriffe entstehen läßt und neuen politischen Kategorien Gültigkeit verschafft. Die Kriegsursachen verwandeln sich in die Kriegsschuld. Die wechselseitigen Schuldbezichtigungen werden Zentralformeln der Kriegspropaganda und schließlich Grundsteine der offiziellen Politik. Die Konsequenzen sind umstürzend. Die Kategorie der Kriegsschuld ist in dieser Form etwas völlig Neues gewesen. Sie schließt eine grundsätzliche, sittlich-moralische Disqualifikation des Kontrahenten ein, denn der militärische Gegner verwandelt sich jetzt in einen Verbrecher.
Den praktischen Beweis dafür haben die Friedensregelungen von Versailles geliefert. Sie waren für die Verlierer unerträglich. Das ist eine Tatsache, und an ihr ändert sich auch dadurch nichts, daß im Falle eines Sieges der Mittelmächte den alliierten Unterlegenen zweifellos ebenfalls kaum erträgliche Friedensregelungen aufgezwungen worden wären.

Die Ächtungsmoral im politischen Raum

Die Diskriminierung des Gegners zieht sich durch das 20. Jahrhundert bis in unsere Tage. Sie verläuft nicht geradlinig, sie wird auf weiten Strecken verdeckt von Elementen der traditionellen Staatskunst, deren Heimat das 19. Jahrhundert ist. Aber an der Folgerichtigkeit des Weges selbst gibt es nichts zu deuteln. Sie steckt etwa in der Bemerkung des US-Botschafters Joseph C. Grew, der die Allianz zwischen Deutschland, Italien und Japan zu Beginn des Zweiten Weltkrieges mit dem Satz charakterisierte: »Die Achse Berlin-Rom-Tokio ist eine Vereinigung von ›Habenichtsen‹ gegen die ›Habenden‹.« Jede Analyse der Kriegspropaganda zeigt das unerhörte Ausmaß der weltanschaulich-moralischen Legitimation der eigenen Position und die sittliche Herabwürdigung der Gegner, und zwar auf beiden Seiten.
Der Einbruch der Ächtungsmoral in den politischen Raum läßt sich am schärfsten in der Aberkennung der moralisch-staatlichen Würde erkennen. Die wesentlichen politischen Krisen seit 1919 hängen damit zusammen, daß die neuen Voraussetzungen für die rechtlich-politischen Gleichwertigkeiten zwar proklamiert, nicht aber realisiert worden sind: vor allem das Selbstbestimmungsrecht der Völker, das Fundament des Wilsonschen Programms eines globalen Systems kollektiver Friedenssicherung.
Die Macht des Staates und diejenige der Gemeinschaft aller Staaten sollte sich nach diesem Programm nicht mehr darauf konzentrieren, irgendein Gleichgewicht der Kräfte zu erhalten. Sie sollte jeden möglichen Krieg verhindern. Es handelte sich um einen Bannfluch, der gegen die Militärkonflikte geschleudert wurde. Auf dieser Voraussetzung beruhte die Idee des Völkerbundes in Genf. Auf ihr beruht auch diejenige der UNO.
Welche Klippen und Tücken einem solchen Konzept entgegenstanden, ahnten insbesondere die Vereinigten Staaten nicht, als sie sich entschlossen, ihre Teilnahme am Zweiten Weltkrieg in der Öffentlichkeit unter der messianischen Devise »Kreuzzug in Europa« zu führen. Die große Szene an Bord des britischen Schlachtschiffes »Prince of Wales« bleibt für immer in den Annalen verzeichnet. Churchill und Roosevelt hatten sich hier am 14. August 1941 getroffen und ihre Kriegsziele in der Atlantik-Charta formuliert, obgleich die Vereinigten Staaten noch nicht in den Krieg eingetreten waren. Churchill lehnte es später allerdings rundweg ab, diese gemeinsame Grundsatzerklärung »als einen Rechts-

grundsatz« auch für Deutschland gelten zu lassen. Das Treffen wurde beendet mit einem großen Gottesdienst auf dem Achterdeck und dem machtvollen Gesang des Chorals: »Onward Christian Soldiers – Das Kreuz des Heilands zieht uns voran!« Dazu feuerten die 14-Zoll-Geschütze Salut.

Was schließlich vier Jahre später als endgültiger Zusammenbruch der Mächte der Finsternis und als Sieg der Kräfte des Lichts gefeiert wurde, entlarvte sich bald darauf als beklemmender Trugschluß. Die Verteidigung der höchsten Menschheitswerte oblag zwar immer noch den USA und ihren beiden Westalliierten, doch die Bedrohung ging nicht mehr von den Achsenmächten aus, sondern von demjenigen Staat, der während des Zweiten Weltkrieges ebenfalls gegen die Mächte der Finsternis gekämpft hatte, von der Sowjetunion.

Churchill stellte in seiner so oft zitierten Unterhausrede vom 13. Mai 1940, drei Tage nach seiner Regierungsübernahme, fest: »Sie fragen, was ist unsere Politik? Ich sage: Wir müssen den Krieg führen auf See, zu Lande und in der Luft mit all unseren Kräften und aller Stärke, die uns Gott verliehen hat: Krieg führen gegen eine fürchterliche Tyrannei, die durch nichts übertroffen wird in dem düsteren, beklagenswerten Katalog der menschlichen Verbrechen.« Dasselbe nun, und in der gleichen rhetorischen Dramatik, las sich bald nach 1945 unter anderen Vorzeichen als erbarmungsloser Kampf gegen die welthistorisch einmalige Tyrannei des Bolschewismus.

Zweiteilung der Welt

Zunächst hatte die Ideologisierung der Außenpolitik mit dem Sieg der Alliierten 1945 ihre Basis verloren. Seit dem Zusammenbruch Deutschlands und Japans gab es keine Feindverbrecher mehr. Unter diesen Voraussetzungen trat die UNO an. Als jedoch die Kriegssolidarität zwischen den Westmächten und der Sowjetunion aufgekündigt wurde, diente das Freund-Feind-Klischee erneut als sittlich-politisches Leitmotiv der Allianzen.

Die gegenseitige Diskriminierung gab dem kalten Krieg seine gefährliche Hochspannung. Aus ihr bezog die amerikanische Vormachtpolitik genauso ihre Legitimation wie diejenige der Sowjetunion. Der Kreml stimmte sie nicht nur auf das Ziel der Wahrung seiner in Jalta ausgehandelten Interessensphären ab, sondern verschrieb sie auch dem Ziel der Weltrevolution als Voraussetzung für die endgültige Befreiung des

Menschen aus der sozialen Ausbeutung, das hieß: dem weltweiten Kampf gegen den kapitalistischen Imperialismus. Demgegenüber erklärten die Vereinigten Staaten, daß nichts anderes moralisch sei als eine aktive Politik der Befreiung aller Staaten, die vom Kommunismus beherrscht und geknebelt würden.
Damit wird für die fünfziger Jahre die Ost-West-Zweiteilung der Welt perfekt. Dem Ziel der sozialistisch-kommunistischen Weltrevolution fügt sich 1950 der Freundschaftsvertrag mit dem China Mao Tse-tungs vielversprechend ein. Folgerichtig fällt seit dem Koreakrieg für die Aktivitäten der USA jede traditionelle Begrenzung der Globalpolitik. Aus dem Gegensatz zwischen Ost und West rund um den Erdball ergibt sich in diesen Jahren zwangsläufig und konstant die teils freundschaftliche, teils kräftig geförderte, teils unverhüllt nötigende Partnerwerbung der Supermächte. Nach dem Motto: Wer nicht für uns ist, der ist gegen uns.
Alles, was seitdem die europäischen Staaten zu beiden Seiten der Grenze durch Mitteleuropa betrifft, steht in einem unmittelbaren Verhältnis zu den Beziehungen zwischen dem Kreml und dem Weißen Haus und ihren Wellenbewegungen: vom Polarklima des kalten Krieges über den Ausbau der NATO und des Warschauer Paktes, den ungarischen Aufstand 1956, dem Berliner Mauerbau 1961, der Kuba-Krise, der Zwischenphase der Entspannung, der Helsinki-Konferenz und schließlich bis zu den Einsichten in die Fehlinvestitionen der Détentepolitik.
Daß es so ist, hatte in den fünfziger Jahren der US-Außenminister John Foster Dulles in die knappe Form gebracht: »Wir treiben in Europa keine deutsche Politik, wir treiben in Europa keine französische Politik, wir treiben in Europa amerikanische Politik!« Ob sich dahinter eine abgeklärte Regel der Außenpolitik mächtiger Staaten versteckt, ist weniger wichtig als die Frage, inwiefern demgegenüber die Sowjetunion kein Recht darauf besitzen sollte, innerhalb ihres Hegemonialbereichs sowjetische Politik zu treiben.
Für die einzelnen Staaten, die aufgrund der beiden hochgerüsteten Feindmächte als kleiner, klein oder schwach entwertet worden sind, schrumpft der ehrwürdige Anspruch auf Souveränität im Äußeren und Inneren zu einem Wahngebilde zusammen. Doch seine Lebenskraft ist stark. Es beansprucht noch immer einen hervorragenden Platz im Begriffsfeld der modernen Staatsmythologie. Gesetzt, es handelt sich wirklich um eine Illusion, so ist ihre Zählebigkeit geradezu desillusionierend.

Auszehrung der Ideologien

Geht man von der West-Ost-Teilung nach 1945 aus, so hat es sich um eine wechselseitige Bedrohung gehandelt. Selbst heute, nach mehr als drei Jahrzehnten, scheint es unmöglich zu sein, jemanden von der Weisheit des biblischen Salomon zu finden, der außerhalb des Spannungsfeldes der beiden Blöcke unbefangen abzuwägen in der Lage wäre, wer von den beiden Feindgroßmächten nur oder überwiegend aggressiv und wer nur oder überwiegend defensiv gewesen sei.

Das ideologische Programm des Sowjetkommunismus einschließlich seiner zahlreichen Versicherungen über die Unerläßlichkeit der friedlichen Koexistenz ist inzwischen keine verbindliche Meßlatte mehr für die außenpolitischen Ziele Moskaus. Es gibt kein ernstzunehmendes Indiz dafür, daß sich – falls im Kreml anstatt der sowjetischen Führung die Nachfahren des letzten Zaren säßen – Rußland in diesem Jahrhundert nicht zu derselben Globalmacht entwickelt hätte, wie sie sich heute präsentiert. Die Konfrontationen, Interessenkollisionen und Hegemonialkämpfe wären praktisch dieselben. Auch das abgrundtiefe Mißtrauen voreinander wäre dasselbe und die Furcht, der Gegner könnte sich zu einem präventiven Irrsinnsakt – der Auslösung eines nicht begrenzten Nuklearkrieges – aus denselben Gründen hinreißen lassen, welche die Basis der eigenen Überlegungen sind, »früher als der andere« den gleichen Irrsinnsakt zu vollziehen. Die »Zweitschlag-Fähigkeit« der atomaren Hochrüstungsmächte ist keine Neutralisierung dieser labilen Lage, sondern ein Teil von ihr.

Das heißt nun aber auch, daß unter den Gegebenheiten der Blockbildung und ihrer überwiegend ideologisch eingefärbten Einzelgeschichte die bekümmernde Parole: Ost oder West, die das alte Europa in zwei Teile reißt und mit der von den früheren Kriegsalliierten auch die Zerspaltung Deutschlands abgesegnet wird, zutiefst dubios ist. Als Argument für die Einbindung in die Militärpakte erfüllte sie ihren Zweck. Dafür war sie gut.

Wofür war sie sonst noch gut? Wir müssen heute nüchtern genug sein, wenigstens spieltheoretisch die Möglichkeit durchzudenken, ob die Zerspaltung Europas tatsächlich noch immer *nur* als eine Funktion des West-Ost-Gegensatzes zu begreifen und auszulegen ist. Und ob es nicht Gründe gegen diese Zweiteilung gibt, die den USA genauso triftig erscheinen könnten wie dem Kreml. Die politischen Interessen haben den ideologischen schon längst wieder den Rang abgelaufen. Das zeigt sich geradezu lupenrein dort, wo das Ideologische bis zur Phrase schütter ist und nicht einmal mehr als Attrappenargument benötigt wird zur Rechtfertigung einer politisch-militärischen Maßnahme.

Einkreisung und Aufsprengung

Das Bewußtsein wechselseitiger Bedrohung war entscheidend für die militärische Bündnispolitik der gesamten fünfziger Jahre. Die USA versuchten einen undurchdringlichen Ring zu schmieden als Reaktion auf die sowjetische Politik, die auf hemmungslose Expansion angelegt zu sein schien: Nordatlantikpakt, CENTO-Pakt im Mittleren Osten, SEATO-Pakt in Südostasien. Das Rollback von John Foster Dulles brach mit dem Grundsatz des defensiv-einfrierenden Verhaltens. Als er sein Ministerium übernahm, bezeichnete er die bisherige US-Politik der Eindämmung des sowjetischen Expansionstriebes wörtlich als unsittlich. Moralisch allein sei eine aktive Politik, die auf Befreiung aller von Moskau geknechteten Staaten ziele.
Ein Blick auf die Weltkarte und das US-Paktsystem dieser Jahre ist aufschlußreich genug. Aus der Perspektive des Kreml handelte es sich um eine krasse Einkreisungspolitik. Die Sowjetregierung reagierte nun ihrerseits dementsprechend: mit anhaltenden, hartnäckigen Versuchen, den Einkreisungsring aufzubrechen, zu durchlöchern, zu zersprengen. Außerhalb der beiden Blocksysteme wurde dies auch so gesehen. Vor wenigen Jahren stellte die indische Regierungschefin Indira Gandhi trocken fest: »Wenn man die Sowjetunion einkreist, kann man nicht erwarten, daß sie nicht reagiert.« Sie bezog das nicht nur auf das Jahrzehnt vor 1960, sondern insbesondere auch auf die Gespräche zwischen Rotchina und den USA seit der Übernahme der Regierungsgeschäfte durch Richard Nixon, bei denen es sich um eine folgenschwere Weiterführung der Einkreisungspolitik gegenüber dem Kreml handelte, nachdem die Südostasien-Allianzen der USA im Zuge des Vietnam-Desasters von selbst zerfallen waren.
Der sowjetisch-amerikanische Gegensatz drückte auch der welthistorischen Phase der Entkolonialisierung nach 1945 den Stempel auf. An seiner harten Kontur schien niemand vorbeizukommen. Pakte und Koalitionen waren letztlich nur maskierte Abhängigkeiten, wenn auch unterschiedlichen Grades und schwankender Intensität.
So wurde folgerecht die Vokabel »Neutralität« zu einem politischen Schimpfwort, mußte dazu werden. Noch 1956, nachdem Dulles der

»immerwährenden Neutralität« Österreichs seinen Segen erteilt hatte, bezeichnete er politische Neutralität als etwas zutiefst Unmoralisches. Trotzdem haben sich weder damals noch in den späteren Jahren der offiziellen Entspannungspolitik Westeuropa oder Amerika eigene Gedanken gemacht über den Wert und den Sinn von Versuchen, eine gewisse Distanz gegenüber anderen Mächten zu halten. Das gilt genauso und noch weit stärker für Moskau. Beide Mächte waren ein Abbild von Polyphem: Riesen, die jeweils nur ein Auge besitzen.

Bündnisfreiheit

Wenn Tatsachen unumstößlich sind, sollten es auch die Folgerungen sein, die sich aus ihnen ergeben. Das ist zu erwarten. Trotzdem ist es ernüchternd. Das Jahr 1961 war ernüchternd für die Pilotmächte der beiden Großblöcke.
Im September 1961 versammeln sich in Belgrad fünfundzwanzig Staatsoberhäupter und Regierungschefs zu einer Gipfelkonferenz. Sie heben ein neues Prinzip aus der Taufe: das »Non-Alignement«, die Bündnis- oder Blockfreiheit.
Nach ihrem Verhältnis zu den beiden Großblöcken betrachten sich in diesem Jahr 1961 immerhin fünfundfünfzig Staaten der Welt als neutral; der Anteil der afrikanischen und asiatischen Staaten mit Sitz in der UNO beläuft sich dabei auf vierundvierzig. Damit kündigt sich eine entscheidende Zäsur an. Denn nach den Bevölkerungszahlen vollzieht sich eine politische Dreiteilung der Erde: Westblock 1041 Millionen, Ostblock 1008 und Blockfreie 903.
Die Belgrader Konferenz lieferte der Bewegung der Blockfreien weder ein Programm noch kaum mehr als eine Richtlinie: behutsame Distanz gegenüber dem politischen Sog der beiden militärischen Mammutmächte, die sogenannte Äqui-Distanz. Immerhin, es ist eine sehr zielbestimmte Richtlinie. So groß die Differenzen der Bündnisfreien untereinander auch sind: Bis heute beharren sie ausnahmslos darauf, daß das »Non-Alignement« keine Distanzierung gegenüber dem politischen Geschehen schlechthin bedeute, womöglich in der mitleidberechtigten Deutschvariante, Blockfreiheit als einen Ausstieg aus der Geschichte herabzuwürdigen, sondern als entschlossenes Abstandhalten gegenüber den Großblöcken. In erster Linie also, keine Bündnisse mit ihnen abzuschließen, aus denen sich politisch-ideologische oder militärische Weiterungen und Abhängigkeiten ergäben.

Blockfreiheit schließt keinen Verzicht auf Armeen der einzelnen Staaten ein, sie enthält kein Bekenntnis zum Pazifismus, die Blockfreien erklärten sich allerdings – wie sämtliche Mitgliedsstaaten der UNO – gegen Krieg und militärische Gewalt, gleichgültig, wo dieselben Staaten gerade irgendwo Krieg zu führen beliebten.
Außer dem Grundsatz, sich der ideologisch-militärischen West-Ost-Bindung fernzuhalten, behielten die Blockfreien sämtliche Möglichkeiten der politischen Koalitionen. Unter ihnen fanden und finden sich praktisch alle Regierungsformen, von den Monarchien über Diktaturen und Demokratien westlichen Zuschnitts bis zu marxistisch-sozialistischen Republiken. Indiens damaliger Regierungschef Nehru, einer der maßgeblichen Initiatoren der blockfreien Bewegung, billigte den Ideologien in der Weltpolitik nur eine Verwirrungsfunktion zu: »Ich halte es für zweckmäßiger, Kommunismus und Antikommunismus zu vergessen und die Nationen auf die herkömmliche Weise zu betrachten.« Hirngespinst oder eine Wiederentdeckung von Grundelementen der Politik? Die Bewegung der Blockfreien erhielt seit 1961 konstanten Auftrieb durch den Strom der folgenden Unabhängigkeitserklärungen von Staaten der alten Kolonialbereiche. Heute, nach zwei Jahrzehnten, zählt sie an die hundert Mitgliedsstaaten, also präzis ein Drittel aller, die Sitz und Stimme in der UNO haben.
Für ein Minimum an Gemeinsamkeit genügt es freilich kaum, daß die Mitglieder einem Block angehören, der weder ein Block sein noch Blockpolitik treiben will. Allerdings bleibt die Tatsache der Nicht-Auflösung ihrer Organisation über zwei Jahrzehnte hinweg. Dies schlägt zu Buch, dies allein verhindert, daß die beiden Leitmächte der Großblöcke den Mangel der globalpolitischen Legitimation der Bündnisfreien als Rechtfertigung ihrer eigenen Konzepte ausschlachten.
Immerhin haben nach diesen zwei Jahrzehnten die beiden Blockmächte begriffen, daß die Bewegung der Bündnisfreien von ihrem ursprünglichen Ziel nicht abgewichen ist, sondern sich ihm sogar genähert hat, möglichst viele Staaten auf dieselbe Abschirmungsdistanz gegenüber dem Weißen Haus und dem Kreml zu bringen und zu halten. Also nicht etwa nur den Imperialismus des kapitalistischen Westens in der Sprachregelung Moskaus zu verdammen, sondern genauso den Sowjetimperialismus.

Drei, vier und mehr Blöcke

Das bloße Faktum der Blockfreiheit stellt die inneren Probleme der Bewegung in den Schatten. Allein darauf kommt es an, ebenso wie es seit Beginn der siebziger Jahre auf die selbständige Rolle Chinas ankommt. Seitdem die Selbstisolation aufgehoben worden ist, ist mit China eine neue Macht hervorgetreten, selbstsicher und zielstrebig genug, um als vierter Kräfteblock die erstarrte Konfrontationspolitik endgültig in Bewegung zu bringen. Die Zweierblock-Teilung der Welt ist seitdem unwiderruflich aufgelöst in mehrere Einheiten. Moskau mag zwar seine Einkreisung durch die zunächst fast problemlos scheinenden Kontakte zwischen Peking und dem Weißen Haus verstärkt sehen. Gleichwohl kann von einem Einschwenken Chinas in die Westblock-Allianz keine Rede sein.

Wohl aber muß die Rede sein von der beharrlichen Ausgestaltung neuer Machtzentren, deren Potenz und Dynamik groß genug ist, um die eingeschliffene Vokabel vom West-Ost-Gegensatz, dem angeblich alles unterliegt, zum alten Eisen zu werfen. Außerhalb Europas liegt sie schon lange dort, wo sie hingehört. Die Vorstellung etwa, man könne die Entwicklungen in Fernost, im pazifischen Raum und den immer noch hegemonialindifferenten Großräumen der Weltmeere mit Hilfe dieses bequemen, die Denkfaulheit fördernden Wortes erklären, ist beinahe amüsant.

Was sich heute noch politisch als eine gemeinsame Ausrichtung Japans und der USA darstellt, gilt für das wirkliche Schwergewicht und die Orientierungskraft in Fernost schon seit vielen Jahren nicht mehr. Es gilt weder wirtschaftlich noch gemäß den kulturellen Einflüssen, noch gilt es in der moralischen Qualität. Ohne daß Japan bewußt danach gestrebt hätte, wird es im Westpazifik durch seine sich dem Alltag nicht verweigernde Politik als erste Führungsmacht respektiert. Der Fünferklub der ASEAN-Staaten – Thailand, Malaysia, Singapur, Indonesien und die Philippinen – rechnet sich zwar ebenfalls zu den Blockfreien, ist aber realistisch genug, angesichts der besonderen Lage im Westpazifik von Japan die stärksten Integrationsimpulse teils zu erwarten, teils zu verlangen als dem künftigen Mittelpunkt eines eigenen Blocks. Anders dürfte eine Äqui-Distanz sowohl Pekings als auch Moskaus Hegemonialinteressen gegenüber nicht zu halten sein, da beide den Westpazifik als ihre geradezu natürliche Einflußsphäre betrachten.

Das Terrain Europas

Was bedeutet diese Pluralisierung von Integrationskernen für die Rolle Europas? Was für seine lange Westblockbindung? Was für die atlantische Gemeinschaft, die nicht identisch ist mit der NATO? Die Fragezeichen beziehen sich auch auf die Ortungsprobleme der Deutschen. Wer sich eines politisch-historisch ruhigeren Pulsschlags und stabileren Kreislaufs erfreut und bereit ist, ältere Leitartikel unserer namhaftesten Publizisten zu studieren, der weiß, daß vor gar nicht allzu langer Zeit die bundesrepublikanische Westbindung fast selbstverständlich als »eine Art Kalter-Krieger-Allianz« bezeichnet worden ist.
Was und wieviel hat sich daran geändert? Ist Europa noch immer das frühere Terrain für die Sandkastenspiele des kalten Krieges? Also in etwa das Ur- und Vorbild dessen, was heute im asiatischen Subkontinent beklagt wird, daß nämlich die beiden verfeindeten Großmächte ihre Konflikte in alle Teile der Welt verlagert hätten, als warte die Welt nur darauf, den Platz dafür zur Verfügung zu stellen. Wer legt eigentlich Wert auf die Segnungen des Ex- und Imports der machtpolitischen Rivalitäten?
So entsteht der Eindruck, als ob hier die letzte Spielart des Kolonialismus die transeuropäischen Kontinente und Völker im Dienst großraumpolitischer Interessen heimsuche. Moskau und Washington haben denn auch ihre liebe Not, den Bündnisfreien und ebenso den sich ihrer altertümelnden Zurückgebliebenheit jetzt wieder dankbar entsinnenden Europäern und ähnlich Uneinsichtigen auf dem Erdball klarzumachen: In der Kremlpolitik dieser Jahre feiert nicht das Zarentum fröhliche Urständ. Und die Außenaktivitäten des Weißen Hauses haben nichts mit der unverwüstlichen US-Bereitschaft zu tun, den allenfalls in der Politik enthaltenen Geist mit dem heimischen Country- und Pioniergeist zu verwechseln.

Nicht angedockt, nicht abgekoppelt

Die Vereinigten Staaten, die jahrzehntelang ihre Rüstungspolitik und Militärbündnisse mit der unerläßlichen Abwehr aller mutmaßlichen oder tatsächlichen sowjetischen Bedrohungen rechtfertigten, gehen als Führungsmacht des Westblocks nach wie vor davon aus, daß sich ihre eigenen Befürchtungen mit den Bedrohungsvorstellungen ihrer Blockpartner decken. Dabei wird kaum nebenbei darauf Rücksicht genommen, ob solche Vorstellungen auch identisch sind mit den nationalen Interessen der Staaten oder dem politischen Nutz und Frommen der Staatengemeinschaft »Europa«.

Die Eigenwilligkeiten Charles de Gaulles, dessen politisches Format selbst den gröbsten Fehlinterpretationen seiner Gegner gewachsen war, beendete für Europa die Phase des Genusses seiner weltpolitischen Demission. Es meldet sich wieder zu Wort. Seitdem wächst bei den Gesprächen zwischen Alter und Neuer Welt in Washington die Harthörigkeit und in Europa die Hellhörigkeit. Kein guter Zustand, doch immer noch besser als Hörigkeit.

Sieht sich das Europa von heute noch immer in kruder Übereinstimmung mit dem ursprünglichen NATO-Bauherrenmodell der Vereinigten Staaten? Keineswegs, wie das unsichere Oszillieren des Kontakts über den Atlantik seit dem Antritt Ronald Reagans zeigt. Wenn jemals, dann wird schon in den nächsten Jahren zu erkennen sein, in welchem Ausmaß amerikanische und europäische Politik Formeln für dieselbe Sache sind, oder ob es spezifische europäische Interessen gibt, die sich nicht nach ihrer mechanischen Abhängigkeit von dem Verhältnis bestimmen, in dem sich Moskau und Washington gerade zueinander befinden. Das in aller Entschiedenheit ins Visier zu nehmen, steht einem Europa gut an, das sich erst kürzlich ein eigenes Parlament geschaffen und die Last der Vorschußlorbeeren schon lange genug von den Schultern geschüttelt hat, um in seiner Arbeit und im Nachdenken nicht mehr durch fehlmotivierte Selbstüberschätzungen behindert zu sein. Und es stände ebenso der Bundesrepublik gut an, sofern der Zusatz ihrer Bezeichnung »Deutschland« heute noch einen Sinn hat.

Dabei geht es zunächst weder politisch noch militärisch auch nur im geringsten um ein Bezweifeln der vorhandenen Bündnisse. Es geht um kein Abkoppeln, und es geht noch weniger um hektische Versicherungen, angedockt zu sein von nun an bis in alle Ewigkeit. Es geht um recht einfache, nüchterne Überlegungen: Auf welchen Fundamenten der Gemeinsamkeit beruht der Selbstbehauptungswille und Stolz der Völker unseres Kontinents, beruht das neue europäische Selbstbewußtsein? Ist es fähig, dem nationalstaatlichen Souveränitätsdenken alten Stils die Pensionsreife zu bescheinigen und sich als eine paranationale Größe eigener Kontur zu verstehen? Kann es diesen Part nicht nur wirtschaftlich, sondern auch politisch in der Welt spielen?

Was charakterisiert eine solch eigene und eigenständige europäische Politik? Die Politik eines Europa, das nicht etwa nur die Europäer von

Kleinwest-Europa umfaßt und politisches Verhalten und Handeln als gleichwertige Zusammenarbeit mit jedem möglichen politischen Partner versteht – ob es sich um den Vorderen Orient, um Washington, Moskau, Tokio, Neu-Delhi oder Peking handelt? Die Aussichten, bündige Antworten auf solche Fragen zu finden, stimmen im gegenwärtigen Augenblick nicht zuversichtlich. Aber die Sache ist notwendig. Und Notwendigkeiten haben nichts damit zu tun, ob sie uns zusagen oder mißmutig stimmen. Wenn die europäischen Staaten, wenn Europa nicht in Kürze den Willen und die Fähigkeit zeigt, mehr zu sein als eine operative Größe für andere, mehr als ein Aufmarsch- und Gefechtsfeld der atomstrategischen Experten anderer Mächte, dann wird es mit Sicherheit zu einem Zerfallsprodukt seiner Rückständigkeit und eines erbärmlichen Kleinmuts. Dann kommt es auch nicht mehr darauf an, wer ihm ein Mausoleum errichtet. Und ob überhaupt jemand soviel Pietät besitzt.

Neue Politik der Interessen

Die verschüchterte Souveränität der europäischen Staaten wurde innerhalb der Westbindung verdeckt durch ständige Hinweise auf die unanfechtbare Führungsrolle der Supermacht USA. Noch mehr: Diese Rolle diente dazu, die eigene politische Unfähigkeit oder Untätigkeit zu entschuldigen. Sollte tatsächlich das Souveränitätsdefizit der europäischen Staaten im außereuropäischen Bereich so groß sein, daß es zu keiner Politik der aufeinander abgestimmten Staatsinteressen reicht, wie sollte dann eine geschlossene Politik Europas selbst beschaffen sein? Haben wir bei den Wahlen zum Europäischen Parlament dieser Institution keinen Vorfeld-Auftrag erteilt? Wer ernsthaft behauptet, ein solches Europa müsse fähig sein zu einer spezifisch europäischen Außenpolitik, wird nicht unterstellen, daß ein Bündel schwächlicher Staaten sich ein Parlament nur deshalb wählt, damit es das Jahrhundertwerk vollbringt, die Einwohner mit einem einheitlichen bordeauxroten Reisepaß zu verwöhnen.
Vor geraumer Zeit betonte der französische Außenminister in den USA, daß Europas Gestaltungsvielfalt und sein Gesamtinteresse die Gründe dafür seien, in der Anlehnung an die USA weder die einzige Art zu sehen, »um Solidarität zu üben, noch daß dies die höchste Ebene sei, die sie erreichen kann«. Anders gesagt: Worin würde sich die Westeinbindung Europas von dem Befehlsempfänger-Verhältnis im Ostblock un-

terscheiden, das wir so gern verspotten, wenn es nicht seine eigenen Interessen in diesem »Bund freier Nationen« mit aller Energie vertreten dürfte und vertreten würde?

Natürlich ist der Preis für eine Souveränität dieser Art nicht zuletzt der Wille, die damit bedingte Verdünnung der amerikanischen Präsenz auf dem alten Kontinent auszugleichen durch Stärkung aller Elemente, in denen sich staatliche Souveränität ausdrückt – bis hin zum militärischen Bereich. Wird das nicht akzeptiert, dann bleibt man im Dunst der Illusionen oder wird dazu gezwungen, sich zu keiner anderen Moral zu bekennen als zu derjenigen der besseren Waffen, und zwar so lange, solange die Frage der Rüstung *aller* Staaten nicht ihre einzig mögliche Lösung gefunden hat, nämlich die politische Lösung.

Europa wird für sich selbst entscheiden müssen, nicht zuletzt deshalb, weil seine Staaten genauso gut wissen müssen, wo ihre Interessen liegen, wie die USA von ihren eigenen Interessen wissen. Die letzte Epoche unseres Jahrhunderts wird vom Zwist der Ideologien bestenfalls nur noch koloriert. *Bestimmt* aber wird sie von einer neuen Politik der Interessen – ökonomischer, geistig-kultureller, ökologischer, sozialer, handels-, energie-, rohstoffpolitischer Interessen usw. Entscheidungen, die innerhalb eines derartigen Koordinatensystems nicht innerlich unabhängig, nicht frei und nur mit Rücksicht auf das in diesem Fall für Europa und seine Staaten Notwendige gefällt werden, sind ein Widerspruch in sich und eine Farce ihrer selbst.

Der Mythos vom Gleichgewicht

Gibt es etwas Einfacheres als die Definition des Begriffes Gleichgewicht? Und doch scheint sich inzwischen diese politische Allerweltsformel in ein Rätsel verwandelt zu haben, um den Teufel zu foppen. Noch immer denkt man bei dem Wort an das alte Meßgerät mit den zwei Waagschalen, die im Gleichgewicht sind, sobald ihre Zungen eine Waagrechte bilden.

Dieses mechanische Modell war Muster für das Konzept, welches im 18. und 19. Jahrhundert den staatstheoretischen Unterbau des historisch-politischen Beziehungsfeldes bildete: Politik und politisches Handeln verfolgten das Ziel, ein Gleichgewicht der Kräfte herbeizuführen und zu sichern.

Grundlage der klassischen Gleichgewichtspolitik war der Primat der

Machtbeziehungen zwischen den Staaten. In der zweiten Hälfte des 19. Jahrhunderts wurde sie zunehmend abgelöst durch nationalstaatliche Forderungen und Rechte. Die Versailler Friedensregelungen von 1919 schlossen diesen Prozeß ab. Bahnbrechend dafür war das Vierzehn-Punkte-Programm des amerikanischen Präsidenten Wilson. In diesem Konzept war die Forderung enthalten, daß die Völker es als feste Grundlage eines weltumfassenden Systems zur Sicherung des allgemeinen Friedens anzuerkennen hätten. Die frühere Gleichgewichtstheorie war so weit gegangen, einen Krieg zu rechtfertigen, wenn er das Ziel hatte, ein gefährdetes Gleichgewicht der Staaten zu erhalten oder ein gestörtes Gleichgewicht wiederherzustellen. Damit sollte es nach dem Ersten Weltkrieg vorbei sein.

Das bedeutete theoretisch eine prinzipielle Ächtung aller militärischen Auseinandersetzungen. Auf diesem Programm beruhte die Idee des Völkerbundes; ebenso basiert darauf die Idee der UNO. Der Formel vom »Gleichgewicht der Kräfte« wurde damit jede politische Stütze und öffentlich-sittliche Rechtfertigung entzogen. Ein kleiner Staat besitzt schließlich die gleichen Rechte wie ein großer. Das heißt, nicht die Macht eines Staates ist ausschlaggebend, sondern das Lebensrecht der Völker in ihrer durch Selbstbestimmung geregelten Ordnung innerhalb ihres Staates.

Die Praxis sah und sieht bis heute anders aus. Gewalt gilt zwar als unfeines, aber nach wie vor unerläßliches Mittel der Politik.

Durch alle Wandlungen, Zusammenbrüche und Wiederbelebungen des Gleichgewichtskonzepts hindurch hat sich die widerwärtige Frage gehalten, aufgrund welchen Maßstabes sich das Kräfteverhältnis der Staaten und ihre Balance festlegen, wie sich politische oder militärische Kraft überhaupt bemessen läßt. Ist nicht letzten Endes die Macht der Staaten deckungsgleich mit der Zahl ihrer Soldaten und Panzer, Kanonen und Raketen? Der französische Außenminister Pierre Laval machte 1935 bei einem Besuch in Moskau Stalin darauf aufmerksam, daß eine Dämpfung der sowjetischen Kirchenfeindlichkeit den Vatikan positiv beeindrucken würde. Stalin reagierte mit der kurzen Frage: »Wieviel Divisionen hat der Papst?« Die Antwort gab Pius XII. im Jahr 1953, als er die Nachricht vom Tode Stalins erhielt: »Nun wird er sehen, wieviel Divisionen Wir haben.«

Ein Vergleich zwischen den irdischen Heeren und den himmlischen Heerscharen kann die Paritätsfrage hier und jetzt auf Erden nicht lösen. Die Kardinalschwäche aller Gleichgewichtsvorstellungen und -systeme war von Anfang an das Fehlen eines Kriteriums für das Bemessen der Kräfte. Deshalb hat sich auch der labile Ost-West-Gegensatz unserer Zeit zu einem Zerrbild der konventionellen Balancevorstellung auswachsen können. Die Unversöhnlichkeit der Großmächte USA und Sowjetunion ist dank der waffentechnischen Entwicklung in die Formel vom »Gleichgewicht des Schreckens« gebracht worden. Diese Vokabel ist sinnlos. Welche Korrekturmöglichkeit könnte es bei diesem sogenannten Gleichgewicht der Fähigkeiten zu atomarer Totalvernichtung geben?

Trennung von Clausewitz

Die klassische Analyse der Grundverhältnisse durch Clausewitz in seinem Werk »Vom Kriege« gilt noch immer. Im ersten Kapitel des ersten Buches stellt er zunächst fest: Die Kraft eines Gegners »drückt sich durch ein Produkt aus, dessen Faktoren sich nicht trennen lassen, nämlich: die Größe der vorhandenen Mittel und die Stärke der Willenskraft. Die Größe der vorhandenen Mittel würde sich bestimmen lassen, da sie (wiewohl doch nicht ganz) auf Zahlen beruht, aber die Stärke der Willenskraft läßt sich viel weniger bestimmen und nur etwa nach der Stärke des Motivs schätzen. Gesetzt, wir bekämen auf diese Weise eine erträgliche Wahrscheinlichkeit für die Widerstandskraft des Gegners, so können wir danach unsere Anstrengungen abmessen und diese entweder so groß machen, daß sie überwiegen, oder, im Fall dazu unser Vermögen nicht hinreicht, so groß wie möglich. Aber dasselbe tut der Gegner; also neue gegenseitige Steigerung, die in der bloßen Vorstellung wieder das Bestreben zum Äußersten haben muß.«
Clausewitz macht also das zeitlich nur eng begrenzte Stabilitätsmoment im Gleichgewicht der Kräfte deutlich. Die Instabilität ergibt sich notwendigerweise durch eine Gegnerschaft, die von beiden Kontrahenten verlangt, dem anderen überlegen sein zu müssen. Die Wechselwirkung besteht darin, daß jedes aufkommende Gefühl einer Unterlegenheit zu einer Erhöhung der Anstrengungen zwingt, so lange, bis dieses Gefühl der Überlegenheitsempfindung weicht und nunmehr der andere zu derselben Maßnahme gezwungen ist. Gleichgewicht der Kräfte im militärischen Bereich kann deshalb nichts anderes bedeuten, als daß jede Seite sich stärker halten muß als die andere. »Ich bin«, sagte Clausewitz weiter, »nicht mehr Herr meiner selbst, sondern der Gegner gibt mir das Gesetz, [so] wie ich es ihm gebe.«

Über die Folgen kann man sich keine Illusionen machen: »In dem abstrakten Gebiet des bloßen Begriffs findet der überlegende Verstand nirgends Ruhe, bis er an dem Äußersten angelangt ist, weil er es mit einem Äußersten zu tun hat, mit einem Konflikt von Kräften, die sich selbst überlassen sind, und die keinen anderen Gesetzen folgen als ihren inneren.«
Clausewitz war davon überzeugt, daß die logische Härte dieser Abstraktionen ihre wesentliche Modifikation durch die Wirklichkeit erführe. Das Absolute erweist sich an ihr als bloßes Büchergesetz. Der menschliche Geist würde sich solchen logischen Träumereien kaum unterordnen. Es würde »ein unnützer Kraftaufwand entstehen, welcher in anderen Grundsätzen der Regierungskunst ein Gegengewicht finden müßte; eine Anstrengung des Willens würde erfordert werden, die mit dem vorgesetzten Zweck nicht im Gleichgewicht stände und also nicht ins Leben gerufen werden könnte, denn der menschliche Wille erhält seine Stärke nie durch logische Spitzfindigkeiten.«
Clausewitz war, wie gesagt, der Meinung, daß extreme Schlußfolgerungen durch die tatsächlichen Verhältnisse verhindert würden. Jeder der beiden Gegner kann »den andern großenteils schon aus dem beurteilen, was er ist, was er tut, nicht nach dem, was er, strenge genommen, sein und tun müßte. Nun bleibt aber der Mensch mit seiner unvollkommenen Organisation immer hinter der Linie des Absolut-Besten zurück, und so werden diese von beiden Seiten in Wirksamkeit tretenden Mängel ein ermäßigendes Prinzip.«
Dies ist der Punkt, an dem wir durch die waffentechnische Entwicklung von Clausewitz so weit getrennt sind, als befände er sich in der Steinzeit. Das Wechselspiel und Ineinander von Politik, Krieg, Strategie, Sieg und Frieden läuft darauf hinaus, den Gegner militärisch zu vernichten und dadurch politisch friedenswillig zu machen. Das schließt Friedensfähigkeit ein aufgrund seiner Unfähigkeit, den Krieg fortzuführen.
Mit all diesen Kategorien räumt der Atomkrieg auf. Er vollendet, was sich bereits in beiden Weltkriegen ankündigte. Er vollendet den totalen Krieg durch die totale Auslöschung des gegnerischen Volkes; die Wirkung der Testbomben auf Hiroshima und Nagasaki bedarf keines Kommentars. Das Territorium des Gegners ist nach einem Atomkrieg aufgrund der Strahlenverseuchung weder zu okkupieren noch zu benutzen, seine allenfalls vorhandenen Ressourcen sind unzugänglich. Solange die Zweitschlagfähigkeit eines Gegners erhalten bleibt, gelten die eben genannten Auswirkungen unumgänglich für beide Gegner.

Hier liegt die entscheidende Fragwürdigkeit der Nuklearstrategie. Zunächst ging sie davon aus, als wäre der Raketenkrieg mit Mehrfachsprengköpfen eine Fortsetzung des Kanonenkriegs mit nuklearen Mitteln. Etwa eineinhalb Jahrzehnte wurde diese Vorstellung in den Hintergrund gedrängt von anders motivierten Überlegungen. Im Konzept des »begrenzten Atomkrieges« und seiner »Gewinnbarkeit« lebte sie abgewandelt erneut auf.

In denselben Bereich gehört der Trugschluß namhafter Militärexperten und Politiker, die aufgrund der nuklearen Vernichtungsfolgen einen Atomkrieg für ausgeschlossen halten – sofern man ihnen Aufrichtigkeit unterstellt – und behaupten, die Raketen seien keine militärischen, sondern rein »politische Waffen«, deren Funktion an das Beziehungsgefüge von Drohung und Abschreckung gebunden sei. Derartige Schlußfolgerungen unterstellen den Adressaten ein erstaunlich niedriges Denkniveau. Die Kraft einer Drohung lebt davon, daß der Bedrohte der Überzeugung ist, im Zweifelsfall mit der Durchführung des Angedrohten rechnen zu müssen. Das unterscheidet eine leere Drohung von einer ernstgemeinten Drohung. Wenn nuklear gerüstete Gegner wirklich der Überzeugung wären, ein Atomkrieg sei wegen der fürchterlichen Konsequenzen nicht zu führen, dann wären sie auch der festen Überzeugung, daß es sinnlos ist, einen solchen Krieg anzudrohen.

Demgegenüber ist bei weitem die Klarheit anderer Fachleute vorzuziehen, weil sie jedem verdeutlichen, worin die militärische Realität besteht. So, wenn die Zeitschrift »US News & World Report« zu Beginn des Jahres 1982 eine Karte der Truppenstationierung und Militärstützpunkte der USA im Ausland veröffentlichte und der Kommentator die Erläuterung gab: »Wir brauchen die ausländischen Stützpunkte als eine Sprungschanze für den Angriff auf die zentralen Gebiete Rußlands.« Oder wenn der sowjetische Verteidigungsminister, Marschall Ustinow, im April 1983 hervorhob, daß die westeuropäischen Länder durch die USA infolge der Stationierung amerikanischer Mittelstreckenraketen faktisch einem Kernwaffengegenschlag ausgesetzt würden, der sie zu Geiseln ihrer Nuklearstrategie mache: »Dieser Gegenschlag kann für die meisten Länder Westeuropas, in denen amerikanische Kernwaffen stationiert sind, auch der letzte Schlag werden.«

Ginge es nur um »Abschreckung«, so würde die pure Zweitschlagfähigkeit des Gegners genügen, um jede Weiterentwicklung dieser Waffensysteme unnötig, weil sinnlos zu machen. Wenn überhaupt, dann müßte alles darauf konzentriert werden, die Zweitschlagfähigkeit des Gegners auszuschalten. Hier liegt das für die Sowjetunion so eminent Provozierende des Konzepts der amerikanischen Regierung, durch ein außerterrestrisches Defensivsystem, das angeblich nur der Abwehr dient, ebenso angeblich alle Angriffskonzepte und -waffen unmöglich zu machen. Denn die wirkliche Lage wäre: Die USA behielten die Erstschlagfähigkeit und die Sowjets verlören die Zweitschlagfähigkeit.

Das Ringen um Parität

Die Suche nach einer »gleichen Gewichtung« im politischen Raum erschöpft sich heute unweigerlich bei demjenigen Thema, bei dem es sich zuallerletzt erschöpfen sollte: In endlosen Gesprächen über Hochrüstung, Umrüstung, Überrüstung, Abrüstung, Vorrüstung und Nachrüstung. Solche Verhandlungen sind im wesentlichen fixiert auf die praktisch aussichtslose Verhältnisbestimmung der militärischen Kräfte anhand der Fiktion einer anzustrebenden Truppen-, Bomber- und Raketenparität. Dabei spielt es eine verhängnisvolle Rolle, daß im Ost-West-Gegensatz seit 1945 nicht einmal ein Mindestmaß an gleichen Normen vorhanden ist, das eine gemeinsame Grundlage des dazugehörigen Handelns ermöglicht. Daraus hat sich eine Entleerung des politischen Vokabulars ergeben. Begriffe wie Demokratie, Freiheit, Fortschritt werden auf beiden Seiten gebraucht, beide Seiten verstehen aber etwas anderes darunter. Schon die Formel von der »friedlichen Koexistenz« hat nichts anderes signalisiert als den artistischen Versuch der beiden Todfeinde Kommunismus und Kapitalismus, ohne offenen Krieg nebeneinander zu leben.
Es geht hier nicht um Parteinahme, so klar sie auch ausfallen würde. Es geht auch nicht darum, mit Hilfe moralischer Beweggründe in eine Debatte einzugreifen, in der beide Seiten für sich beanspruchen, ihr Handeln auf ethische Grundsätze zu stützen. Ob amerikanische oder deutsche Bischöfe sich so entschieden wie nur denkbar gegen den »Wahnsinn der Hochrüstung mit Atomwaffen« wenden oder nicht, spielt für die Kontrahenten so lange keine Rolle, solange die Grundsituation der Nuklearrüstung erhalten bleibt. Im ersten Entwurf des Hirtenbriefes der amerikanischen Bischöfe, ebenso in seiner endgültigen Fassung vom April 1983, wird der kritische Punkt berührt: Der Besitz von Atomwaffen sei nur insoweit moralisch zu rechtfertigen, soweit er der Friedenssicherung diene; deshalb dürfe es nicht mehr Kernwaffen geben, »als zur Abschreckung unbedingt nötig sind«.

Eben darüber gibt es keine Einigung: was für die Friedenssicherung unerläßlich, was zur Abschreckung unbedingt nötig ist. Deshalb geht es vor dem Hintergrund aller Rüstungskontrollgespräche unverändert um die jeweiligen Positionsbestimmungen der Verhandlungspartner, sowohl politisch als auch militärisch. Was der eine dem anderen vorhält, gibt dieser doppelt zurück. Die USA betrachten sich – abgesehen von allen Eigeninteressen – als Hüter der obersten Kultur- und Menschheitswerte, als diejenigen, bei denen alle Hoffnung liegt gegenüber der Gefahr eines »totalen Verlusts der Freiheit« durch den Osten. Sie schätzen die Sowjetunion als »eine von keiner Gesinnung gehemmte, jederzeit zu Gewalt bereite Macht« ein. Da sie am Frieden nicht interessiert sei, könne sie auch nicht gewillt sein, um des Friedens willen ein wirkliches Gleichgewicht anzustreben. Dasselbe, anders formuliert und mit erheblichem geschichtsphilosophischem Tiefgang, wird aus Moskau an die Adresse der »imperialistischen Kapitalisten« gerichtet.
Auf einer solchen Grundlage des Mißtrauens und der gegenseitigen Diffamierung findet sich als gemeinsamer Nenner nicht einmal ein Gleichgewicht des Abscheus voreinander. Wer auf solchen Plattformen steht, muß um der eigenen Position willen ein Übergewicht in jeder Hinsicht anstreben. Da beide Gegner dazu gezwungen sind, werfen sie sich das auch gegenseitig vor. Jeder behauptet, dem anderen militärisch unterlegen zu sein. Es wäre naiv, zu erwarten, daß dabei mit offenen Karten gespielt würde. Besitzt dieser psychostrategische Kampf der Blöcke keine militärische Basis, sind die Überzeugungen und der Glaube an die eigene Legitimation nicht zureichend gestützt auf analytische Sicherheit in der Einschätzung der Kraft und der Entschlossenheit des Gegners?
Die Sowjets beharrten bei den Genfer Verhandlungen darauf, die US-Bomber in England, die Flugzeugträger der VI. US-Flotte im Mittelmeer und die Atomstreitmacht der Franzosen und Briten mit zu berücksichtigen. Die USA wiederum lehnten eine Diskussion über sämtliche eurostrategischen Waffen ab; zu Verhandlungen über französische und britische Kräfte seien sie nicht autorisiert. Überdies wisse jedermann, daß diese Staaten die Sowjetunion nicht angreifen würden, »deshalb seien diese Waffen nicht in die Gleichung einzubeziehen«.
Da aber auch die USA und die NATO niemals einen Erstschlag unternehmen würden – an dieser Version wurde offiziell noch 1983 festgehalten –, müßte im Grunde kein einziges ihrer eigenen Waffensysteme berücksichtigt werden. Dieselbe Logik müßte für die Sowjetunion gel-

ten, auch sie besitzt – wie sie ebenso kategorisch versichert – kein Erstschlag-Konzept. Der Betrachter ist unschlüssig, ob es sich dabei noch um seriöse Versuche handelt, Sachverhalte treffend, also der Realität angemessen, zu skizzieren oder um fragwürdige Montagen unstimmiger Begriffe. Eine solche Vermutung drängt sich auf, wenn die Sowjets in Genf mit aller Entschiedenheit behaupten, es bestünde zur Zeit der Verhandlungen in Europa eine annähernde Parität bei Mittelstreckenwaffen. Die SS-20-Raketen seien lediglich der Ersatz für die ausgedienten SS-4 und SS-5. Die USA dagegen betonten, die Sowjets besäßen hier eine Überlegenheit von zwei zu eins bei einer Gesamtrechnung. Deshalb sei die Nachrüstung mit Pershing II und Cruise Missiles unerläßlich. Leonid Breschnew wiederum stellte gegenüber dieser »Verteidigungsaktion« – da doch tatsächlich ein Gleichgewicht bestehe – die empörte Frage: »Was ist das? Zynismus oder Verlust des elementaren Gefühls für das rechte Maß?«

Jedermann mußte hoffen, daß durch eine Einigung in Genf und das neu zu formulierende SALT-Abkommen wenigstens ein Stillstand über einige Jahre hinaus zu erreichen sei. Das wäre schon viel im Vergleich zu einer sich verheerend zuspitzenden Situation. Doch im Hinblick auf einen langwährenden Frieden, der unserer Zuversicht einen festen Grund gibt, wäre es nicht genug. Es liegt in der diabolischen Natur der Dinge, über die bis jetzt keine Regierung Verfügungsmacht gezeigt hat, daß ein militär-technologisches Gleichgewicht schlichtweg Stillstand bedeutete. In der Perspektive verantwortlicher Militärs käme ein solcher Stillstand nichts anderem als einer unverantwortlichen Gefährdung der Schlagkraft des Staates gleich. Aus diesem Eigengesetz der modernen Rüstungsspirale ergibt sich deshalb: Waffentechnische Entwicklung des einen läuft automatisch in der Perspektive des anderen auf Vorrüstung hinaus und zwingt ihn selbst zur Nachrüstung. Jeder Staat, der seine Waffensysteme modernisiert, gefährdet das Gleichgewicht – sein Vorhandensein einmal unterstellt. Wer sie nicht modernisiert, gefährdet es ebenfalls, weil er dem Gegner ein Übergewicht ermöglicht.

Das ist nur scheinbar paradox. Der Widersinn hängt mit dem untauglichen Gleichgewichtsbegriff zusammen. Solange diese vieldeutige Formel als Garant des Friedens betrachtet wird, ist ein wirklicher Friede unerreichbar. Es sei denn, wir betrachten das Balancieren auf dem hohen Seil ohne Netz vertrauensselig als den Frieden – in der Hoffnung, das allein sei schon eine ausreichende Sicherung unserer Existenz, weil es doch in unserem selbstverständlichen Interesse liegen müsse, die Katastrophe zu vermeiden und nicht vom Seil zu stürzen. Auch diese Auslegung des Mythos vom Gleichgewicht verdient Beifall. Sicher jedoch nicht einen so starken, um die schüchterne Frage zu übertönen, ob nicht zur Notwendigkeit, die Balance zu halten, in erster Linie nicht der Glaube daran, sondern die Befähigung dazu gehört.

Das Lindenblatt ist unerläßlich.
Bemerkungen zur deutschen Identität

Am 19. März 1970 bezeichnete Karl Eduard von Schnitzler, der Chefkommentator des DDR-Fernsehens, die Begegnung zwischen dem Ministerrats-Vorsitzenden Willi Stoph und Bundeskanzler Willy Brandt in Erfurt als das Treffen der Regierungschefs zweier feindlicher Staaten. Im Jahre 1949 wurde Konrad Adenauer vom Führer der sozialdemokratischen Opposition, Kurt Schumacher, als »Kanzler der Alliierten« geschmäht. Der Sozialdemokrat Otto Wels warnte im März 1933 die Regierung Hitler davor, besiegte politische Gegner so zu behandeln, »als seien sie vogelfrei«. Hitler wiederum wies höhnisch jeden Gedanken an eine Mitarbeit der Sozialdemokraten zurück: »Deutschland soll frei werden, aber nicht durch Sie!« Die mörderische Devise bei den politischen Straßenkämpfen in Deutschland seit 1919 war: »Und willst du nicht mein Bruder sein, so schlag ich dir den Schädel ein!«
Tatsächlich scheint sich eine endlose Kette solcher Ereignisse durch unsere Geschichte zu ziehen, der Essenz nach bis hin zu König Heinrich I., dessen Gründung des Deutschen Reiches 919 letzten Endes nichts anderes gewesen war als die Kunst, das Selbst- und Selbständigkeitsbewußtsein der Fürsten der großen deutschen Stammesherzogtümer zugunsten des Zusammengehörigkeitsgefühls und des Einigungswillens der Deutschen zurückzudrängen.

Die deutsche Uneinigkeit

In einer solchen Aneinanderreihung von Feindschaftsausbrüchen und Brudermordszenen unserer Geschichte wird dasjenige Moment in den Vordergrund gerückt, das allgemein als eine unserer kardinalen Schwächen gilt: die deutsche Uneinigkeit. Vieles, was noch zusätzlich und traditionell gemäß stereotypen Vorstellungen an deutschen Mängeln

aufgezählt wird – es handelt sich um mehr, als selbst einem auf Vollständigkeit der Gewissenserforschung erpichten Beichtvater lieb sein könnte – stellt kaum etwas anderes dar als Varianten oder Abkömmlinge dieser grundsätzlichen Uneinigkeit: Neid, Untertanengeist, Mangel an Zivilcourage, Gründlichkeit bis zum kriminellen Extrem, Hybris, würdelose Liebedienerei, Egoismus, Besserwisserei, Treulosigkeit, das Pendeln innerhalb von Kontrasten. Für den Historiker Pierre Gaxotte haben sich solche Wesenszüge unübersehbar in unserer Geschichte manifestiert. Sie sei »ohne Gleichgewicht und ohne Kontinuität..., allenthalben verläuft sie in Kontrasten und Extremen. Deutschland ist das Land der wunderbaren Aufstiege und der apokalyptischen Katastrophen.«
Die innere Zwietracht, Streitsucht, Uneinigkeit war so offenkundig in unserer Geschichte, daß sie von den Anrainern des Reiches früh genug registriert und als eine politische Konstante behandelt werden konnte. Eine besonders überzeugende Probe aufs Exempel lieferten der Dreißigjährige Krieg und die Westfälischen Friedensschlüsse von 1648. Das Anheizen, Schüren und Ausbeuten unserer Uneinigkeit bildete für die Nachbarn zu Recht einen vorteilhaften Faktor bei der Durchsetzung der eigenen Interessen: An Zwietracht, als der Deutschen Wesen, kann Jahr um Jahr die Welt genesen.
Gehört das Faktum der deutschen Uneinigkeit, die unausrottbare Neigung zu einem Widersachertum, dem kaum jemals die Intention fehlt, bis zur zutiefst genossenen Selbstzerfleischung getrieben zu werden – gehört dies zu den Charakteristika, die Aufschluß geben über ein Volk? Gibt es überhaupt einen gleichbleibenden Bestand solcher Bestimmungsmomente, aus dem sich ablesen ließe, was typisch für die Deutschen ist? Und ebenso, was typisch für Franzosen oder Russen, Engländer oder Japaner wäre?
Völker stellen zweifellos Individualitäten dar. Ihr Wesen läßt sich allerdings nicht so verhältnismäßig einfach mit Hilfe einiger schematischer Eigenschaften umreißen, wie es beim Einzelmenschen praktiziert wird, für dessen Individualität das Merkmal der Personalität den Ausschlag gibt. Dies eben fehlt den Völkern, eine Tatsache, die den Ruin der Völkerpsychologie bedeutet hat. Ihre langen Bemühungen um haltbare Forschungsergebnisse scheiterten; es geschah eindrucksvoll und mit Glanz, am Umstand des Scheiterns änderte sich dadurch aber nichts. In einem bewußt natürlich-einfachen Sinn dürfen wir von bestimmten Eigentümlichkeiten der Völker sprechen, im Unterschied zu »spezifi-

schen Eigenschaften«. Allerdings gerät man auch in diesem Fall, insbesondere wo sich Bewertungen nicht umgehen lassen, mit fataler Hartnäckigkeit in die Persönlichkeitssphäre. Trotzdem darf man zu Recht fragen: Sind für ein Volk vor allem seine Fehler charakteristisch? Oder ist es das sogenannte Positive?
Welchen Zweck aber könnte im Zusammenhang mit der Selbstvergewisserung eines Volkes das Gegensatzpaar »schlecht« und »gut« haben? Wo wären übergeordnete objektive Gesichtspunkte, denen gegenüber sich die Schwächen und Vorzüge so relativieren würden wie beim Menschen? Nur deshalb, weil ihr Handeln im »Dienst an einer Sache« geschah, konnte Admiral v. Trotha so kategorisch von den Akteuren behaupten: »Es wäre schrecklich, wenn es keine Fehler und Leidenschaften gäbe.«

Das Nicht-Dürfen und das Sollen

Die Deutschen haben heute mit einer Reihe besonderer Schwierigkeiten zu tun. In Westdeutschland wurde seit 1945 im Bereich des Außerpersönlichen und Öffentlichen fast durchweg auf die Vernunft gesetzt, insbesondere auf die sogenannte »politische Vernunft«. Wir haben ihr unter dem Schutzschild der Toleranz gegenüber den Rechten der Andersdenkenden eine Ordnungsfunktion übertragen, die kaum Schranken kennt. Wir haben das mit dem Begriff Pluralismus gerechtfertigt. Der Pluralismus sieht in dem Nebeneinander und in der freien Entfaltung der unterschiedlichsten Gruppen das tragende Element unserer demokratischen Ordnung. Unter dieser Voraussetzung wurde uns lediglich gesagt, was wir *nicht* tun dürfen: vor allem nicht die Rechte des anderen verletzen. Es wurde aber nicht gesagt, *was* wir tun *sollen*.
Das ist der springende Punkt. Denn dem Gruppenpluralismus entspricht bei uns ein Wertepluralismus, zu dessen höherer Ehre wir darauf verzichtet haben, immer wieder erneut festzustellen, in welchen Grundsätzen wir – völlig unabhängig von den Meinungen der politischen Parteien – als Volk übereinstimmen. Der Pluralismus kann sich überhaupt erst über solchen Grundlagen erheben, denn er setzt ein Prinzipienfundament voraus, das ihn trägt. Statt dessen haben wir einen allgemein herrschenden Relativismus. Das heißt, jeder hat recht, und jeder kann tun, was er will, wenn er dem andern nur nicht zu nahe tritt. Warum gleichwohl in der Praxis der politischen Ausein-

andersetzungen starke Verschiebungen nach einer bestimmten Seite hin stattfinden, spielt hier keine Rolle.
Das Ergebnis ist: Wir haben die größten Schwierigkeiten, eigene Meinungen zu entwickeln, und zwar sowohl über uns selbst und das, was früher einmal als Sinn des Daseins bezeichnet wurde, als auch über das Miteinander in der Familie und unsere Position zum Gemeinwesen, zu unserem Volk, und ebenso schließlich zu dem, was Heimat, was Vaterland, was Nation ist.

Der bequeme Deutsche

Nun könnte man sagen, und das ist im Grunde naheliegend, daß der einzelne Deutsche, so wie er sich in Westdeutschland präsentiert, doch insgesamt eine recht passable Erscheinung sei. Dieser Eindruck hat immerhin stellvertretende Bedeutung für die sechzig Millionen Deutsche der Bundesrepublik. Was zeichnet diesen Deutschen aus? Er ist fleißig, so wird es wenigstens traditionell gesehen, und seine Leistungen nach der Katastrophe von 1945 dürften unwiderleglich dafür sprechen. Zur Zeit scheint dieses klassische Markenzeichen der Deutschen allerdings ein wenig seine Konturen zu verlieren, denn der Fleiß, mit dem nicht zuletzt der wirtschaftliche Erfolg bei uns errungen wurde, beginnt seit Jahren und scheinbar unaufhaltsam dem Anspruch auf das Errungene als einem allzu selbstverständlichen Recht zu weichen.
Der Deutsche ist diszipliniert, obgleich es heute fraglich ist, inwieweit sich dahinter in einem zunehmenden Maß auch Bequemlichkeit und Phantasielosigkeit verstecken. Seine Ordnungsliebe und Sauberkeit gehören als begleitende Eigenschaften zu seiner Organisationsbegabung. Er ist tolerant, aufgeschlossen, erfinderisch, hartnäckig, er ist nüchternskeptisch, was Überschwenglichkeit angeht. Im Öffentlichen drückt sich das so aus, daß zu vielen Konferenzen die westdeutschen Politiker nur deshalb zu kommen scheinen, um immer wieder aufs neue zu beweisen, wie überzeugend es ihnen gelingt, keine eigene Meinung zum Ausdruck zu bringen.
Die Schraubstocksituation zwischen Ost und West hat weithin dazu geführt, die Abneigung gegen die eine Seite schon für ausreichend als Begründung für die Zuneigung zu der anderen anzusehen. Die Konsequenzen sind verheerend. Denn wer eine Meinung teilt, ohne zuvor eine eigene Meinung zu entwickeln, verrät sich selbst unentwegt an falschen Optionen. Das mindert die Substanz, und dann bleibt nur noch völlige

Irritation oder Genuß in einer selbstzüchtigungs-ergiebigen Zeit. Der Westdeutsche ist darin ein Meister, denn auch das ist eine Form des Überlebens. Zu empfehlen wäre aber, sich seine wirklichen Gegner nicht weniger sorgfältig auszusuchen als seine vermeintlichen Freunde. Man weiß nicht, ob die Indifferenz dabei eine Folge der ungeheuren Katastrophen ist, welche die Deutschen im 20. Jahrhundert haben durchstehen müssen, oder ob es sich nicht anstelle von Apathie um ein kühles Zuwarten handelt.

In einer solchen Liste von Charakterisierungen könnte man beliebig lange fortfahren, um dann zur Ergänzung noch eine Reihe ausgesprochen negativer, unerfreulicher Eigenschaften folgen zu lassen. Dann aber hätte man den falschen Eindruck erweckt, als würde es sich nun doch um ein charakterologisch-psychologisches oder völkerpsychologisches Problem handeln. Davon kann keine Rede sein. Mag sein, daß eine Reihe von Völkern so ausgeprägte Züge besitzen. Bei den Deutschen aber findet sich kein ausgeprägter Volkscharakter, existieren keine unveränderlichen Charaktereigenschaften. Die Deutschen sind nicht kriegerischer oder unkriegerischer als die Franzosen, Engländer, Russen oder Türken; sie sind nicht von Haus aus besonders musisch, poetisch begabt, technisch qualifiziert, ausnehmend schöpferisch und so fort. Sie sind das alles in gewissen Zeiten gewesen, einmal hat sich dieser Zug, das andere Mal wiederum jener Zug stärker ausgeprägt. Fest steht lediglich fast wie ein Axiom: Typisch deutsch ist auch immer das Gegenteil.

Wenn aber »Deutsch-sein« bei uns in einer besonders auffälligen Form immer auch das Gegenteil zu sein heißt, dann besäße auch die Zuspitzung ein Recht: Die Anlagen der Deutschen sind schlechthin unfixiert, und dadurch verliert auch die Zumessung von »gut« und »böse« ein Gutteil ihres moralischen Fundaments.

Für eine solche Schlußfolgerung spricht sehr viel aus der Geschichte. Es ist eine Erklärung des unerhörten Reichtums der kulturell-geistigen Ausdrucksformen bei den Deutschen, ihrer Vielgestaltigkeit und Vielgesichtigkeit; es erklärt das Unberechenbare ebenso wie das in einigen deutschen Staaten – allen voran Preußen – vorherrschend Zuverlässige, das bis zur knöchernen Unbeweglichkeit der einmal übernommenen Pflicht reicht, die unter einer geringen Akzentverschiebung identisch wird mit der Tugend der Treue, und unter der entgegengesetzten identisch mit dem Kadavergehorsam.

Gleichgewicht oder Selbstverständnis?

Die Frage nach der Identität eines Volkes ist kaum weniger schwierig zu beantworten als die Frage nach der Identität des einzelnen Menschen. Wenn »Identität« vor allem bedeutet: mit sich selbst nicht zerfallen, nicht in sich zerspalten, also mit sich selbst im Einklang zu sein, dann schließt das für den einzelnen eine lebenslange Provokation ein, sofern er sein Dasein und seine Verflechtungen in das umgebende und tragende Gemeinwesen – von der Familie bis zum Staat – nicht als starr vorgegebenes Schema ansieht. Identität ließe sich, ihrem strengen Begriff nach als Zustand vollkommener Ausgewogenheit, kaum jemals erreichen.

Oder sollte es für den anspruchslosen Alltag des Menschen schon genügen, sich gelegentlich, von Zeit zu Zeit mit der Illusion besänftigen zu können, vorübergehend in einem Zustand der Identität gewesen zu sein? Sollte, wenn man die Widerwärtigkeiten des Daseins für genauso prägend einschätzt wie die seltenen Momente des Hochgefühls, eine Bilanz nicht unweigerlich zu dem Schluß kommen müssen, daß Identitätsfindung nicht zu unseren realisierbaren Möglichkeiten gehört, sondern nur die Bemühung darum?

Ein solcher Schluß wäre nur unter der Voraussetzung unumgänglich, daß die an dem Gleichgewichtsmodell orientierte, mechanistische Bestimmung der Identität zutrifft. Offensichtlich paßt sie weder zu den Daseinsbedingungen und -verhältnissen der einzelnen noch zu denjenigen eines Volkes. Identität als ein Zustand des »Mit-sich-selbst-in-Einklang-seins« hat als Hintergrund nicht die Vollkommenheitsfolie eines christlichen Heiligen oder buddhistischen Mönches. Sie bedeutet vielmehr das Akzeptieren des Soseins – einschließlich aller Beweggründe und Bestrebungen, dieses Sosein hinzunehmen oder zu versuchen, es zu ändern. Wer bemüht ist, Klarheit über sich selbst zu bekommen, ein Selbstverständnis zu entwickeln und daraus Folgerungen für sein weiteres Verhalten und seine Entscheidungen abzuleiten, besitzt Identität. Ein Mörder, zu lebenslänglicher Haft verurteilt, der nach zehn Jahren auf eine entsprechende Frage antwortet: »Wegen eines Jahrzehnts Zuchthaus gebe ich meine Persönlichkeit nicht auf!« besitzt nicht weniger Identität als ein Missionar oder ein Busfahrer im Linienverkehr, der bis zu seiner Pensionierung das Verantwortungsgefühl für die Fahrgäste nicht durch die Eintönigkeit seiner Strecke zermürben läßt. Ein Gutteil des »Mit-sich-selbst-in-Einklang-seins« besteht in der Einsicht, daß die Erkenntnis der eigenen Grenzen für uns genauso charakteristisch ist wie das Wissen von den Fähigkeiten, diese Grenzen (gelegentlich) zu durchbrechen.

Selbstvergewisserung

Die Situation eines Volkes ist im Vergleich dazu einfacher. Für sein Selbstverständnis ist nicht die Verrechnung der »Positivitäten« mit den »Negativitäten« ausschlaggebend. Es kommt lediglich auf ihre Feststellung an. Man muß sie in ihrer Tatsächlichkeit nehmen, entblößt von jedem ethischen Anspruch und freigehalten von jedem Verdikt. Die Spannung des Gegensatzes zwischen Siegfried und Hagen gibt der alten Sage Wesentliches ihrer Dramatik, ihres exemplarischen Gehalts. Hier ringt aber nur in einem groben Sinn das Gute und Lichte mit dem Bösen und Düsteren. Ohne auch nur entfernt Pietätlosigkeit riskieren zu wollen, darf man dennoch sagen, daß es sich bei Siegfried um eine uninteressante Figur handeln würde, wenn er nicht »verletzbar«, wenn ihm während des hörnenden Bades nicht das Lindenblatt zwischen die Schultern gefallen wäre. Diese Schwäche, dieser wunde Punkt – so wie bei Achilles seine Ferse – ist nicht nur in einem übertragenen Sinn seine negative Eigenschaft. Erst durch das Lindenblatt verwandelt er sich aus einem Schema in eine Persönlichkeit, der Repräsentanz zukommt – zumal für uns Deutsche. Das Lindenblatt ist nicht minder unerläßlich als die Existenz Hagens.

Selbstvergewisserung bedeutet nicht die Scheidung von guten und schlechten Eigenschaften anhand eines besonderen moralischen Gradmessers. Es handelt sich dabei vielmehr um das Bemühen, Einsicht in die eigenen Konditionen zu entwickeln. Die Erkenntnis der schlechten und guten Eigenschaften schließt ein Ja zu ihnen ein als Anerkennung ihrer Faktizität, nicht ein Ja zu ihrer sittlichen Qualifikation. Persönlichkeitsbildung bedeutet in praxi das Austragen jener Anlagen in Form innerer Feindschaften, also als Gegensatz.

Gäbe es diese Gegensätze nicht, wäre Persönlichkeitsbildung unmöglich, weil unnötig. Die Vorstellung, ein Mensch bestehe aus einer Bündelung schätzenswerter Fähigkeiten, hat nicht einmal Platz in Poesiealben. Selbst die allgemeinste Kategorie des Guten benötigt den Gegenbegriff des Nicht-Guten. Was nicht gleich heißen muß: Wo bliebe Gott für den Menschen, wenn es den Teufel nicht gäbe? Auch wenn eine solche Frage dem bösen Nachbarn, dem widerwärtigen Kollegen oder der hämischen Freundin zu einer Daseinsberechtigung verhülfe.

Die gegenwärtige Situation der Deutschen kommt den Absichten der Selbstvergewisserung in einem hohen Maß entgegen. Gerade weil wir seit 1945 so unendlich viel verloren haben, ist es uns grundsätzlicher als jemals zuvor möglich, uns bewußt zu werden über das, was zu unseren Gemeinsamkeiten gehört. Ob man das als Vorteil ansieht oder als einen Teil der Hypothek, deren Last wir tragen müssen, ist ziemlich gleichgültig gegenüber der Tatsache selbst. Es kommt lediglich darauf an, was wir daraus machen.

Selbstfindung des deutschen Volkes

Dieses »Sich-bewußt-werden« gehört heute untrennbar zu unserem Selbstverständnis. Das Selbstverständnis eines Volkes in einer bestimmten Lage und zu einer bestimmten Zeit hängt ab von der Bestimmung seines Standorts. Das ist eine politische Angelegenheit, eine Sache des Selbstwertes, der Urteilskraft und der moralischen Substanz. Es handelt sich dabei um Fragen nach dem Verhältnis zum Staat, seiner Autorität und ihrer Begründung, nach der Gesellschaft ebenso wie nach dem Verhältnis zur Familie und zu sich selbst, als dem einzelnen Menschen. Bei uns, den Deutschen, bei denen seit längerem die Selbstfindung so häufig abbricht beim Registrieren eines prinzipiellen Selbstverlusts, handelt es sich in erster Linie um die Frage nach dem Verhältnis zur eigenen Geschichte, das heißt, zu der Vielfalt der Ausdrucksformen des deutschen Volkes während eines Zeitraums von mehr als tausend Jahren. Zugleich ist es die Frage nach dem, was uns Deutsche noch immer, also auch in den achtziger Jahren und in aller Zukunft zu einem Volk macht, gleichgültig, ob es sich um Holsteiner, Ostpreußen oder Bayern handelt.
Wir Deutsche sind in diesem Jahrhundert mehrfach in Volksteile aufgespalten und dazu gezwungen worden, in unterschiedlichen Staatsverbänden zu leben. Hat sich dadurch aber etwas daran geändert, daß wir Deutsche geblieben sind? Haben sich etwa aufgrund dieser Gegebenheiten die Österreicher im Laufe der Jahre ethnisch, sprachlich, kulturell von der Wurzel auf verändert, sind sie also nicht mehr Deutsche? Und wenn ja: Wie wirkt sich ein solcher Zustand auf unser Wissen von der Geschichte aus, falls er sich überhaupt auswirkt. Ändert sich etwa durch die Verpflichtung der Österreicher zu immerwährender Neutralität, die 1955 in ihre Verfassung aufgenommen wurde, ihr Votum von 1919 und von 1938, zum Deutschen Reich zu gehören, ändern sich die Gründe, die

dafür ausschlaggebend waren? Selbst wenn hier etliche Für- und Widerüberlegungen am Platz wären, so ist in einem anderen Fall die Lage absolut klar. Bis heute, über das ganze Jahrhundert hinweg und in den vielen Etappen des Ringens um Südtirol, bezeichnen sich die Südtiroler mit einer geradezu schockierenden Eindeutigkeit als Deutsche – und nicht etwa als Österreicher. Man glaubt einem Hörfehler unterlegen zu sein, wenn Südtiroler, wie es in einer bundesrepublikanischen Fernsehsendung der Fall war, die Westdeutschen mit dem schlichten Satz zu sich einladen: »Sie sollen zu uns kommen, damit sie sehen, wie wir unsere Heimat und unser Vaterland lieben, damit sie ihre Heimat und das Vaterland auch lieben lernen.«

An solchen Bemerkungen zeigt sich, wie wenig es sich um rhetorische Fragen handelt, wenn man herausbekommen will, was heute der Ausdruck »deutsches Volk« besagt. Denn Überlegungen zu dem Recht der Völker auf Selbstbestimmung und zu den Rechten der Volksgruppen sind bei uns notwendigerweise immer Fragen nach dem Volk der Deutschen schlechthin – und zwar nicht gemessen an den Wünschbarkeiten einer Gefälligkeitspolitik, die sich fremden Partnerlaunen sorgfältig anschmiegt, sondern gemessen an den Unumstößlichkeiten, durch die das deutsche Volk wiederholt in der Geschichte seinen Willen ausgedrückt hat.

Die nicht verspätete Nation

Vor einer Reihe von Jahren kursierte bei uns im Zuge der westdeutschen Selbstzerknirschung das gefällige Wort von unserer »verspäteten Nation«. Pate stand dabei der Versuch, der politischen Nationalbildung einen fiktiven Standard zugrunde zu legen, einen Maßstab für die chronometrisch »richtige« Zeit, eine Art Kursbuch für das pünktliche Eintreffen des nationalen Zuges im Bahnhof der Staatsbildung.

Das Wort geistert inzwischen nur noch als ein Kuriosum umher. Denn die Vorstellung, es gäbe für die Völker ein zeitliches Soll, das ihnen außerhalb ihrer eigenen geschichtlichen Bedingungen den Termin der Nationalstaatsbildung diktiert, ist zu abwegig, als daß sie mehr als ein mildes Amüsement verdiente. In der Geschichte findet sich keine einzige Nationalstaatsbildung, die sich jemals dem Fahrplan eines Historikers oder Politikwissenschaftlers angepaßt hätte, gleichgültig, ob er vor oder nach den Ereignissen entworfen wurde. Und ohne Fahrplan ist keine Verspätung möglich.

Die Tschechen oder Polen besitzen nicht mehr und nicht weniger Anspruch auf ihre nationale Selbstrechtfertigung außerhalb eines Schemas der Jahreszahlen als die Deutschen. Sie ist für sie, für ihre Geschichte, für ihre Identität als Volk genauso spezifisch und charakteristisch wie für uns. Wer unseren Weg und unser Ringen um die Einheit anhand der Historie verfolgt, hat allen Grund, respektvoll die Tatsache hervorzuheben, daß es trotz der unendlichen Schwierigkeiten, die aufgrund der geschichtlichen Gestaltungsbedingungen des Heiligen Römischen Reiches Deutscher Nation der politisch-nationalen Selbstfindung und Staatsbildung entgegenstanden, unserer Kraft der Integration gelungen ist, die individuellen Kräfte der Volksstämme zusammenzufassen.
Was bei den Deutschen – vor dem Hintergrund des modernen Nationalstaats – als Uneinigkeit bezeichnet wurde, war der Sache nach keine Schwäche, sondern Zeichen ihrer vielfachen, jeweils anders gelagerten Stärken, ihres steifnackigen Selbstbewußtseins, das den Bremer mit seinen nie versiegenden Empfindungen divinatorischen Hanseatenstolzes genauso erfüllte wie den Mann der oberbayerischen Berge mit seinem landschaftsbezogenen Trotz.
Hugo von Hofmannsthal schrieb in einem Brief vom 8. Mai 1922 an C. J. Burckhardt den bekümmerten Satz: »Wir unglückselige Deutsche sind doch beständig auf der Suche nach unserer eigenen Nation.« Ein französischer Historiker, der uns zeit seines Lebens mit unbeirrbarer Zuneigung verbunden war, leitete daraus die kategorische Behauptung ab: »Die Geschichte Deutschlands ist die Geschichte eines unglückseligen Volkes.«
Sicherlich ist das zu weit gegriffen. Aber auch eine Kette allgemeiner Überlegungen, was denn eigentlich Glück und Unglück in der Geschichte ist, hilft nicht weiter. Soll ein Volk sein Selbstverständnis anhand einer Bilanz von Unglück und Glück, Mißerfolgen und Erfolgen entwickeln? Würde nicht dabei der fatale Verdacht geweckt, das Dasein überhaupt mit einem Streben nach guten Schulzeugnissen zu verwechseln? Das territorial-staatliche Fiasko Deutschlands in unserer Zeit zwingt uns dazu, die Behauptung Hugo von Hofmannsthals in die Frage zu verändern, ob nicht heute die Suche nach unserer eigenen Nation zunächst die Suche nach uns selbst sein muß.
Das heute immer öfter beschworene Wort »Identität« schließt ein höchst selbstverständliches Bemühen ein, so schwer es auch praktisch durchzuführen ist. Es steht dem einzelnen Menschen genauso zu wie jedem Volk des Erdballs, also auch uns Deutschen. Wer mit sich selbst zerfallen, in

sich gespalten ist, besitzt keine Identität. Als Volk sind die Deutschen heute vielfach gespalten. Das können wir vorerst nicht ändern. Niemand aber kann uns daran hindern, unsere Einheit nicht zum Symbol einer politischen Begehrlichkeit verkümmern zu lassen, das keine Erfüllung findet, niemand kann uns hindern, sie im Inneren zu bewahren, uns mit uns selbst als Volk und mit dem Deutschland, das wir verloren haben, das aber trotzdem weiter in unserem Inneren lebt, zu identifizieren.

Mut zur Geschichte – Mut zur Wahrheit

Die doppelte Aussage: Mut zur Geschichte – Mut zur Wahrheit klingt nicht gerade anspruchslos, ja sie scheint dem Pathos der großen Worte ziemlich nahezustehen, dem gegenüber wir mit guten Gründen mißtrauisch geworden sind. Wir sollten dieses Mißtrauen auch nicht verkommen lassen, allerdings nur, wenn es wirklich mehr ist als die billige Bequemlichkeit, mit der heute so gern und rasch jeder entschiedenen Stellungnahme zu unseren Grundfragen ausgewichen wird.
Enthält das Wort wirklich eine Doppelaussage? Oder ist nicht vielmehr damit gemeint, daß Geschichte und Wahrheit im wesentlichen übereinstimmen, oder zumindest übereinstimmen sollen? Dann müßte man die Abfolge umstellen, es müßte heißen: Mut zur Wahrheit ist Mut zur Geschichte, oder anders gewendet: Auch aus der Geschichte ergibt sich die Wahrheit, in erster Linie eine Wahrheit der politischen Handlungen, und zwar mit Rücksicht auf ihre innere Schlüssigkeit und ihre Substanz.
Der Ausdruck »Wahrheit« gehört zu unseren anspruchsvollsten Begriffen. Er umspannt einen gewaltigen Bereich. Das fängt an bei dem hartnäckigen Bohren des griechischen Philosophen Sokrates, was denn das bedeute, wenn jemand sage, er bemühe sich um wahres Wissen, um Wahrheit? Es führt hin zu der Pilatusfrage: Was ist Wahrheit? und geht bis zu dem triumphierend hingeschmetterten Wort der Tschechen: Pravda vítězí! – Die Wahrheit siegt!
Siegt die Wahrheit wirklich, und siegt sie immer? Diese skeptische Frage stellt sich unweigerlich dort ein, wo Sieger ihren Triumph als Sieg der Wahrheit ausgeben und nicht nur als Sieg der Waffen. Allerdings könnte man mit einer gleich guten Beweisführung einwenden: Nur Geduld, da auf Länge der Sicht ja doch die Wahrheit siegt, ist auch für uns Deutsche noch nicht aller politischen Tage Abend.

Selbstreflexion ist notwendig

Je gründlicher man über das Ineinander von Geschichte und Wahrheit nachdenkt, um so deutlicher wird es, wie schwierig, ja politisch hochexplosiv das Verhältnis ist. Genau das sollte uns aber auch heute dazu zwingen, unsere politische Situation, die Lage des deutschen Volkes und den Stellenwert, den der einzelne darin hat, so nüchtern, so sachlich, so wenig beschönigend wie möglich zu analysieren, andererseits freilich auch mit all der Kraft, die eine derart bedeutende Angelegenheit beanspruchen darf.

Wir sind heute ausgerichtet an bewußt nüchternen Beschreibungen. Deshalb zunächst die Feststellung, daß die entschiedene Selbstreflexion ein besonders charakteristisches Merkmal des modernen Menschen ist. Sie gilt genauso unbedingt für die modernen Wissenschaften, und hier allen voran für die Geschichtsforschung. Wirklich neu daran sind allerdings nur die Formen, in denen sich die Selbstreflexion heute ausdrückt, neu ist auch die Kraft ihres Antriebs. Denn der Sache nach handelt es sich nur um eine zeitgenössische Variante der alten Inschrift des Apollotempels in Delphi: »Erkenne dich selbst!« Seit man das zum erstenmal verlangt hat, haben im Laufe der Jahrhunderte sowohl die Menschen als auch die Völker in der unterschiedlichsten Weise versucht, der Forderung nach Selbsterkenntnis nachzukommen. Am häufigsten läßt sich nun dabei die Bemühung feststellen, in der geschichtlichen Position des eigenen Volkes das wesentliche Unterscheidungsmerkmal für das Selbstverständnis zu entdecken.

Mit der »geschichtlichen Stellung« ist nichts ewig Gleichbleibendes, ein gewissermaßen experimentell nachweisbarer fester Ort innerhalb des historischen Ablaufs gemeint. Es handelt sich vielmehr um die allgemein-politische und kulturell-geistige Interpretation, die sich aus dem eigenen historischen Weg ergibt: um eine Ausdeutung der bisherigen Vergangenheit, um die Aufgaben innerhalb der Gegenwart und um die Zielsetzung in der Zukunft. Bis tief ins 20. Jahrhundert hinein hat fast jedes Volk ein derartiges historisches Selbstverständnis gehabt. Es ist zwar nicht immer klar ausgedrückt oder gar in ein geschlossenes System gebracht worden, das ist aber auch nicht nötig gewesen. Weit wichtiger war es, daß jeder die Grundzüge gekannt hat, auch wenn es nur anhand des Textes der Nationalhymne gewesen ist. In den Hymnen wird ja überwiegend das Selbstverständnis und Eigeninteresse eines Volkes, auch sein sacro egoismo, zugleich überhöht und erklärt, gerechtfertigt und versteckt. Der Nationalismus in all seinen Ausdrucksformen ist eine der letzten, jüngsten Manifestationen einer derart im politischen Raum praktizierten Geschichtsphilosophie gewesen.

Modelle geschichtlichen Selbstverständnisses

Mit das älteste und beständigste Modell für diese Verhältnisse stammt aus China. Dort entwickelte sich auf der Basis besonderer geomorphologischer Umstände – erinnert sei an die Überschwemmungskatastrophen des Jang-tse-kiang, an die Abgeschlossenheit des chinesischen Raumes – eine in sich verkapselte Kultur, die weitgehend frei von außerchinesischen Einflüssen geblieben ist. Religion, Gesellschaft, Kultur waren vertikal gegliedert, an der hierarchischen Spitze stand der Herrscher, der »Sohn des Himmels«. Er war gleichzeitig das Zentrum der irdischen Ordnung. Zusammengefaßt wurden alle diese Momente in der Kurzformel vom »Reich der Mitte«, und zwar nicht nur als Mitte der Welt verstanden, sondern auch des Universums.

Eine Parallele dazu, wenn auch weitgehend nur formal, bietet das Römische Reich. Hier war es in der Spätantike zu einer Spaltung in zwei Imperien gekommen: Westrom einerseits, Ostrom mit der Hauptstadt Byzanz (Konstantinopel) andererseits. Die weströmische Herrschaft endete im Jahr 476 n. Chr. mit Kaiser Romulus Augustus. Die nächste Kaiserkrönung fand erst wieder im Jahr 800 in Rom statt, und diese Krönung Karls des Großen durch Papst Leo III. in der Peterskirche wurde eines der markantesten Ereignisse in der abendländischen Geschichte. Das Papsttum unterstrich mit diesem Akt seine bedeutende Stellung auch als Träger politisch-staatlicher Bestrebungen. Kaiser Karl wiederum unternahm bewußt eine Neugründung des Imperiums, eine Tatsache von außerordentlichem geschichtlichem Schwergewicht.

Karl der Große griff den Namen für das neue Imperium Romanum nicht aus der Luft. Es handelte sich zwar um ein fränkisches Reich, aber es verstand sich als direkte Fortsetzung des Römischen Reiches – also nicht als angemaßte Fortsetzung, sondern kraft einer von Gott bewirkten und gewollten »Übertragung«, der berühmt gewordenen Translatio Imperii. Die Krönung Karls bedeutete die Übertragung des universalen Kaisertums als römisches Erbe auf die Franken, und mit der Krönung Ottos des Großen im Jahr 962 gingen die entsprechenden Vorrechte auf die Deutschen über.

Sämtliche späteren Herrscher des Heiligen Römischen Reiches Deutscher Nation sahen sich deshalb legitim im Besitz der Kaiserwürde. Sie mußten sich so sehen, und zwar bis hin zur Auflösung des Reiches 1803 und durch die Niederlegung der Kaiserkrone durch Franz II. im Jahr 1806. Die Krönung Ottos des Großen hatte für das abendländische Empfinden und Selbstverständnis – und ebenso für dasjenige der Deutschen – unter anderem die schwerwiegende Konsequenz, daß die Geschichte seitdem ausschließlich vom Hauptzentrum Europa – von der Mitte des Reiches oder im Ringen um seinen Rang – interpretiert wurde und alle anderen Gebiete der Welt bestenfalls als Anrainer existierten, gleichgültig ob geistig, politisch oder wirtschaftlich.

Reichsvorstellung und Reichssehnsucht

Die alten Reichsvorstellungen veränderten sich im Laufe der Jahrhunderte mehr und mehr. Unter dem Gesichtspunkt der eigenzentrierten Selbständigkeit der Einzelstaaten wurde ihnen allmählich der politische Boden entzogen, die Idee des römischen Imperiums verlor ihre Verbindlichkeit, das Heilige Römische Reich Deutscher Nation veränderte sich in ein Kleinstaatengemenge rivalisierender Fürsten zu einer Zeit, da andere Staaten Europas schon rüstig den Weg eingeschlagen hatten, auf dem sie sich in moderne, zentralisierte Nationalstaaten verwandelten.
Alles, was sich später bei vergleichbaren Völkern an entscheidenden Ideen mit dem modernen Staatskonzept als der gegliederten Ordnung der Großgruppe »Volk« verknüpft hat und bald genug von ihnen in die Wirklichkeit umgesetzt worden ist, das alles ist in Deutschland nur Hoffnung und Wunsch, Erwartung und Traum geblieben. Die »Einheit der Deutschen« war eine Kategorie des Empfindungsmäßigen, des Kulturell-Geistigen, des Bewußtseins und des Willens. Deshalb wurzelte auch die Sehnsucht danach so tief. Aufgrund der geschichtlichen Bedingungen setzte sie sich bei uns nur überaus schwer auch als Kategorie des Staates durch. Dieser Prozeß begann spätestens mit Fichtes »Reden an die deutsche Nation« (1808), mit den preußischen Reformen und mit Österreichs großer Erhebung gegen die Fremdherrschaft Napoleons (1809). Er führte über die Enttäuschungen nach dem Wiener Kongreß zu dem mißlungenen Versuch, 1848 in einer ausgreifenden Nachholaktion auf revolutionärem Weg den eigenen deutschen Nationalstaat zu schaffen. Die erzwungene Restaurationsphase, die sich bis zur Reichsgründung Bismarcks 1871 anschloß, blieb eine Art Bestäti-

233

gung des Schiller-Wortes zu Beginn des 19. Jahrhunderts: »Freiheit ist nur in dem Reich der Träume« – nämlich die Freiheit zur Einheit.
Je mehr nach den Freiheitskriegen die Deutschen durch ihre Obrigkeiten vom praktisch-politischen Leben ferngehalten wurden, um so stärker verlagerten sie ihre Aktivitäten ins Geistige, Ideelle, Kulturelle und um so mehr bezogen sie aus diesen Räumen auch ihr Selbstbewußtsein und ihre Selbstbestätigung. Dieser Sachverhalt und sonst nichts anderes ist die Grundlage des Verses von Emanuel Geibel, der später bewußt verzerrt und dann auch noch zwecks Diffamierung bösartig ausgelegt wurde: »Am deutschen Wesen soll die Welt genesen.« Denn dieses Wort war als Selbsttrost gemeint und nicht im entferntesten als imperial-kriegerischer Erlösungsauftrag.

Die Gemeinsamkeiten der Deutschen

Heute sind solche Richtigstellungen, mit denen man beliebig lange fortfahren könnte, für uns so nötig wie noch kaum jemals zuvor. Denn sowohl in der Gegenwart wie in der Zukunft gilt und wird gelten, was bisher in allen Stadien der Weltgeschichte für das Selbstverständnis der Völker im historischen Ablauf gegolten hat: daß das Verhältnis zur Geschichte ein unersetzliches, ein entscheidendes Mittel zur Situationseinsicht, zur Selbsterkenntnis ist. In unserer Lage heißt das, so entschlossen wie nur möglich die Gemeinsamkeiten der Deutschen unabhängig von den Höhen und Tiefen der Geschichte wieder neu festzustellen. Wir haben eine derart große Fülle von Konstanten, daß wir trotz allen Unglücks in diesem Jahrhundert auch heute berechtigt sind, nicht nur von den Bürgern der Bundesrepublik, der DDR und Österreich zu sprechen, sondern ganz schlicht von »den Deutschen«.
In unserer gegenwärtigen Lage sind annähernd präzise Unterscheidungen zwischen Nation und Volk zweitrangig geworden gegenüber dem, was unsere bleibenden Gemeinsamkeiten sind, und zwar zweitrangig im Hinblick auf die Diskussion möglicher qualitativer Unterschiede. Immerhin ist so viel bemerkenswert, daß es keine ernstzunehmenden Zweifel mehr gibt an der Natur der ersten politischen Gemeinschaft der Deutschen, deren stammesüberschreitender Charakter im Grunde erst die Berechtigung gegeben hat, von einer Manifestation des »deutschen Volkes« zu sprechen – ich meine seit der Gründung des ersten Deutschen Reiches im Jahr 919. Mit modernen Ausdrücken kann man bei diesem Datum berechtigt von einer politischen Emanzipation der deutschen

Stämme der Bayern, Franken, Sachsen und Schwaben gegenüber dem Frankenreich sprechen. Diese Reichsbildung war nichts anderes als ein Vorgang der politischen Bewußtseinsbildung, ermöglicht allerdings nur auf der Grundlage der ethnischen Gegebenheiten. Das liegt eintausend Jahre zurück, aber die Folgerungen daraus sind gerade heute höchst bedenkenswert.

Die Epoche des 19. Jahrhunderts in Europa hat gezeigt, daß die Forderung nach einem Nationalstaat, in dem das Volk und der Staat sowohl räumlich als auch geistig-kulturell vollkommen miteinander in Deckung sind, in der politischen Welt sich nicht völlig durchsetzen läßt. Diese Zeit war zunächst geprägt vom Ringen der Völker um Anerkennung ihres Eigenwerts, und dann vom Kampf derselben Völker gegen ihre Minderheiten. Vokabeln wie Germanisieren, Magyarisieren, Polonisieren oder Tschechisieren besitzen nicht nur einen abwertenden, sondern auch einen drohenden, ja mörderischen Unterton. Das ist bis heute aktuell geblieben. Es vergeht kaum ein Tag, an dem sich nicht Beispiele dafür aus aller Welt in der Zeitung fänden.

Nationen und Minderheiten

Nun bemißt sich die politische Ordnung nicht nach dem Grad der höchstmöglichen Gerechtigkeit, sondern nach demjenigen der kleinstmöglichen Ungerechtigkeit. Deshalb hat es gewöhnlich ein großes Volk – sofern es keine Kriege verliert – erheblich leichter als ein kleines, seine Rechte durchzusetzen, vor allem das Recht auf Selbstbestimmung und damit das Recht auf einen eigenen Staat. Neben ihm kann das kleine Volk leichthin zuerst deklassiert werden zur Minderheit und dann, im Konfliktfall, diskriminiert zu einer Gruppe ohne Daseinsanspruch. Leben in einem überwiegend national gegliederten Staat Angehörige eines fremden Volkes, so verwandeln sie sich zwangsläufig in eine »Minderheit«, selbst wenn ihr eigenes Volk zehnmal größer sein sollte.

Das Problem dieser Minderheiten und der Minderheiten überhaupt gehört zur Nationalstaatsbildung ebenso wie die auch in unseren Tagen hochaktuelle Frage, ob Staatsgrenzen nach einer bestimmten, genügend langen Zeit auch Volksgrenzen werden – werden können oder werden müssen. Anders gesagt und ohne Umschweife: Nach dem unantastbaren Prinzip der Selbstbestimmung, also dem obersten aller Volksgruppenrechte, sind die Österreicher Deutsche genauso wie die Bayern, Tiroler, Sudetendeutschen. Nach dem Rücktritt des österreichischen Kaisers

Karl I. am 11. November 1918 wurde von der Provisorischen Nationalversammlung in Wien, die sich am 21. Oktober konstituiert hatte, jubelnd und ohne Gegenstimme ein neues Gesetz über die Staats- und Regierungsform angenommen. Artikel 2 bestimmte unmißverständlich: »Deutsch-Österreich ist ein Bestandteil der Deutschen Republik.« Sämtliche Abgeordneten erhoben sich ostentativ von den Plätzen, als der sozialdemokratische Staatskanzler Karl Renner erklärte, daß es »gerade in dieser Stunde, wo es so leicht und so bequem und vielleicht auch so verführerisch wäre, seine Rechnung abgesondert zu stellen«, für die Österreicher nur den »Weg der einen deutschen Schicksalsgemeinschaft« geben könne. Karl Renner, der Ende 1945 zum Bundespräsidenten der neuen Republik Österreich gewählt wurde, hatte schon in der zweiten Sitzung der Nationalversammlung am 30. Oktober 1918 eine Note an den amerikanischen Präsidenten Wilson beschließen lassen, in der aufgrund des Selbstbestimmungsrechts der Völker die Gründung Deutsch-Österreichs mitgeteilt wurde.
Einen Tag nach der Erklärung der Vereinigung Österreichs mit Deutschland gaben auch die Sudetendeutschen in Böhmen und Mähren bekannt, daß sie und ihre Heimatgebiete ebenfalls künftig ein Teil des Deutschen Reiches seien; eine geradezu logische Folge aus der Erklärung vom 29. Oktober 1918, daß Deutschböhmen eine Provinz der Republik Deutsch-Österreich sei und der Wahl Lodgman von Auens zum Landeshauptmann. Am 22. November wurde schließlich in Wien ein Gesetz erlassen, das den Umfang, die Grenzen und die Beziehungen des neuen staatlichen Territoriums festlegte. Das Staatsgebilde umfaßte auf der Basis des Selbstbestimmungsrechts »das geschlossene Siedlungsgebiet der Deutschen innerhalb der bisher im Reichsrat vertretenen Königreiche und Länder« und wurde als Teil des Deutschen Reiches bezeichnet. Konkret bezog sich das auf die Alpenländer einschließlich Südtirols, auf Österreich selbst und auf die sudetendeutschen Distrikte von Böhmen, Mähren und Schlesien.
Die Erinnerung daran gehört zentral zu unserem Thema, auch die Erinnerung, daß Österreich der Anschluß damals ausdrücklich untersagt wurde, die Erinnerung an die absolut friedlichen Kundgebungen der Sudetendeutschen am 4. März 1919 in Brüx und Mies, in Arnau und Karlsbad, in Kaaden und Sternberg und die Zusammenstöße mit dem tschechischen Militär und die Erinnerung an die sechsundfünfzig Toten. Auch damals stand das Siegerrecht über dem Selbstbestimmungsrecht, über demselben Recht, das bei der Vereinbarung des Waffenstillstandes

1918 Pate stand und das die Basis für die Neuordnung Europas in Versailles liefern sollte. Der Anschluß Österreichs 1938 und das Münchener Abkommen desselben Jahres haben ihre bündige Vorgeschichte, die von den früheren Gegnern Deutschlands machtvoller eingeleitet worden ist als von den Deutschen der alten k.u.k. Monarchie.

Wer das vergißt oder unterschlägt, der begreift nicht das Glück, den Jubel und man muß sagen auch die Erlösung der Deutschen in Österreich während des Anschlusses im Jahre 1938, der begreift nicht dieselben Empfindungen bei den Sudetendeutschen nach der Unterzeichnung des Münchener Abkommens im gleichen Jahr und der Besetzung des Sudetenlandes durch deutsche Truppen. Dieses Abkommen ist vereinbart worden zwischen Deutschland, England, Frankreich und Italien, aufgrund der Empfehlungen einer britischen Studienkommission, die sich zuvor wochenlang in der Tschechoslowakei orientiert hatte. Das Münchener Abkommen ist für die Sudetendeutschen nichts anderes als die Erfüllung des Selbstbestimmungsrechtes gewesen, das ihnen im Jahre 1919 und in den folgenden Jahren von der Tschechoslowakei verweigert worden war. Und dieses Abkommen hat noch aufgrund eines anderen Gesichtspunktes eine ganz besondere Bedeutung. Seit 1919 erhob *jede* deutsche Reichsregierung die Forderung nach Revision des Versailler Vertrages zum Programmpunkt. Die Münchener Konferenz der vier Mächte bedeutete eine Antwort auf die Frage, ob damals in Europa ein Gremium vorstellbar und fähig war, die territorialen Bestimmungen des Versailler Diktats auf dem Verhandlungsweg zu revidieren. Der Völkerbund hatte sich dafür nicht als ein geeignetes Forum erwiesen. Das gibt immerhin der Münchener Konferenz einen eigenen Akzent. Deutschland, England, Frankreich und Italien haben hier durch einen gemeinsamen Beschluß eine der einschneidensten Bedingungen der Verträge von Versailles und St. Germain aufgehoben; sie haben die europäischen Territorialverhältnisse neu geordnet. Es war eine der rein europäischen Entscheidungen in eigener Sache, die im 20. Jahrhundert so selten sind.

Es geht hier nicht darum, im Detail das Pro und Kontra des Abkommens noch einmal aufzurollen, es geht nur um seine historische Bewertung. Und da sollte festgehalten werden, daß durch die Vereinbarung von München die friedliche Revision eines Kriegsfolgeunrechts als Präzedenzfall in die Weltpolitik unseres Jahrhunderts eingeführt worden ist. Bestimmt ist es auch nicht überflüssig, wenn man einmal ausdrücklich darauf aufmerksam macht, daß durch das Münchener Abkommen überhaupt nicht dasjenige geregelt worden ist, was die Tschechen nach 1945 als Unrecht gebrandmarkt haben, nämlich die Abtrennung des Sudetenlandes. Das Münchener Abkommen regelt etwas ganz anderes. Der Wortlaut des Dokuments beginnt so: »Deutschland, das Vereinigte Königreich, also Großbritannien, Frankreich und Italien sind unter Berücksichtigung des Abkommens, das hinsichtlich der Abtretung des sudetendeutschen Gebietes bereits grundsätzlich erzielt wurde, über folgende Bedingungen und Modalitäten dieser Abtretung und über die danach zu ergreifenden Maßnahmen übereingekommen...«; dann folgen diese Maßnahmen.

Der Text nimmt also hier Bezug auf ein Abkommen, das schon geschlossen gewesen ist. Es handelt sich um die Vereinbarung über die Abtretung des Sudetenlandes, also um seine Ausgliederung aus dem tschechoslowakischen Staatsverband, welche schon zehn Tage vorher, am 19. September 1938, die Regierung in Prag mit der englischen und französischen Regierung getroffen hat. Prag hat also ohne jede deutsche Beteiligung seine Abtretungsbereitschaft erklärt und dokumentiert. Im Münchener Vertrag ist demnach nichts anderes als die Durchführung dieses schon zehn Tage alten Abkommens geregelt worden. Und was hat die tschechische Regierung darin bestätigt? Nichts anderes, als daß das Sudetenland seit rund einem Jahrtausend von Deutschen bewohnt und deutsches Land war. Diese zweifelsfreie historische Tatsache ist in München erhärtet worden; nicht von den Deutschen, denn die Deutschen haben das immer gewußt, sondern von den Tschechen. Sicherlich, durch die Vertreibung der Sudetendeutschen ist das Papier des Münchener Abkommens zerrissen worden. Die Vertreibung hat deshalb aber nicht das historische Faktum annullieren können, daß es deutscher Siedlungsraum, Siedlungsraum des deutschen Volkes gewesen ist und daß ein solches historisches Faktum auch ein historischer und damit politischer Anspruch ist und bleibt. Das ist nicht in erster Linie als Revision zu verstehen, sondern als Element unserer politischen Orientierung.

Wer zählt zum deutschen Volk?

Seit 1945 und entsprechend ihrem Staatsvertrag von 1955 haben die Österreicher einen eigenen Staat. Die Grenze zwischen der westdeutschen und der österreichischen Republik gilt als so unantastbar wie die zwischen Portugal und Spanien. Die Frage heute ist, ob sich aufgrund dieser Gegebenheiten die Österreicher im Laufe der Jahre ethnisch, sprachlich und kulturell von der Wurzel auf verändert haben, also nicht mehr Deutsche sind, und wie sich dieser Zustand auf unser Wissen von der Geschichte auswirkt, falls er sich überhaupt auswirkt. Ändert sich durch die in ihre Verfassung aufgenommene Verpflichtung zu immerwährender Neutralität ihr Votum von 1919 und 1938 und ändern sich die Gründe, die dazugehören?

Die Säule des Selbstbestimmungsrechts

Politik ist ein hartes, bitteres Geschäft, das auf den verschlungensten Bahnen betrieben wird und sich nur so betreiben läßt. Deshalb muß man in der Politik eisern an einer Reihe von Grundsätzen festhalten, die heute unverrückbarer Orientierungspunkt für alle Völker der Welt sind – an ihrer Spitze das Selbstbestimmungsrecht der Völker, das gleichzeitig den zentralen Pfeiler eines demokratischen Verfassungsstaates bildet.
Noch heikler als mit dem Blick auf Österreich stellt sich bei uns dieses Problem, wenn wir an die Grenze zwischen West- und Mitteldeutschland denken. Die beiden deutschen Staatsverbände erinnern regelmäßig bei Jubiläen an ihre Gründung 1949. Tonangebend dabei ist der zweifellos berechtigte Stolz auf die Arbeit und die Erfolge der Deutschen hüben und drüben, auf die wirtschaftlich-materiellen Leistungen, auf die Verhältnisse im sozialen Bereich. Das gilt auch für die DDR, die trotz ihres rücksichtslos aufgenötigten Marxismus samt seines Plansystems unbestritten den höchsten Lebensstandard im Verein der kommunistischen Staaten erreicht hat und innerhalb der dort geltenden Kriterien den Begriff »Lebensqualität« mit mehr Berechtigung ins Spiel bringen kann, als ihn die westdeutschen Parteien mit ihren polemischen Absichten untereinander gelten lassen.
Über solchen Tatsachen ist kaum gesagt oder allzu leicht überhört worden, daß dieses Gründungsjahr der beiden Republiken für die Deutschen selbst ein Jahr der größten Bekümmerung darstellt und etwa das Drei-Jahrzehnt-Jubiläum 1979 kein Jubel-, sondern ein außerordentliches Trauerjahr gewesen ist. Einer Trauer freilich, die keine offizielle Konjunktur hat in der Ära einer Politik, die sich über ihre eigenen Probleme, Krisen und Auswegslosigkeiten mit Vokabeln wie Entspannung, Verständigung, Friedenssicherung hinwegträgt. Einer Trauer schließlich, die kaum jemand auszudrücken wagt in dem heuchlerischen Zwielicht, das in Westdeutschland zu irrlichtern beginnt, sobald sich

jemand erkundigt: Was heißt das heute – deutsch? Was bedeutet das Wort Deutschland? Ganz zu schweigen von der Frage unserer ach so naiven Altvordern, die nachgerade schon als radikal-faschistisch gilt: Was ist des Deutschen Vaterland?
Das alles drängt unweigerlich zu der Überlegung, ob nicht die Deutschen, allen voran die mit mörderischer Gewalt aus ihrer Heimat Hinausgetriebenen, sich um den Status der Palästinenser bemühen sollten. Ihr Verlangen nach Realisierung der Volksgruppenrechte und der nationalen Selbstbestimmung würde dann nicht nur vor dem Plenum der Völker in New York, der UNO, abgesegnet, sondern vielleicht sogar von Moskau unterstützt werden. Das sind nicht nur Gedankenspielereien, selbst wenn ein Vergleich zwischen den momentan »leitenden Angestellten« der fraglichen Großgruppen durchaus nur spielerisch sein kann. Denn die Entschlossenheit des einen hat nicht haltgemacht vor Terror und Verbrechen, Bomben und Maschinenpistolen; und die Entschlossenheit des anderen drückt sich nicht einmal in dem Imitationsversuch einer gleichgestimmten Attitüde aus, sondern in nichtssagenden, falschen, doppelgleisigen Worten, an denen nur die Gleichgültigkeit bemerkenswert ist, die der Deutschlandpolitik entgegengebracht wird.
In der Bundesrepublik ist seit den Ost-Initiativen der sozialliberalen Koalition, denen aufgrund der geschlossenen Verträge ein Liquidationscharakter zukommen soll, das Thema unserer Geschichte und das Verhältnis der Deutschen zu ihr von Jahr zu Jahr aktueller geworden. Das ist kein Zufall, denn beides hängt zusammen. In diesem Zusammenhang braucht nur daran erinnert zu werden, wie unglaublich selbstverständlich das offizielle Polen auf den sogenannten rechtmäßigen Besitz Schlesiens als seiner uralten Piastengebiete pocht, mit welchem Enthusiasmus und historischem Selbstbewußtsein der damalige Parteichef Gomulka die Rechte Polens auf angestammt deutsche Gebiete formulierte.

Unbeirrbarkeit im Grundsätzlichen

Der territoriale Zustand Deutschlands und seine politische Situation samt der Entwicklung nach 1945 mit ihren erzwungenen, apathisch hingenommenen oder freiwilligen Optionen nach Westen oder Osten für die Siegermächte – das alles ist heute ein gordischer Knoten, für den es keinen Alexander mit dem Schwert geben kann und gibt. Gerade deshalb dürfen wir bei der historischen Bestandsaufnahme nicht vor den Widersprüchen und Ungereimtheiten kapitulieren, die zu der Lage der Deutschen gehören, wenn man mit den Rechten vergleicht, die heute jedem anderen Volk auf dem Erdball zugebilligt werden. Wir müssen die Dinge beim Namen nennen, unbeirrbar und konsequent, ruhig und fest. Wir dürfen vor allem nicht an geschichtlichen Tatsachen rütteln lassen, dürfen es nicht hinnehmen, wenn man diese Tatsachen verwässert, relativiert, neutralisiert, zudeckt, selbst wenn das die Voraussetzung für einen Kniefall vor den Altären der sogenannten Verständigung sein sollte. Der Umstand, daß die Deutschen noch immer mit der Hypothek der »Besiegten von 1945« belastet werden, ist kein zureichender Grund dafür, die Vokabel »Verständigung« so auszulegen, damit den anderen nach dem Mund geredet werden kann, gleichgültig, ob es sich um Franzosen oder Engländer handelt, um Amerikaner oder Polen, Russen oder Tschechen.

Gerade wegen der Verständigung dürfen wir die deutsche Situation auf den Hintergrund der großen allgemeinen Übereinkunft projizieren, die zu den Stützpfeilern des normativen Gerüstes der Weltorganisation der Vereinten Nationen gehört. In der Charta der UNO vom 26. Juni 1945 wurde mit drastischer Eindeutigkeit das »Selbstbestimmungsrecht der Völker« als Leitprinzip formuliert, und zwar als »Grundsatz der Gleichberechtigung und Selbstbestimmung der Völker«. Am 16. Dezember 1966 beschloß die UNO-Vollversammlung den Entwurf eines »Internationalen Paktes über wirtschaftliche, soziale und kulturelle Rechte«. Das Selbstbestimmungsrecht der Völker rangierte in Art. 1 an erster Stelle.

Nationale Identität

Die Epoche der europäischen Nationalstaatsbildungen samt ihren Leiden und verzehrenden Hoffnungen, ihren Ungereimtheiten und Widersinnigkeiten ist zwar schon lange vorbei. Geblieben aber ist das Essentielle, daß es nicht nur bestimmte, inhaltlich fixierbare Menschenrechte gibt, sondern auch unbedingt verbindliche Grundrechte für ganze Völker – Rechte, ohne deren Realisierung ihnen das Fundament der eigenen Existenz fehlt, des Selbstverständnisses, der Orientierung und des Halts. Ein Volk muß darauf insistieren, denn es kann seiner Zusammengehörigkeit nur so den angemessenen politischen und gesellschaftlichen, kulturellen und staatlichen Ausdruck geben.

Dieser heute allgemein anerkannte und nirgends bestrittene Anspruch

jeden Volkes auf politische Unabhängigkeit in einem eigenen Staat wird nicht in erster Linie wegen der europäischen Völker erwähnt. Gemeint ist vielmehr das Zentralmotiv der Entkolonialisierung während der letzten dreißig Jahre. Um das Selbstbestimmungsrecht ist es den Indern genauso gegangen wie den Ägyptern, den afrikanischen Völkern, den Vietnamesen, und es geht ihnen noch immer darum.
Jedes dieser Völker würde sich vehement dagegen verwahren, seine diesbezüglichen Forderungen als historisch überholte nationale Obsessionen abzutun. Auf dieser Folie einer Welt, deren Völker sich fast ausnahmslos national-staatlich formieren, erhält Deutschlands Einheit gerade unter historischen Gesichtspunkten einen äußerst delikaten Beigeschmack. Nicht nur, weil auf dem ganzen Erdball die Nationalstaatlichkeit als conditio sine qua non respektiert wird, sondern weil ihre Integrität in elementarer Naturwüchsigkeit nicht mit sozio-ökonomischen oder parteitheoretischen Entscheidungen und Überzeugungen verflochten oder gar davon abhängig gemacht wird. Ob Chile oder Kuba, Libyen oder die Türkei sozialistisch regiert werden oder nicht, davon hängt nicht Sein oder Nichtsein dessen ab, was wir mit dem Wort »nationale Identität« umschreiben.
Auch das Widersinnige kann im Laufe der Zeit, durch sein bloßes Andauern, einen Firnis von Normalität bekommen. Woran die Deutschen sich in den letzten Jahrzehnten gewöhnt haben, läßt sich durch eine Übertragung gut illustrieren. Stellen wir uns einmal Frankreich vor, gespalten in zwei verschiedene und dank ihrer Zielvorstellungen miteinander verfeindete Systeme. Frankreichs sozialistisches Drittel hat sich national separiert, die restlichen Zweidrittel des Landes und der Bevölkerung geben sich damit zufrieden, alle nehmen es auch hin, daß es zwei verschiedene französische Staatsangehörigkeiten gibt, zwei Nationalitäten; so heißt es auch französisch. Außerdem akzeptieren beide Teile, daß sie unterschiedlichen Militärpakten angehören, deren oberster Zweck darin besteht, vor dem anderen auf der Hut zu sein, denn dieser ist der mutmaßliche Kriegsgegner. Und der mögliche oder wirkliche Wunsch der Franzosen nach staatlicher Einheit würde schließlich nur als ein ganz allgemeiner Erwartungs-Imperativ existieren, einbalsamiert oder tiefgefroren in der oder den Verfassungen.

Deutschlands Einheit

Mit diesem Fantasiegebilde sollen nicht französische Wertschätzungen in Sachen nationaler Würde verletzt, sondern es soll nur versucht werden, die Situation der Deutschen für einen Moment anders zu konturieren. Ist die Situation bei uns wirklich so? Liegt Deutschlands Einheit inzwischen wie ein Museumsstück im Schaukasten, bei Besuchen an Sonn- und Feiertagen, bei Berichten zur Lage der Nation (im geteilten Deutschland) oder Gedenkreden von einem Licht milder Verklärung angestrahlt? Oder genügt es, daß sich die Deutschen – pragmatisch und faktenfixiert, wie sie es seit vielen Jahren geworden sind – sagen: Das Recht auf unsere Einheit macht uns niemand streitig. Wir können es lediglich zur Zeit und noch unabsehbar lange nicht verwirklichen.
Das wäre nichts Außergewöhnliches. Das Grundgesetz verfügt zum Beispiel in Art. 12, Abs. 1, daß alle Deutschen das Recht haben, »Beruf, Arbeitsplatz und Ausbildungsstätte frei zu wählen«. Wenn keine Lehrstellen vorhanden sind, besitzt der Betreffende zwar immer noch sein Recht auf freie Berufswahl, aber es fehlt ihm die Möglichkeit, dieses Recht zu verwirklichen. Der Bundesgerichtshof hat bereits in einem Musterurteil entschieden, daß in einem solchen Fall das Grundrecht der freien Berufswahl durch ergänzende Gesetze bedingt eingeschränkt werden dürfe. Er hat aber auch in aller Klarheit daran erinnert, daß ein Recht, ohne die Möglichkeit, realisiert zu werden, praktiziertes Unrecht sei.
Die Verhältnisse im Bereich des Selbstbestimmungsrechts sind ein wenig anders zugeschnitten, das versteht sich. Trotzdem bleibt die allgemeine Frage bestehen, ob nicht die Substanz unserer Rechte weniger von dem zeitenthobenen sittlichen Sollensgebot lebt als vielmehr von dem Ausmaß der Rechtsrealisierung. Das Labyrinth, in dem solche Begriffspaare beheimatet sind wie Recht und Rechtsgeltung, Rechtsetzung und Rechtsanwendung, Rechtsbewußtsein und Rechtsanspruch, hat im Bereich der Völkerrechtsgemeinschaft besonders viele Sackgassen. Welche Konflikte ergeben sich schon allein aus dem Umstand, daß nicht Völker oder Nationen die Subjekte des Völkerrechts sind, sondern nur die souveränen Staaten. Das Existenzrecht solcher Staaten ist und bleibt allen Berufungen auf das Selbstbestimmungsrecht, die seine Grundlagen beeinträchtigen könnten, übergeordnet.
Für das Problem von Deutschlands Einheit sind das heute weitgehend

theoretische Überlegungen. Im 19. Jahrhundert haben die nationalstaatlich orientierten Völker bei dem Gedanken an die Zersprengung ethnisch uneinheitlicher Staatsverbände noch beträchtliches Vergnügen gespürt. Heute, nach entsprechenden Erfahrungen, hat sich die Fundamentalüberzeugung durchgesetzt, daß die Korrektur bestehender Rechtsordnungen nicht auf Kosten einer umfassenden Friedensordnung durchzuführen sei, weil deren Störung oder Zerstörung Unrecht in seiner übelsten Form wäre.

Geht es bei unserem Thema überhaupt so zentral um Rechtsüberlegungen, auch wenn das Selbstbestimmungsrecht nur der juristische Ausdruck eines Grundanspruchs der Völker ist? Bei dem Thema von Deutschlands Einheit wäre es am risikoärmsten, sich bedingungslos an den Buchstaben der vorliegenden Gesetze und Verträge auszurichten. Nach diesen Buchstaben ist im Grunde alles in Ordnung. Das Bundesverfassungsgericht hat festgestellt, daß der Einigungsimperativ des Grundgesetzes bis jetzt durch keine Maßnahmen oder Vertragswerke verletzt worden sei. Wie es demgegenüber mit den Aktivitäten stand, wurde ausgeklammert.

Recht und Wirklichkeit

Folglich besteht Deutschland fort, sogar innerhalb der Grenzen vom 31. Dezember 1937. Das entspricht der Deklaration der Potsdamer Konferenz vom 5. Juni 1945, denn der Eingangssatz ihres ersten Punktes lautet: »Deutschland wird innerhalb seiner Grenzen, wie sie am 31. Dezember 1937 bestanden, für Besatzungszwecke in vier Zonen aufgeteilt.« Daß Deutschland fortbesteht, heißt: Der Gesamtstaat existiert zwar nur dem Buchstaben nach, aber die immaterielle Form beeinträchtigt nicht seine Existenz, sondern ist das Merkmal einer vorübergehenden, zur Zeit unabänderlichen Ausnahmesituation. Im Festhalten, im Bekenntnis zu Deutschland und seiner Einheit wird auch das Festhalten an der vorherrschenden Idee des Selbstbestimmungsrechts, an seinem vorrechtlichen Grundgedanken sichtbar. Die fehlende Souveränität des Gesamtstaates Deutschland ist kein Dauerzustand. Aus der Lage Deutschlands in der Gegenwart ergeben sich keinerlei Folgerungen für seine Lage in der Zukunft.

Wenn der Staat Deutschland, so wie er einmal vorhanden war, heute der Staat einer völlig ungewissen und unbestimmbaren Zukunft ist und wenn man bedenkt, wie viele Jahrzehnte inzwischen vergangen sind, muß man nach den Konsequenzen für die Disposition der Deutschen fragen. Soll man sich über den Auszehrungsprozeß, dem das deutsche Zusammengehörigkeitsempfinden seit 1945 unterworfen ist, nur deshalb hinwegtäuschen, weil er so langsam, demoskopisch kaum feststellbar, abläuft? Natürlich kann man seine Unerbittlichkeit bestreiten. Einen Beweis für das Gegenteil gewinnt man damit nicht.

Hier liegt der eigentlich dramatische Aspekt unserer jüngeren Geschichte. Selbst wenn wir uns alle, an der Spitze sämtliche politischen Parteien, darüber einigen könnten, wie die Rechtslage Deutschlands ist – und das ist schließlich der unerläßliche Ausgangspunkt für jede Politik, die das Einigungsgebot des Grundgesetzes ernst nimmt –, selbst wenn den mit uns befreundeten Staaten die deutsche Frage nicht als eine »internationale Lästigkeit« erscheinen würde und sie akzeptieren könnten, daß sie für uns so gravierend ist, wie es die SPD dereinst in ihrem vielgerühmten Godesberger Grundsatzprogramm von 1959 beteuert hat (»Die Spaltung Deutschlands bedroht den Frieden. Ihre Überwindung ist lebensnotwendig für das deutsche Volk«), selbst wenn das so wäre, würde die Frage offen bleiben, ob die Zusammengehörigkeit eines Volkes einen genauso unerschütterlichen Bestand hat, wie man es etwa Stahlbeton nachsagt.

Minderheiten haben heute einen nicht in Frage gestellten Anspruch auf Schutz, Rechte, wenn nicht Autonomie. Entnationalisierung solcher Gruppen gilt als unzulässig und verabscheuungswürdig. Uns bedrängt eine vergleichbare Notlage. Die fehlende Einheit Deutschlands, seine Spaltung scheint doch auf den ersten Blick keineswegs den Frieden zu bedrohen. Auch deren Überwindung scheint nicht lebensnotwendig für das deutsche Volk zu sein, denn in getrennten Staatformationen lebt dieses Volk inzwischen schon lange genug. Wenn man sich die Dinge klinisch diszipliniert betrachtet, muß man sagen, daß den Deutschen beharrlich eingeredet wird, es seien ganz andere Sachen für sie lebensnotwendig als ihre Einheit.

Hinter solchen Antrieben steckt die Preisgabe des Begriffs »deutsches Volk« als einer festen Größe. Man rechnet damit, daß sich erstens ein Volk so auseinanderleben kann, daß eines Tages daraus zwei oder drei Völker werden, und daß zweitens gerade diese Perspektive für einflußreiche Gruppierungen deshalb eine eminent politische Wünschbarkeit darstellt, weil mit ihrer Verwirklichung das Problem von Deutschlands Einheit mit einem Schlag alle Brisanz verloren hätte. Es hätte sich von selbst erledigt.

Die Herausforderung

Daß die Entwicklung tatsächlich in eine solche Richtung getrieben werden soll, dafür gibt es viele Anzeichen. Seit dem Verlust ihrer staatlichen Einheit sind die Deutschen einer stetigen Entnationalisierung unterworfen. Dieser Prozeß ist nachhaltiger und wirkungsvoller als jede gewaltsame Entnationalisierung ethnischer Minderheiten, weil es kein unmittelbares Gegnertum gibt. Es handelt sich um die bewußt geförderte Schrumpfung einer Dimension, die bis jetzt zu den prinzipiellen Bestimmungsmerkmalen eines Volkes gezählt hat. Wenn Muskeln längere Zeit lahmgelegt sind, atrophieren sie. Die große Mehrheit der Deutschen zeichnet sich heute durch eine weitgehende Nationalatrophie aus. Wie wir das beurteilen, ist unsere eigene Sache. Deshalb sollte es uns nicht irritieren, wenn diese Schwäche von bestimmten Mentoren im Ausland heute als eine unserer wesentlichsten Stärken gelobt wird: Einen ordentlichen Deutschen würde man daran erkennen, daß er keiner ist.
In diesem Punkt kann es unter keinen Umständen irgendeine Verständigung geben mit denjenigen in Deutschland, deren Methode es ist, in jedem Andersdenkenden eine Bedrohung der demokratischen Fundamente zu wittern. Das muß so sein, denn diese Leute sind unfähig, sich der Demokratie-Fundamente anders zu vergewissern als mit Hilfe derjenigen, die sie zu ihren Feinden erklären. In Westdeutschland zählt das heute, verkoppelt mit der deutschen Frage, zu den größten Herausforderungen der Standhaftigkeit. Gustav Stresemann hat einmal recht gottergeben festgestellt: »Es ist Deutschlands Unglück, daß die Brunnenvergiftung eine so gewaltige Stimme hat und die Vernunft nur leise vor sich hinspricht.« Stresemann hat das zwar unter dem Eindruck der politischen Erfahrungen in der Weimarer Republik gesagt, aber dieses Wort erinnert genauso daran, daß unsere ganze Geschichte durchzogen ist von Zwisten und Kämpfen der Deutschen untereinander.
Dieser Sachverhalt soll die Härte unserer inneren Konflikte nicht harmloser machen, aber er kann uns helfen, gelassene Ausdauer dabei zu entwickeln. Denn so viele und oft überaus blutige Kämpfe die Deutschen gegeneinander geführt haben, so viele Spaltungen sie haben hinnehmen müssen, sie sind niemals voneinander losgekommen und haben immer wieder erneut den Anlauf gemacht, sich als Volk in einem staatlichen Verbund zu verwirklichen. Weil auch durch den Bruderhaß unser nationales Einheitsbewußtsein und der Wille zu einem geschlossenen

Staat profiliert, anstatt annulliert worden ist, deshalb ist das Gefühl unserer Gemeinsamkeit und Zusammengehörigkeit selbst heute ungebrochen und lebendig und mit diesem Gefühl auch das Wissen um Recht und Unrecht, mithin das Bewußtsein um die Unverbrüchlichkeit unserer Rechte als Volk.

Bruderhaß

In unserer Zeit des Ost-West-Gegensatzes, dessen Brandmale in Deutschland selbst durch die Abfolge seiner Konjugationen nicht gemildert worden sind, ist es schwer, bestimmte Sachverhalte mit demselben Freimut auszusprechen, wie er früher selbstverständlich war. Aber nachdenken können wir immerhin und jedenfalls darüber, ob es nicht zu den wichtigsten Momenten unserer nationalen Selbstklärung gehört, zu entscheiden, inwiefern uns ein deutscher Marxist weniger nahe steht als ein demokratischer Amerikaner, der Mühe hat, Deutschland geographisch zu lokalisieren. 1966 prägte einer der führenden CDU-Politiker ein gewichtiges Wort: »Die SED ist wirklich unser Feind. Wer auf Deutsche schießt, ist unser Feind.« Das war eine bundesrepublikanische Abwandlung der Seecktschen Überzeugung, daß Truppe nicht auf Truppe schießt. Aber unstreitig sind nun einmal die Leute der SED ebenfalls Deutsche. Gegen die Gewehre als Maßstab des Deutschseins steht der Grundsatz, daß auch derjenige von den Meinen, der mich bespuckt und vielleicht auch auf mich schießt, zu den Meinen gehört.
Der Bruderhaß in Deutschland hat während des 20. Jahrhunderts Formen angenommen, die an die Zeiten des Dreißigjährigen Krieges erinnern, und sie erinnern auch daran, daß der Bruderhaß von den Folgen zweier verlorener Kriege nicht zu trennen ist. Doch wir verschärfen nur unser Unglück, wenn wir die unvermeidliche Gewalt unserer inneren Kämpfe nicht freihalten von den Willfährigkeiten gegenüber denjenigen, die unsere nationale Katastrophe nicht berührt, ob sie sich nun als Siegermächte bezeichnen oder als »westliche Freunde«, oder ob sie als Deutsche unter und mit uns leben.
Wenn der Mut zur Wahrheit identisch ist mit dem Mut zur Geschichte, dann müssen wir auch so tapfer sein, nichts zu verleugnen, was zu uns gehört und zu dem wir selbst gehören. Wem die Erinnerung an Karl Liebknecht schwerfällt, hat es vielleicht etwas leichter mit dem Wort: »Solange die Zersplitterung unseres Vaterlandes besteht, solange sind wir politisch Null! Wir wollen aufhören, die Narren der Fremden zu sein

und zusammenhalten zu einem einigen, unteilbaren, starken freien deutschen Volk!« – auch wenn dieses Wort von Friedrich Engels stammt.

Selbstbewahrung und Selbstbehauptung

Vor allem sollten wir endlich den Mut und das Selbstbewußtsein aufbringen, unseren Bruderhaß nicht mehr zur höheren Ehre des West-Ost-Gegensatzes institutionalisieren zu lassen. Jeder Volksschüler in Westdeutschland weiß, daß die Regierung der DDR nicht gemäß denselben Grundregeln und Grundsätzen zustande gekommen ist wie diejenige in Bonn. Aber welche Logik zwingt uns dazu, diesen zweifellos fundamentalen Unterschied der Gesellschafts- und Regierungssysteme überwuchern zu lassen auf die Schicksalsfrage unseres Zusammengehörigkeitsgefühls? In den Zeitungen Westdeutschlands, in Rundfunk und Fernsehen wird seit Jahren so gut wie ausnahmslos immer nur von den Übergriffen, dem Zwangssystem, den Repressalien des DDR-Regimes berichtet. Dazu wäre keine einzige kritische Silbe nötig, wenn nicht durch dieselbe Berichterstattung eine Freund-Feind-Haltung zementiert werden würde, die unweigerlich auch die Deutschen drüben mit einbezieht, obwohl das strikte Gegenteil nötig wäre. Die DDR-Information bei uns lebt vom Sinn für die gesellschaftlichen und demokratischen Qualitätsunterschiede, vom Vergleich der Produktionszahlen, der Kaufkraft, der Rentnernöte. Sie lebt von der Überlegenheit und Überheblichkeit gegenüber der Staatsideologie der DDR. Sie lebt ausdrücklich nicht vom Sinn für die Lebenswirklichkeit der Mitteldeutschen, und vor allem ist kaum etwas von der intensiven Erregung zu spüren, die zu dem Bewußtsein gehört, daß die Millionen Menschen in der DDR dieselben Deutschen sind wie diejenigen in der Bonner Republik.
Noch einmal: Wir Deutsche haben den West-Ost-Gegensatz nicht geschaffen. Wir sind vielmehr dasjenige Volk, das am meisten unter diesem Gegensatz gelitten hat, unter ihm leidet und am längsten darunter leiden wird. Wenn wir Westdeutschen uns deshalb der Illusion hingeben, wir könnten – zu Lasten oder ohne Rücksicht auf die Mitteldeutschen – auch nur in irgendeiner Form, auch nur entfernt Nutznießer dieses Gegensatzes sein, sind wir um nichts besser als jene listigen Leute, die so geschickt mit Linsengerichten und Erstgeburtsrechten hantieren können, um nicht ein härteres Bild zu gebrauchen.

Statt für Selbstbewahrung und Selbstbehauptung hätten wir uns nämlich für Selbstaufgabe entschieden.

An diesem Punkt zeigt sich am deutlichsten die ganze Brisanz der Formel: Mut zur Geschichte – Mut zur Wahrheit. Es ist eine Selbstaufgabe, wenn heute unsere Geschichte so dargestellt wird, als wäre – so stand es vor wenigen Jahren in unserer größten überregionalen Zeitung, herablassend, als würde es sich um eine unumstößliche Wahrheit handeln – in unserer Geschichte »der deutsche Nationalstaat ... nur eine Episode«. Daß so etwas von einem Historiker stammt, überrascht kaum noch, da es bei vielen von ihnen zur Mode geworden ist, die deutsche Geschichte zu zerstören, anstatt sich ihrer anzunehmen.

Es ist Selbstaufgabe zu behaupten, Westdeutschland hätte nach 1945 vor der Wahl gestanden: Freiheit statt Einheit. Dieser konstruierte Gegensatz ist nichts anderes als eine Rechtfertigungsalternative, weil man unfähig, zu schwach oder nicht willens ist einzusehen, welche Möglichkeiten wirklich in der Nachkriegsgeschichte für die Lösung der deutschen Frage bestanden haben. Das könnte möglicherweise kritische Fragen an die Weisheit der gegenwärtigen westdeutschen Politik heraufbeschwören. Die Alternative Freiheit statt Einheit hat genauso wenig zugetroffen, wie heute solche Alternativen zutreffen: Entspannung statt Einheit, Frieden statt Einheit. Man macht sich kaum Vorstellungen über die Findigkeit, mit der ein Gutteil unserer wort- und federführenden Politiker Vokabeln aufspürt, um zu beweisen, daß das Wort Einheit überhaupt aus unserem politischen Wörterbuch verschwinden muß. Wenn etwas in Europa den Frieden zwischen West und Ost gefährdet, nämlich als ununterbrochener Unruheherd und militärische Reibungsfläche, dann ist es die deutsche Zerstückelung, also die nicht vorhandene Einheit.

Und schließlich ist es ebenso Selbstaufgabe, zu erwarten, die Anerkennung unseres Rechts auf Selbstbestimmung sei eine Frage der Existenz oder Nicht-Existenz des kommunistischen Systems. Die Austreibung von fast fünfzehn Millionen Deutschen ist gemeinsam von den Siegeralliierten, den westlichen so gut wie den Sowjets, beschlossen und gebilligt worden. Die vielen hunderttausend Deutsche, die 1945/46 ermordet wurden, waren nicht die Opfer speziell von Kommunisten, sondern von Russen und Polen, Tschechen und Jugoslawen. Die Massenmorde hatten mit einem Gesellschaftssystem so wenig zu tun wie die Toten des Bromberger Blutsonntags 1939 oder diejenigen im Sudetenland 1919.

Gelassenheit und Mut

Die Überlebenskräfte eines Volkes haben sich immer dann am schärfsten ausgeprägt, wenn das Volk unterdrückt wurde oder wenn Teile dieses Volkes bei anderen, fremden Völkern lebten, mit ihnen oder im Ringen gegen sie und ihre Einschmelzungswünsche. Eben diese Tatsache ist einer der Hauptgründe dafür, warum die Ostpreußen, Schlesier und Sudetendeutschen nach 1945 ihren Status als geschlossene Volksgruppen so lange und so eindrucksvoll wahren konnten – eigentlich entgegen allen Wahrscheinlichkeiten und sicherlich auch ihnen zum Trotz. Das verbindet sich mit einer geschärften Empfindung für alles, was auch indirekt mit dem Sein oder Nichtsein der Deutschen als eines Volkes und mit Deutschland zusammenhängt. Das Volksgruppenrecht ist nichts anderes als das auf einen besonderen Fall angewandte Recht aller Völker auf Selbstbestimmung. Das gibt der Arbeit der Vertriebenen, ihrem historischen Selbstverständnis, der Wahrung ihres kulturellen Erbes seinen repräsentativen Gehalt. Das hat aber auch Signalcharakter für diejenigen in Westdeutschland, die dank einer jahrzehntelangen Erziehung von dem freundlich-liberalen Glauben durchtränkt sind, eine demokratische Gesellschaft sei – so wie im wirtschaftlichen als harmonisch ausgependeltes System von Angebot und Nachfrage – ein sich selbst steuerndes und ausgleichendes System von Wertüberzeugungen, das man einfach so zu sich nimmt wie Eis am Stiel. Die Verbindlichkeit von Werten und Rechten hängt auch von der Energie ab, mit der wir für sie einstehen.
Dabei schlägt sogar der alte Minderheitenstatus der Deutschen, die früher in einem anderen Staat lebten, günstig zu Buch. Allerdings setzt das voraus, daß sie heute als Volksgruppe unter dem Begriff Selbstbewahrung etwas anderes verstehen als sich selbst nur als Nachlaßverwalter eines Erbes ohne Nachkommen; also nicht einen Weg einschlagen, der von der Erlebnis- zur Bekenntnisgeneration führt und weiter zur Erinnerungs- und schließlich zur Gedenkstundengeneration, die dann über nichts anderes mehr verfügt als über viele Träume und noch mehr Grabsteine. Auf die Zahl kommt es dabei nicht an. Die wenigen sind der Mehrheit aufgrund ihrer helleren Aufmerksamkeit immer überlegen. Von der Rücksichtslosigkeit des Glaubens an sich selbst und den Nationalwillen ihres Volkes, der für die Tschechen vor zweihundert Jahren eine lächerliche Fiktion war, läßt sich noch heute einiges lernen. Als der Historiker Franz Palacký in den dreißiger Jahren des 19. Jahrhunderts

während eines Waldspaziergangs in ein Gewitter kam, flüchtete er sich mit knapper Not in eine Hütte und seufzte in dem steigenden Toben, Donnern und Herabkrachen der Äste plötzlich auf: »Wenn jetzt ein Blitz einschlägt, ist die ganze böhmische Nationalität zum Teufel.«
Als Volk der Deutschen und als Volksgruppen der Vertriebenen leben wir seit 1945 in einer Irredenta. Wir wissen, daß sie noch lange dauern wird und daß eine der größten Gefahren darin besteht, das Anomale schließlich für normal zu halten. Ebenso wissen wir aus der Geschichte, daß in solchen Phasen der Beengung nichts dringlicher ist als eine unermüdliche Aktivität, die sich allerdings davor zu hüten hat, gegen undurchdringliche Wände anzurennen. Sie muß sich also an eine Richtschnur halten, die derjenigen in dem alten Gebet eines Benediktinermönches ähnelt – einer Variation davon – und an die wir öfters denken sollten: »Gott gebe uns die Gelassenheit, das Unrecht so lange zu ertragen, solange wir es nicht ändern können, und den Mut, Unrecht zu ändern, das wir ändern können, und die Vernunft, das eine vom andern zu unterscheiden.«

Register

Abrüstung 148, 217
Abschreckung 217f.
Absolutismus 69, 82, 85ff., 199
Adenauer, Konrad 38, 149, 220
Arbeiterdichtung 157
Arndt, Ernst Moritz 88ff., 91ff., 94ff., 97ff., 100ff., 103ff., 106ff., 109
ASEAN-Staaten 208
Atomkrieg 215f.
Auerstedt 97
Aufklärung 86, 100

Bäumer, Gertrud 159f.
Barlach, Ernst 162
Bartels, Adolf 181
Baum, Vicki 156
Bebel, August 37, 44, 54
Becher, Johannes Robert 157
Befreiungsbewegung 96, 103, 105
Befreiungskriege 106, 108f.
Belle-Alliance (Waterloo) 96
Benjamin, Walter 175
Benn, Gottfried 153f., 157, 180
Berlin 153f., 156, 165f.
Beumelburg, Werner 155, 157
Bismarck, Otto von 38, 116ff., 125, 130ff., 199f., 233
Blockbildung 204
Blockfreiheit 206ff., 209
Blunck, Hans Friedrich 159
Bodin, Jean 87
Bolivar, Simon 30
Borchardt, Rudolf 192
Brahm, Otto 170
Brandt, Willy 220
Brecht, Bertolt 59f., 153, 157, 180
Bredel, Willi 157

Britting, Georg 181
Brockdorff-Rantzau, Ulrich Graf von 137f., 142, 144
Bröger, Karl 159
Brüning, Heinrich 160, 174
Bürgertum 20ff., 23, 25, 85f., 171, 187, 189, 191
Bundesrepublik Deutschland 26, 31ff., 35ff., 39f., 42, 44, 51, 56ff., 88f., 109, 127, 148f., 210, 222f., 234, 239f., 248ff.
Burckhardt, Carl J. 229
Burschenschaften 51

Calvin, Johannes 86
Carossa, Hans 159
China 203, 205, 208, 232
Chronologie 13ff., 45
Chruschtschow, Nikita S. 43
Churchill, Sir Winston 133, 201f.
Clausewitz, Carl Philipp Gottfried von 95f., 109, 214f.
Clemenceau, Georges Benjamin 132
Cossmann, Paul Nikolaus 165f.
Cruise Missiles 219
Curtius, Ernst Robert 176

Dadaismus 175
Däubler, Theodor 157
Dehio, Ludwig 41
Demokratie 55f., 111, 142, 144, 187, 189ff.
Deutsch-Französischer Krieg 141
Deutsche Demokratische Republik 32f., 36ff., 39f., 42f., 127, 148, 234, 239, 248
»Deutsche Rundschau« 161ff., 164f., 167

Deutscher Bund 110f.
Deutsches Reich 131ff., 135ff., 141, 171
»Deutsches Volkstum« 158
Diederichs, Eugen 167
Döblin, Alfred 172f., 180
Dolchstoßlegende 163, 165f.
Dreißigjähriger Krieg 44, 81, 87, 129, 221, 247
Drittes Reich 34, 46, 57, 139
Dulles, John Foster 37, 203, 205
Dwinger, Edwin Erich 155, 157

Ebert, Friedrich 180
Edschmid, Kasimir 172, 178
Eich, Günter 173
Einheit Deutschlands 104, 111, 242ff., 245, 249
Einkreisung 205, 208
Einstein, Albert 189
Engels, Friedrich 37, 54, 248
Entnationalisierung 245f.
Erkelenz, Anton 159f.
Erster Weltkrieg 24, 41, 55, 128, 131ff., 134ff., 143, 165, 171, 200, 213
Erstschlagfähigkeit 217ff.
Erzberger, Matthias 166
Europa 210ff.
Expressionismus 157, 161, 171f., 175, 180f., 194
Extremismus 57f.

Fallada, Hans 157
Faschismus 35, 55, 58f.
Fechter, Paul 165
Fichte, Johann Gottlieb 90, 93, 233
Flake, Otto 171f.
Flechtheim, Alfred 177
Flex, Walter 159
Foch, Ferdinand 131

252

Frankreich 23, 29, 76, 81, 92, 100, 104, 117, 131 f., 160, 163, 191, 242
Französische Revolution 30, 52, 100, 129, 199
Frenssen, Gustav 159
Friedrich II., der Große 38, 199
Friedrich Wilhelm III. 98
Friedrich Wilhelm IV. 115 f.
Frisch, Efraim 175 f.

Gaulle, Charles de 30, 131, 210
Gegenchronologie 44, 47 ff., 50
Geibel, Emanuel 234
George, Stefan 157
Geschichtsbewußtsein 16, 19 ff., 22, 24 ff., 28, 31 ff., 34 f., 40 f., 44
Geschichtsbild 22 f., 27, 32 ff., 35 ff., 39 ff., 43 f.
Geschichtsdarstellung 41, 47
Geschichtsforschung 17 f., 20, 25, 29, 45, 73, 155, 231
Geschichtslosigkeit 24, 27
Geschichtsschreibung 18, 35 f., 44 ff., 48 f.
Geschichtsunterricht 20 f., 27, 39
Geschichtsverhältnis 28, 32
Geschichtsverlust 39
Geschichtswissenschaft 17 f., 29, 35, 40 f., 45, 73, 90
Glaeser, Ernst 155
Gleichgewichtstheorie 129, 131, 145 ff., 148, 201, 212 ff., 215, 218 ff., 225
Gneisenau, August Wilhelm Anton Graf Neidhardt von 95 ff., 98 f., 106 f., 109
Godesberger Programm 245
Görres, Joseph von 95
Goethe, Johann Wolfgang von 46, 50, 64, 100, 103, 163, 191
Goetz, Walter 159
Gotsche, Otto 157
Gracián y Morales, Baltasar 76 ff., 79 ff., 82, 84 ff., 87
Grimm, Hans 167
Gropius, Walter 162
Grosz, George 157

Grotius, Hugo 140
Grünberg, Karl 157
Grundgesetz 57, 149, 243
Gudden, A. von 123 f.

Haacke, Wilmont 157
Haas, Willy 154, 156, 182 ff., 185
Hambacher Fest 109 ff., 113 f.
Hasenclever, Walter 162
Hauptmann, Gerhart 172, 180, 190
Hausenstein, Wilhelm 175
Hausmann, Manfred 172
Heiliges Römisches Reich Deutscher Nation 128 f., 131, 229, 232 f.
Herder, Johann Gottfried von 91
Herrenchiemsee 120, 123
Hesse, Hermann 157, 172, 192
Heuß, Theodor 114, 159
Heynicke, Kurt 157
»Die Hilfe« 158 ff., 163
Hitler, Adolf 143, 146, 159 f., 164 ff., 167, 191, 220
Hobbes, Thomas 79, 86
Hochrüstung 217
Hofhaus 65, 68
Hofmannsthal, Hugo von 157, 229
Hofmiller, Hans 165 f.
Hohenlohe-Schillingsfürst, Chlodwig Fürst zu 118
Honecker, Erich 36 f.
Hugenberg, Alfred 168
Huizinga, Johan 21
Humanwissenschaft 18 f.
Humboldt, Wilhelm von 92, 109

Identität 130, 220, 225, 229 f.
Ideologie 52 f.
Impressionismus 175

Jahn, Friedrich Ludwig 95, 101
Jalta 35, 202
Japan 208
Jaspers, Karl 40, 194
Jena 92, 94
Jünger, Ernst 140, 143 f., 155, 157

Jung, Edgar 163 f.
Jungnickel, Max 159

Kästner, Erich 157
Kalter Krieg 203, 209
Kapp-Putsch 166
Karl der Große 232
Karlsbader Beschlüsse 101
Kautsky, Karl 54
Kayser, Rudolf 173
Kerr, Alfred 151
Kesten, Hermann 157
Kiaulehn, Walter 152
Kielmansegg, Wilhelm Graf 177
Klee, Paul 181
Kleist, Heinrich von 90
Klugheitslehre 72, 75 ff., 78 f., 82 f.
Kollwitz, Käthe 162
Konservativismus 59, 100
Kosmopolitismus 179
Kotzebue, August von 101, 180
Kraus, Karl 157, 165
Kretschmer, Ernst 181
Kriegsdichtung 155, 157
Kriegsschuld 133 ff., 136 f., 139, 200
Kuckhoff, Adam 168
Kuh, Anton 157, 180

Lasker-Schüler, Else 157
Lassalle, Ferdinand 42, 44
Lebenskunst 78 f.
Lehmann, Wilhelm 157
Liebknecht, Karl 37, 54, 247
Linderhof 120, 123
»Linkskurve« 158
Linksradikalismus 51, 54 f.
»Die literarische Welt« 157, 174, 182 ff., 185, 192
Lloyd George, David 136
Loerke, Oskar 157
Ludwig I. von Bayern 112, 118 f.
Ludwig II. von Bayern 115 ff., 118 ff., 121 ff., 124 ff.
Luitpold von Bayern 11
Lunéville 93
Luther, Martin 75, 86, 163
Luxemburg, Rosa 44, 54 f.

Machiavelli, Niccolò 79 f., 87, 129

253

Mann, Heinrich 160, 172, 174, 179, 192
Mann, Thomas 144f., 155, 172, 176, 179, 181, 189ff., 192
Marchwitza, Hans 157
Marx, Karl 27, 37, 54, 74, 169
Marxismus 18, 27, 33, 36, 51, 147, 239
Megaronhaus 65
Meinecke, Friedrich 160
Mesopotamien 65
Mies van der Rohe, Ludwig 162
Mombert, Alfred 157
Münchener Abkommen 237f.
Munch, Edvard 162

Nachrüstung 217, 219
Napoleon 30, 91ff., 94ff., 97ff., 101, 104, 106, 129, 233
Nation 32, 37, 42, 44, 51, 97ff., 105, 108, 171, 223, 229, 234
Nationalbewußtsein 88f., 94, 104f., 107, 130
Nationalismus 58, 146, 174, 232
Nationalsozialismus 33, 137, 145, 161, 164, 167, 170
Nationalstaatsbildung 228f., 233, 235, 241f., 249
NATO 37, 209f., 218
Naturalismus 175
Naturrecht 75, 86, 97, 129
Naumann, Friedrich 158
»Neue Rundschau« 170ff., 173f.
»Neuer Merkur« 174ff.
Neuschwanstein 120
Niebuhr, Barthold Georg 45
Niekisch, Ernst 192
Novalis 91, 190

Österreich 81, 93, 95, 97, 113, 117, 127, 129, 132, 136f., 143, 206, 227, 233f., 236ff., 239
Ossietzky, Carl von 187
Ostblock 211
Otto I., der Große 232f.

Paneuropa-Idee 147, 172, 176
Pechel, Rudolf 161ff., 164

Peristylhaus 65
Pershing II 219
Pinthus, Kurt 181
Platon 74
Plivier, Theodor 155
Pluralismus 32f., 42, 149, 209, 222
Politikwissenschaft 17
Potthoff, Heinz 159
Preußen 93ff., 97, 100, 113, 116ff., 129, 224
Proletariat 55

»Querschnitt« 157, 174, 177ff., 180ff., 183, 192

Ranke, Leopold von 45
Reagan, Ronald 210
Realismus 175
Reeducation 35, 37
Reichsgründung 1870/71 130f., 162, 233
Remarque, Erich Maria 155, 157
Renn, Ludwig 155, 157
Renner, Karl 236
Restauration 101, 233
Revolution von 1848 44, 51, 109, 113, 130
Rilke, Rainer Maria 157
Ringelnatz, Joachim 181
Ritter, Gerhard 36f., 41
Rodenberg, Julius 161
Römisches Reich 232
Romantik 91, 102, 189, 191
Roosevelt, Franklin Delano 201
»Rote Fahne« 158
Rowohlt, Ernst 182
Rügen (Insel) 91f.
Ruhrkampf 138, 150
Rundschau-Zeitschriften 156ff., 167, 170

Sänger, Samuel 173f.
SALT-Abkommen 219
Sand, Karl Ludwig 101
Schäfer, Wilhelm 159
Scharnhorst, Gerhard Johann David von 109
Schauwecker, Heinz 157
Scheidemann, Philipp 185
Schopenhauer, Arthur 83, 191
Schröder, Rudolf Alexander 157

Schumacher, Kurt 220
Schwarzschild, Leopold 192
Selbstbehauptung 248f.
Selbstbestimmungsrecht 147, 235, 239, 241ff., 244, 250
Selbstverständnis 229, 231ff.
Seßhaftigkeit 63f.
Siebenpfeiffer, Philipp Jacob 109, 111ff.
Souveränität 37, 60, 87, 136, 141, 146f., 149, 199, 203, 210ff., 244
Sowjetunion 199, 202ff., 205, 207f., 214, 216ff., 219
Sozialdemokratie 55, 163, 174, 191
Sozialismus 59, 164, 166, 169f., 176, 179, 192
Sozialwissenschaft 17f.
Soziologie 17, 150
Stalin, Josef W. 29, 213
Starnberger See 116, 124
Stein, Heinrich Friedrich Karl Reichsfrhr. vom und zum 95ff., 98f., 104, 107, 109
Sternheim, Carl 181
Stoph, Willi 220
Stralsund 91f., 110
Stresemann, Gustav 148, 163, 191, 246
Sudetenland 143, 236ff., 249
»Süddeutsche Monatshefte« 161, 165ff.
Suhrkamp, Peter 173f.

Tairow, Alexander Jakowlewitsch 153, 181
»Die Tat« 165, 167ff., 170, 174
Theater in der Weimarer Republik 153f., 162, 192
Thomasius, Christian 77, 85
Tieck, Ludwig 91
Tilsit 140
Toller, Ernst 157
Tucholsky, Kurt 157
Turek, Ludwig 157

UNO 146, 201f., 206f., 213, 240f.
Unruh, Fritz von 174
USA 55, 132, 150, 199, 201ff., 204f., 207ff., 211f., 214, 216ff., 219

Verfassungsschutzbericht 56f.
Versailler Vertrag 135ff., 138ff., 141ff., 144ff., 161, 200, 213, 237
Vertreibung 238, 249f.
Völkerbund 140, 146f., 201, 213, 237
»Völkischer Beobachter« 158
Volksgruppe 250f.
Volkssouveränität 111, 114, 147, 199
Vormärz 100, 108

Wagner, Richard 119f., 163, 178, 191
Wassermann, Jakob 172
Wedderkop, Hermann von 177ff., 180ff., 183
Wedekind, Frank 162
Weimarer Epoche 150ff., 153f., 157ff., 161, 163, 165, 167, 174f., 180ff., 187, 189, 191, 194f.
Weimarer Republik 42, 44, 51, 57f., 136, 139, 142ff., 146, 150f., 160ff., 163f., 166f., 169ff., 171, 173, 176, 181, 183ff., 187ff., 190ff., 193, 246
Weinert, Erich 181
Weise, Christian 84f.
Wels, Otto 220
»Die Weltbühne« 185ff., 188
Weltwirtschaftskrise 164, 191f.
Westbindung 209, 211
Wiener Kongreß 51, 96, 100, 109, 111, 141, 233
Wilhelm I. 118, 122
Wilhelm II. 132, 178, 180f.
Wilson, Woodrow 134, 136, 146, 201, 213, 236
Wirth, Johann August 109, 111ff.

Wirtschafts- und Sozialgeschichte 17
Wohnhaus 63ff., 66ff., 69f., 72
Wolfenstein, Alfred 175
Würzburg 11, 16

Yorck von Wartenburg, Johann David Ludwig Graf 95f.

Zech, Paul 157
Zehrer, Hans 165, 168ff., 174
Zöberlein, Hans 157
Zuckmayer, Carl 173, 181
Zweig, Arnold 155, 175, 188
Zweig, Stefan 172
Zweiter Weltkrieg 26, 29, 55, 128, 137, 141, 145, 148, 201f.
Zweitschlagfähigkeit 204, 215ff.

255

Zwei erfolgreiche Luther-Bücher bei Lübbe
Lebendige Geschichte

„Diwald beweist mit seiner umfassenden, packenden Darstellung, daß man Geschichte auch heute noch erzählen kann."

Rudolf Pörtner

Der Bildband:

H. Diwald/K.-H. Jürgens
Lebensbilder Martin Luthers
240 Seiten, 250 Abbildungen, davon 72 in Farbe, Karten und Dokumente. Großformat.

Die Biographie:

Hellmut Diwald
Luther Eine Biographie
384 Seiten.

LÜBBE